RENÉ
GIRARD

Realizações
Editora

Impresso no Brasil,
setembro de 2012

Título original: *René Girard: Du Mimétisme à L'Hominisation*
Copyright © Editions l'Harmattan
Todos os direitos reservados.

Os direitos desta edição pertencem a É Realizações Editora, Livraria e Distribuidora Ltda.
Caixa Postal: 45321
cep: 04010 970 - São Paulo, SP, Brasil
Telefax: (5511) 5572 5363
e@erealizacoes.com.br
www.erealizacoes.com.br

Diagramação e finalização
Mauricio Nisi Gonçalves
André Cavalcante Gimenez
/Estúdio É

Pré-impressão e impressão
Cromosete Gráfica e Editora

Proibida toda e qualquer reprodução desta edição por qualquer meio ou forma, seja ela eletrônica ou mecânica, fotocópia, gravação ou qualquer outro meio de reprodução, sem permissão expressa do editor.

Editor
Edson Manoel de Oliveira Filho

Coordenador da Biblioteca René Girard
João Cezar de Castro Rocha

Gerente editorial
Gabriela Trevisan

Preparação de texto
Dida Bessana

Revisão
Tatiana Y. Tanaka
Cristiane Maruyama

Design Gráfico
Alexandre Wollner
Alexandra Viude
Janeiro/Fevereiro 2011

René Girard: do mimetismo à hominização

Stéphane Vinolo

tradução Rosane Pereira e
Bruna Beffart

Realizações
Editora

Esta edição teve o apoio da Fundação Imitatio.

IMITATIO
INTEGRATING THE HUMAN SCIENCES

Imitatio foi concebida como uma força para levar adiante os resultados das interpretações mais pertinentes de René Girard sobre o comportamento humano e a cultura.

Eis nossos objetivos:

Promover a investigação e a fecundidade da Teoria Mimética nas ciências sociais e nas áreas críticas do comportamento humano.

Dar apoio técnico à educação e ao desenvolvimento das gerações futuras de estudiosos da Teoria Mimética.

Promover a divulgação, a tradução e a publicação de trabalhos fundamentais que dialoguem com a Teoria Mimética.

sumário

9
apresentação à edição brasileira
Ruth Gordillo R.

17
introdução

27
capítulo 1
o arquétipo triangular

73
capítulo 2
a gênese da cultura e das instituições: a hominização pelo sangue

125
capítulo 3
os interditos e os mitos

159
capítulo 4
a emergência do signo: Girard, Derrida e a antropologia gerativa de Eric Gans

199
conclusão

205
breve explicação

207
cronologia de René Girard

211
bibliografia de René Girard

214
bibliografia selecionada sobre René Girard

221
índice analítico

227
índice onomástico

apresentação à edição brasileira
Ruth Gordillo R.

No início deste ano, Stéphane Vinolo pediu-me que escrevesse este prefácio para a tradução em língua portuguesa do seu livro sobre o pensamento girardiano; texto que faz parte do estudo que realizou para o seu doutorado em filosofia. Esse pedido permite assinalar mais um momento do processo que me fez conhecer um jovem filósofo que chegou a Quito há alguns anos para trabalhar na Pontifícia Universidade Católica do Equador na área de línguas e que, mais tarde, ampliou a sua presença indo para a Escola de Filosofia como professor de mestrado. Nessa mesma época, obteve o seu doutorado na França na Universidade Michel de Montaigne. Devemos dizer que a segunda publicação sobre Girard, intitulada *René Girard: Épistémologie du Sacré*,[1] que surgiu um ano mais tarde do que a que nos ocupa, ou seja, em 2007, completa uma leitura aguda e pungente de um dos autores franceses mais importantes das últimas décadas.

Da leitura de Girard, Vinolo faz surgir um pensamento que não se limita a um simples ato de compreensão, mas remete à sua própria produção fundamentada na filosofia de Espinosa e consolidada com as conceitualizações derrideanas. O subtítulo original do livro – A violência *différante* – pauta a aproximação desde Derrida

---

[1] Stéphane Vinolo, *René Girard: Épistémologie du Sacré: "En Vérité, je ous le dis"*. Paris, L'Harmattan, 2007.

e do conceito de *différance* ao problema da violência tanto na origem da humanização, quanto na formação do político. Espinosa aparece claramente no trabalho relativo à metafísica e à transcendência; desde o filósofo do século XVII se delimita a análise da obra de Girard e se produz a reflexão que configura as quatro teses desenvolvidas em cada um dos capítulos do livro. A força da argumentação se mantém num segundo grupo de filósofos que funcionam como o contexto do pensamento clássico. Aí estão Platão, Aristóteles, Homero, Eurípedes, Sófocles, Hobbes, Rousseau, Freud, Lévi-Strauss e Bataille. Essa conjunção de autores realiza uma nova articulação dos conceitos com os quais Vinolo aborda Girard e faz ressoar o eco derrideano. Não menos importante é a referência a escritores contemporâneos que se encontram na mesma tarefa caracterizada pela necessidade de estabelecer uma relação peculiar entre a filosofia, as ciências e as artes. Este último aspecto é também assumido pelo filósofo para consolidar uma compreensão política e social proposta desde as teorias mais relevantes do século que nos precede: a psicanálise e o estruturalismo; além disso, o ato da desconstrução circula em todos os momentos do texto não somente como referência teórica de uma parte importante da filosofia do século XX, mas também como intenção que guia a interpretação de Vinolo da obra girardiana.

Vinolo adverte nas primeiras linhas do seu livro que parte do desejo intelectual de pensar, filosoficamente, sobre a origem da humanização na concepção girardiana; esse tema, assinala, resistiu ao desconstrucionismo das últimas décadas. Essa resistência torna possível o trabalho das principais teses de Girard, articuladas em quatro momentos sobre os quais o autor elaborará uma ordem discursiva que permite um olhar profundo sobre os problemas que surgem das formulações de Girard.

A tese sobre a origem. O primeiro capítulo gira em torno do arquétipo triangular que sustenta a antropologia girardiana. Vinolo se refere ao triângulo do desejo que mantém a relação entre o sujeito e o objeto. O terceiro elemento é aquele que fala na relação e está definido por um mediador que age designando o objeto do desejo. Isso quer dizer que, aquilo que liga o social se encontra no objeto assinalado pelo mediador como objeto do desejo de todos. Na origem da humanização aparece um interesse comum que não surge do desejo interior de cada um, mas do exterior. Parece, segundo Vinolo, que Girard acentua a função divina do mediador sobre a função demoníaca enquanto o seu gesto designador tem a força de assinalar, de fora, a ordem na qual os homens deverão viver. Nesse primeiro momento, o desejo se transforma em desejo mimético que se sustenta em função do modelo que imita. Entretanto, no processo histórico, a modernidade mudará a ordem social, visto que desde as estruturas democráticas do estado contratual, a função mediadora ficará consolidada na sua função interna. É nesse aspecto que Vinolo mostra a perspicácia da sua reflexão; de fato, o triângulo do desejo transita para a figura da espiral; o jogo permanente entre o sujeito-mediador e o mediador-sujeito se torna interminável; não é simplesmente uma mudança de posição, mas uma forma de renovação do desejo mimético enquanto se amplia e vê o objeto desejado sob inúmeros aspectos. Assim o desejo se mantém e define as relações intersubjetivas.

O desenvolvimento histórico dessas relações determina que o desejo mimético se transforme em desejo metafísico sempre que o processo de humanização anular o sujeito da mediação. Nesse processo, as marcas da violência se manifestam, pois no desejo metafísico desaparece o objeto do desejo e o divino ganha primazia e autonomia em relação ao humano. Essa diferença se mantém na modernidade que opera, por assim dizer, a mudança da definição externa do objeto, para a interna, através da lei; na natureza desta reside a violência.

As consequências políticas são importantes e, para nós, indicam as contribuições de Vinolo; ao finalizar o primeiro capítulo, ele explica que a leitura de Platão, realizada por Girard, é uma fonte importante para determinar os limites da antropologia girardiana. Nesse contexto, a mímesis platônica é compreendida em relação ao ser;

diante dessa compreensão, Girard vincula a mímesis ao desejo; dessa forma, o desejo mimético, colocado na gênese do social, permite-lhe afirmar a natureza violenta da humanização, consequência que gera a concepção platônica, mas que não é assumida pelo filósofo grego, diz. Para Vinolo, em Platão não é possível fazer essa redução da concepção da mímesis, ela também está ligada à violência ao entender que a imitação define a boa e a má poesia; é preciso lembrar que esta última está exilada da pólis. Temos aí um gesto violento ligado à política e fundamentado em um dos pilares da ontologia platônica: a imitação. Não há nesse gesto um rastro do desejo que tem, além disso, uma incidência fortemente política na ordem social que propõe em *A República?* Essa pergunta surge da reflexão que encerra o primeiro capítulo e que resume a primeira tese do livro.

A tese sobre a vítima, o sangue, a morte e a instituição da cultura. Essa segunda tese supõe a violência que provém da identidade e não da alteridade; nos homens surge a necessidade de manter a unidade da comunidade como condição da sua existência. Para Girard, na sua origem, o desejo mimético permite o acordo do grupo sobre um mesmo objeto que foi designado pelo mediador; esse acordo fundador da cultura é estruturalmente violento, pois requer um bode expiatório sobre quem recairá o ódio e a fúria que reúne os homens ao redor de um assassinato fundador; por esse ato é sacrificado um sujeito eleito e, dessa maneira, a vítima é convertida no lugar da expiação sacrificial igual, na sua natureza, à política, diz Vinolo. A origem da cultura e das instituições, assim definida por Girard, está marcada pela violência que é além disso a diferença fundamental entre o animal e o homem. Nesse sentido, a tradição filosófica que remete a Hobbes e a toda a teoria moderna sobre o estado de natureza anterior à constituição do social, se recolhe no pensamento girardiano e se consolida na tese da violência original que se fundamenta no desejo mimético e que dá lugar à primeira diferença entre o sujeito que se converte no bode expiatório e o resto da comunidade humana que o sacrifica.

A diferença surge no indiferenciado pela via da violência estruturante do social tanto no espaço das religiões quanto no da lei. O assassinato que funda a cultura tem a função de estabelecer uma ordem ou recuperá-la, além de, evidentemente, cumprir uma função catártica. No trabalho de argumentação dessa visão, Vinolo encontra uma série de objeções que foram feitas à teoria girardiana. Dessas objeções, a que se mostra especialmente relevante se refere ao caráter automático e mecânico da passagem da violência de cada um contra cada um, para a violência de todos contra um. A resposta se constitui numa análise das hipóteses que sustentam a antropologia de Girard e que assinalam o campo do conhecimento e do desconhecimento dos processos da humanização, nessa análise estão tanto a antropologia quanto a biologia. Entretanto, as consequências implicam o valor da designação da vítima e do próprio ato do assassinato, ou seja, dos fatos que fundam o social e as instituições humanas. Essa reflexão tem especial relevância tanto no campo ético quanto no político, posto que Vinolo delineia, desde o início do seu livro, a importância radical da pergunta que inaugura qualquer teoria filosófica. Em termos gerais, a origem da cultura marca a possibilidade e os limites que ela tem para constituir relações que se consolidam nas instituições. No caso da proposta de Girard, a teoria da violência mimética se torna essencial; determina o assassinato fundador como condição para a instituição tanto da religião como do poder político. As duas formas de ordem social se sustentam na reprodução de uma cena original instaurada no sacrifício e numa vocação catártica. A partir disso, o processo de hominização leva à obtenção da paz social. Mas a violência se mantém, não somente na repetição da cena originária, mas também na expulsão e exclusão do outro. De um lado há a intenção girardiana de organizar a cultura sobre a indiferenciação e, de outro, a restauração da diferença na natureza do "mesmo" que provocou e desencadeou a violência originária. Vinolo conclui dizendo: "O processo de humanização não é diferente da *différance*." O eco desconstrutivo que atravessa o seu texto se consolida.

A tese sobre Édipo e a proibição, Freud, Lévi-Strauss e o mito. O terceiro capítulo pode se definir como um olhar refrescante para a polêmica das últimas décadas sobre duas teorias que marcaram a pauta para a filosofia no século XX, a psicanálise e o estruturalismo. Freud e Lévi-Strauss passam pelos textos de Girard que aborda tanto o mito quanto a proibição de teses próximas a Lacan. Nesse sentido Vinolo acerta ao procurar determinar como a antropologia girardiana se opõe à antropologia psicanalítica freudiana e à compreensão dos mitos do estruturalismo de Lévi-Strauss.

Na primeira parte do capítulo, a chave está nas teorias do desejo que sustentam tanto Freud quanto Girard: desejo objetal e desejo mimético. É por essa razão que o esquema comparativo entre as duas teorias se torna claro e consegue mostrar a natureza da diferenciação: em Freud os três momentos que desembocam na concepção de Édipo são: a horda selvagem primitiva, o assassinato do pai e a proibição do incesto. Em Girard esses momentos se definem da seguinte forma: a horda indiferenciada e violenta, o assassinato comunitário do bode expiatório e o retorno à paz que restitui a diferença. Na segunda parte, a abordagem da crítica à interpretação do mito da antropologia estruturalista de Lévi-Strauss define a intenção da antropologia girardiana, enquanto esta busca assinalar os limites daquela para completá-la. Vinolo, por sua vez, anuncia a intenção de analisar as objeções de Girard em relação à compreensão do mito. Nesse caso, como na relação com Freud, o ponto de partida supõe duas leituras diferentes: Lévi-Strauss interpreta os mitos a partir de uma estrutura lógica que define o social, Girard entende, por exemplo, que o sujeito que é assassinado não é socialmente neutro. Lévi-Strauss se aproxima do mito de fora e, esse é, para Vinolo, um limite que não permite explicar a lógica dos protagonistas do mito; essa interpretação será possível somente a partir de uma leitura "interna", diz. O valor da teoria girardiana do mito, que a converte em irrefutável, reside no fato de poder mostrar como a partir de "dentro" do mito é possível explicar a crença na culpabilidade do sujeito expulso da comunidade; de fato, a vítima é, em si mesma, culpada. Essa teoria tem a virtude, diz Vinolo, de responder satisfatoriamente às objeções do neopositivismo popperiano tanto à psicanálise freudiana quanto ao estruturalismo de Lévi-Strauss; em que sentido interrogamos? Enquanto Girard faz "surgir a diferença da indiferença e a dissimetria da simetria". Essa conclusão no terceiro capítulo coloca uma discussão relevante que, seguramente, Vinolo está disposto a travar.

A tese sobre a diferença entre Girard e Derrida através da antropologia de Eric Gans. Finalmente, estendendo o gesto desconstrutivo, Vinolo aborda a partir da categoria de fronteira o problema da expulsão que assinalou na teoria de Girard. De fato, a vítima sacrificada tem um caráter suplementar tal como aponta Derrida, isso, diz ele, pelo caráter polissêmico do termo que remete à ambivalência da violência que está na origem da humanização. Esse duplo significado se obtém no problema da mímesis que já nos conduziu pela teoria platônica. Nesse momento, entretanto, o sentido interior/exterior do sacrifício da vítima se explica na dobra que busca a *différance*. Nessa dobra Girard faz residir a lógica da sua antropologia, portanto, no ato de violência originária da cultura, assinala-se a possibilidade de toda outra violência; a partir daí Vinolo decide que "toda violência sacrificial é uma violência *différante*". Mas, a teoria girardiana não só resiste à desconstrução, mas também se coloca fora dela, diz Vinolo. Essa afirmação, quase ao terminar o livro, dificulta uma conclusão plausível dentro da reflexão filosófica tradicional. Onde está a resistência? É aí que Girard opta por um significado transcendental que torna possível toda significação e Derrida, como lhe é próprio, recusa um significado transcendental na origem, visto que não há origem.

O eco da antropologia girardiana termina no campo da discussão que traz o antropólogo Eric Gans, que refuta a teoria da origem da humanização a partir da compreensão da origem como uma conscientização que permite o surgimento de um saber desconstruidor da violência. A oposição à teoria do desejo mimético que não parte do conhecimento, mas do desconhecimento de si mesmo, faz surgir as diferenças e limites das duas teorias antropológicas, porém, mais ainda, colabora na análise das teorias políticas contemporâneas.

Esse objetivo final do livro não se subtrai à necessidade de pensar sobre a violência e a ordem social, ao contrário, encontra no trabalho da teoria de Girard, o pretexto para desconstruir as relações que estão implícitas nos processos do desejo, do valor fundamental que se suprimiu no valor do mercado e no processo de desenvolvimento das instituições humanas. Em termos gerais, este livro é um convite para pensar, desde a origem, sobre a história da humanização que, de acordo com Vinolo, se explicaria no sentido do acontecer permanente.

Quito, maio de 2012

introdução

> *O livro cai de minhas mãos quando eu descubro que Weinberg consagra várias páginas à refutação da seguinte asserção de seu adversário: há leis fundamentais dos sistemas complexos que se desvanecem no momento em que nos fixamos em seus constituintes individuais – exatamente da mesma forma que a psicologia de uma multidão que está linchando um inocente se desvanece quando entrevistamos os participantes individualmente. Meu Deus, terias tu então levado o mecanismo sacrificial até o mais íntimo dos constituintes da matéria?*[1]

Este texto nasceu de uma dupla decisão, de um duplo desejo. Primeiro o desejo intelectual de estudar, segundo o método filosófico,[2] uma concepção da hominização, e portanto também da origem, que está ao mesmo tempo entre as concepções mais ricas, mas também entre as mais complexas (e paradoxalmente também entre as mais simples) que o século XX viu nascer. Refiro-me à concepção de um autor cuja preocupação primeira, no entanto, é a literatura. Poderíamos pensar, e essa ideia não seria totalmente falsa, que

---

[1] Jean-Pierre Dupuy, *Ethique et Philosophie de l'Action*. Paris, Ellipses, 1999, p. 429-30.
[2] Entendo aqui por método filosófico o gesto da filosofia tal qual ele é explicado por Gilles Deleuze. Isto é, tendo origem ao mesmo tempo na posição de problemas e da criação de conceitos para responder a eles. Problemas e conceitos são as duas maiores ferramentas do filósofo. Cf. Gilles Deleuze, *Qu'est-ce que la Philosophie?* Paris, Editions de Minuit, 1991.

depois da gigantesca onda desconstrucionista da segunda metade do século XX, a questão das origens foi totalmente jogada no poço do esquecimento da filosofia, juntamente com todos os conceitos e problemáticas que recordem as concepções da metafísica ocidental cristã. Ora, René Girard mostra que não é nada disso, e que temos, hoje em dia, talvez mais do que nunca, os meios para pensar uma origem que escape da desconstrução e de suas críticas e que por isso mesmo recoloque o problema no centro da filosofia. É "suficiente", para isso, que novos conceitos[3] sejam criados e colocados em ação sobre o problema da hominização. Nossa convicção, que sustentaremos ao longo deste texto, é a de que é a essa tarefa que se entrega, essencialmente e no decorrer de toda a sua obra, René Girard. Em segundo lugar, este estudo provém do desejo de mostrar em que René Girard, ainda que ele mesmo por vezes se defenda disso, é, propriamente falando, um filósofo. Isto é, no sentido que Gilles Deleuze deu a esse termo, um criador de conceitos. Com efeito, cometeríamos um engano se limitássemos espontaneamente o acadêmico[4] aos domínios que são os mais explícitos em seus textos, os mais salientes: a literatura, a mitologia, a antropologia. Afinal, isso significaria esquecer que esses diferentes domínios são esclarecidos sob uma nova luz a partir da criação de novos conceitos, gesto eminentemente filosófico. Portanto, é também e, sobretudo, porque ele é filósofo, que confrontaremos seus conceitos com os de Freud, de Lévi-Strauss ou ainda de Derrida e de Eric Gans.

Todavia, se por vezes encontramos dificuldades em considerar Girard um criador de conceitos e, portanto, um filósofo é, antes de mais nada, porque esses conceitos são, *a priori*, muito simples: desejo mimético, bode expiatório, linchamento, mediador. Nada de

---

[3] Ao leitor que deseje entrar no sistema girardiano diretamente por seus conceitos, recomendo vivamente o texto de Charles Ramond, *Le Vocabulaire de René Girard*. Paris, Ellipses, 2005.
[4] René Girard foi eleito para a Academia Francesa em 17 de março de 2005, à cadeira n. 37. Publicou-se na Biblioteca René Girard, o discurso de posse de René Girard e o discurso de recepção de Michel Sernes: *O Trágico e a Piedade*. Trad. Margarita Maria Garcia Lamelo. São Paulo, Editora É, 2011. (N. T.)

muito complicado, parece. Estamos imediatamente distantes, muito distantes da dificuldade espontânea, quase aterrorizante das "compossibilidade" [*compossibilité*], *différance* e outros "práticos-inertes" [*practico-inerte*] aos quais a filosofia francesa do século XX lentamente nos habituou. Contudo, os conceitos girardianos, apesar de simples, nem por isso são menos complexos. Eles trazem, neles mesmos, a concepção da complexidade que o sistema coloca e que encontramos também nas ciências quando falamos atualmente em "sistemas complexos". Os conceitos girardianos são, então, e ao mesmo tempo, simples (enquanto a simplicidade se opõe à dificuldade), mas também complexos se entendermos o sentido muito preciso que as ciências dão a esse termo e sobre o qual retornaremos neste livro. Essa complexidade explica o fato de a maior parte dos conceitos girardianos dever ser lida segundo um duplo sentido, microscópico e macroscópico, do ponto de vista daquele que faz a ação e do ponto de vista daquele que vê a ação se desenrolar, do ponto de vista daquele que oculta um processo e do ponto de vista daquele que o revela; enfim, digamos: do ponto de vista daquele que mata e do ponto de vista da vítima.

Todo o sistema de pensamento é uma promessa. Promessa de que poderemos, graças aos conceitos que ele estabelece e à argumentação que permite desenvolver, dar conta de uma parte do campo do conhecimento, operando um novo recorte do real.

Tal promessa é, todavia, frágil, e pode se desvanecer rapidamente. Recorde-se a decepção de Ferdinand Alquié que, depois de ter lido as últimas páginas da Ética de Espinosa,[5] se interrogou sobre sua compreensão do espinosismo por não ter de modo nenhum atingido a beatitude e a vida eterna prometidas pelo filósofo no início da obra. A promessa do sistema girardiano é imensa, uma vez que ele pretende, com a ajuda de uma única hipótese: o desejo mimético, explicar não só a totalidade das produções humanas, mas a própria

---

[5] Ferdinand Alquié, *Le Rationalisme de Spinoza*. Paris, PUF, 1981, 1991, p. 10-11.

produção da humanidade, ou antes, sua emergência. Com um mesmo gesto, por assim dizer, o sistema girardiano dá conta da existência das criaturas e também da existência do criador. Fazendo isso, poderíamos ter entrado no sistema girardiano por diferentes pontos de partida: a crítica literária, a teologia ou ainda a estética, e cada um desses domínios nos teria levado irremediavelmente a esclarecer e a analisar essa mesma hipótese inicial, essa mesma convicção de que um processo e um mecanismo únicos permitem esclarecer o propriamente humano. Mas escolhemos estudar o que nos parece estar no eixo desse processo: a hominização. Por hominização, é preciso entender aqui ao mesmo tempo o momento e o processo pelo qual os antropoides se tornaram homens. Com efeito, a fim de estudar o processo explicativo de tudo o que faz do homem um animal específico, parece interessante tomar como ponto de partida o nascimento da humanidade, ou para dizê-lo com as palavras de René Girard: a origem da cultura.[6] Escolhemos esse problema da hominização como o alicerce do sistema por várias razões. Primeiro porque a compreensão deste último permite uma leitura do conjunto do *corpus* girardiano, uma vez que o movimento que ele desenha está na fonte de todas as teses de Girard. Mas também porque o problema da hominização, tal como o resolve René Girard, apresenta uma riqueza conceitual imensa para o filósofo e para o leitor. Com efeito, ele remete explicitamente a um problema filosófico maior, que é o da auto-organização. De maneira formal, a resposta que desejamos formular neste livro, e que pode ser também a trama de uma leitura de todas as obras de Girard, é a seguinte: como podemos fazer a ordem emergir do caos sem que nenhuma vontade, nenhuma intenção seja postulada nessa organização? Essa questão poderia, e de fato se traduzira ainda em nossa leitura por outra questão: como pode a diferença nascer no próprio coração do indiferenciado, como pode a dissimetria surgir do coração da simetria? Nenhum antropólogo pode escapar dessa problemática. Conhecemos

---

[6] René Girard, *Les Origines de la Culture*. Paris, Desclée de Brouwer, 2004. (Livro publicado numa edição revista e ampliada na Biblioteca René Girard com o título *Evolução e Conversão*. Trad. Bluma Waddington Vilar e Pedro Sette-Câmara. São Paulo: Editora É, 2011)

a resposta que propõem a essa questão as filosofias ditas contratuais: a existência de uma ordem dando sequência ao caos só pode derivar de uma decisão de fazer cessar a violência interna nos grupos de proto-humanos. Na filosofia contratual, segundo os autores, a organização das relações sociais se origina em um acordo mais ou menos fictício entre os indivíduos, que escolhem racionalmente limitar suas ações para preservar a paz no interior do grupo. Contudo, ela não responde à questão de saber por que esses antropoides decidem subitamente entrar em acordo. Não teria o mais forte do grupo, muito pelo contrário, interesse em recusar tal acordo?

Por isso, a questão da violência é central na problemática da hominização e veremos que René Girard oferece uma resposta à dificuldade da violência; resposta que permite pleitear uma forma de organização humana, capaz de sair da espiral sem fim da violência e da "contraviolência". Situemos a resposta de Girard a esse assunto "tão seco". Se a diferença pode emergir no coração do indiferenciado, e se a ordem pode suceder ao caos, é graças à *différance* da violência. *Différance* da violência que, estando sempre em um movimento centrípeto que cristaliza o ódio sobre um único indivíduo, permite delimitar um interior e um exterior do grupo, um superior e um inferior, isto é, as primeiras fronteiras de diferenciação. E, por consequência, em um único e mesmo gesto permite criar a totalidade da ordem cultural e a própria ordem cultural.

No primeiro momento da análise, veremos o que constitui a hipótese primeira do edifício girardiano, seu pilar teórico e literário, sem o qual nenhuma inteligência do sistema girardiano é possível, a saber, o desejo mimético. Esse primeiro percurso pelas primeiras obras de René Girard permitirá uma compreensão da gênese da violência no seio dos grupos animais e humanos. Esse passo é essencial para todo leitor de Girard, pois é somente compreendendo de que modo a violência surge e de que modo se propaga que poderemos medir a eficácia e a veracidade da solução para ela. Contra a ideia espontânea que podemos ter, segundo a qual os homens entram em combate por objetos de desejo difíceis de partilhar, mostraremos com René

Girard que, tanto quanto os objetos, é o mimetismo dos desejos o que engendra a violência. Assim, o objeto não será a causa de violência, porém sua consequência. O objeto terá cada vez mais consistência ontológica, à medida que é desejado por um número maior de sujeitos. Sendo assim, não é na diferença que está situada a fonte do conflito, mas, bem ao contrário, na identidade.[7] Com efeito, se os homens tivessem desejos e aspirações muito diferentes, não combateriam, coexistiriam pacificamente em paralelo, cada um estando preocupado unicamente com seus próprios objetos de desejo. A violência é, de forma estrutural, uma violência do "mesmo"; qualquer um que esteja interessado no debate sobre o reconhecimento dos indivíduos não pode deixar de reconhecer esse fato. Com efeito, é justamente quando um homem exige a identidade das condições e começa a lutar fisicamente para ser como o outro, que ele o encontra como obstáculo em seu caminho.[8]

A violência animal, assim como a violência humana, é então uma violência que provém da identidade e não da alteridade, e desse modo se expande como um vírus, afetando a todos os membros do grupo. Pelo contrário, nos animais, a violência é controlada por mecanismos de submissão ligados a uma objetividade da potência, pelo fato de que entre os animais há aqueles que são verdadeiramente os mais e os menos fortes, criando padrões de dominância. Já no mundo dos humanos, nada pode impedir que a violência se espalhe sobre o conjunto da comunidade, colocando em risco sua própria existência. Veremos de que maneira a solução para a gestão dessa guerra de todos contra todos deve ser buscada no prolongamento do mecanismo do desejo mimético, uma vez que, embora os homens entrem em acordo para desejar um mesmo objeto, eles

---

[7] É preciso entender aqui a identidade no sentido de *idem* e não no sentido de *ipse*. Isto é, no sentido dessa identidade que só pode acontecer na alteridade. A fim de evitar essa confusão, poderíamos ter dito que a violência provém da "mesmidade", ou seja, de uma convergência mais do que de uma divergência.

[8] Foi justamente o que viu Tocqueville na análise da abolição das diferenças em um regime democrático.

também o fazem para odiar um mesmo sujeito. É no mecanismo do bode expiatório e do assassinato fundador que deve ser buscada a solução ao problema que aqui colocamos. Mecanismo que é perpetuado pelo sistema sacrificial, que não é mais do que uma repetição reconciliadora e preventiva do assassinato fundador. O acordo dos membros da comunidade é feito contra um de seus membros, contra uma vítima expiatória, que marca a fronteira entre o estado de violência geral e a paz reencontrada. Tal movimento, nós o chamamos *différance* da violência, e reconhecemos nele a especificidade do Homem. O Homem é, assim, o animal que, a fim de gerir a violência, quando esta põe em risco sua própria existência, não encontrou outro meio senão o de fazê-la diferir. A *différance* nos "preservatifica"[9] então da violência, projetando-a em um exterior de cuja criação ela participa. Todavia, contrariamente à noção do contrato, que não pode ter lugar senão em um pleno conhecimento de si, no sentido em que os indivíduos sabem que eles firmam um acordo, o [*méconnaissance*] processo do bode expiatório necessita de um certo desconhecimento para ser eficaz. Efetivamente, podemos ver esse mesmo desconhecimento desabrochar no conceito de bode expiatório. Todo mundo concorda em ver o bode expiatório dos outros, mas quantos de nós veem seus próprios bodes expiatórios? Aliás, um bode expiatório reconhecido como tal poderia ainda agir como bode expiatório?

Veremos, no terceiro capítulo deste livro, de que modo as teorias de René Girard o levam a se opor e a ultrapassar duas correntes fundamentais da antropologia do século XX: a antropologia psicanalítica e a antropologia estruturalista. A hipótese do assassinato fundador e da violência centrípeta permite que René Girard lance um novo olhar sobre a antropologia psicanalítica, uma vez que a psicanálise, ainda que propondo nos textos de Freud um

---

[9] Tomamos esse conceito emprestado de Jacques Derrida. A "preservatificação" consiste em se proteger de um perigo que se transmite sob o modo da contaminação, do contágio, o que é exatamente o modo de propagação da violência nos textos de René Girard. Cf. Charles Ramond, *Le Vocabulaire de Jacques Derrida*. Paris, Ellipses, 2001, p. 59.

assassinato fundador, um parricídio, não consegue fazer a economia de um certo conhecimento, a fim de sair da violência intraespecífica. Consequentemente, ela não encontra meios para explicar de que modo a diferença pode emergir do indiferenciado, uma vez que postula diferenças mesmo antes que o assassinato tenha acontecido. A teoria da violência mimética e do assassinato fundador permite também empreender uma releitura da antropologia estruturalista e, mais particularmente, uma análise da teoria dos mitos, capaz de mostrar a superioridade da leitura realista dos mitos que propõe René Girard sobre a leitura simbólica e lógica que Claude Lévi-Strauss oferece sobre eles. Efetivamente, apenas o sistema girardiano permite compreender que por trás de cada expulsão simbólica, apresentada nos mitos como restauradora da ordem na comunidade, se esconde, de fato, a narrativa de uma expulsão real e originária. Assim, se o mito jamais fala da violência da multidão, contentando-se em narrar a partida de um dos indivíduos, é porque no mito é a multidão que fala.

In fine, confrontamos, no quarto e último capítulo deste livro, a hipótese girardiana com a desconstrução da origem, tal como proposta por Jacques Derrida, e com a antropologia gerativa, tal como desenvolvida por Eric Gans.[10] Com essa comparação, mostraremos de que modo o mecanismo vitimário, ao diferir a violência, permite a emergência da diferença e consequentemente o nascimento de um sistema de significações que, ao contrário das teorias estruturalistas, necessita apenas de um único signo para começar a significar, pois ele é baseado no modelo da exceção em plena emergência. Além disso, ao postular na origem um assassinato, e, portanto, um cadáver, Girard escapa da crítica derridiana da origem pensada como

---

[10] Eric Gans é um dos alunos de René Girard. Professor de literatura francesa na Universidade Berkeley, ele é o criador da "antropologia gerativa", que entende não apenas retomar as teorias de René Girard, mas também ultrapassá-las. Ele publica, a cada dois anos, na web, uma revista eletrônica, *Anthropoetics, Journal of Generative Anthropology* (http://www.anthropoetics.ucla.edu/anthro.htm), na qual o paradigma girardiano é abundantemente usado e estudado.

presença, como parúsia, uma vez que o cadáver está colocado na origem como o traço de uma ausência: quer dizer, como a própria *différance*. Veremos, então, que ali onde Derrida denuncia a violência de toda a teoria, René Girard constrói uma teoria da violência. O sistema girardiano pode se formalizar de maneira muito precisa nos conceitos de autorrealização e de autotranscendência, contra todas as teorias contratualistas que postulam uma vontade de estabilizar, uma decisão[11] de restabelecer a ordem. Nos dois casos, trata-se de criar a exterioridade estabilizadora, projetando para o exterior um elemento que provém do interior. Para isso, é preciso desconhecer que o social, pelo qual acreditamos ser levados a agir, é, de fato, um social em que nós mesmos agimos. Nós o fazemos ao mesmo tempo em que ele nos faz, e entretemos com ele uma relação de causalidade circular, segundo a qual a consequência também reage sobre a causa. É por isso que mostraremos em cada um de nossos capítulos que o pensamento de René Girard é um pensamento morfogenético e auto-organizador, e que apenas seus conceitos permitem responder à problemática que é o fio condutor de todo o nosso trabalho: De que modo a ordem pode emergir do caos?

Quero expressar meus agradecimentos às Editions Harmattan pela publicação original deste texto, e mais particularmente à Dominique Château e a Bruno Pequignot por me acolherem na coleção "Ouverture Philosophique" [Abertura Filosófica]. Grande parte dessas análises é fruto de um trabalho iniciado na Universidade Paul Valéry de Montpellier III sob a direção de Annie Petit. Agradeço-lhe por ter acompanhado meu trabalho nas condições de distanciamento geográfico que enfrentamos. Devo a Charles Ramond a descoberta do pensamento de René Girard em um curso ministrado

---

[11] É interessante notar que "decidir" provém do latim *decidere*, que significa "cortar – em fatias – com uma espada". As teorias contratualistas parecem deixar passar em silêncio esse laço milenar que há entre a decisão, a violência e o sacrifício. Apenas Espinosa não o esquece e pode assim afirmar que *omnis determinatio est negatio*. Toda escolha implica um sacrifício daquilo que exclui. O conceito de decisão, naquilo que tem de positivo e de valorizável, não deve nos fazer esquecer que ele é também o lugar do sacrifício.

na Universidade Michel de Montaigne, de Bordeaux III em 1995. Muitas das análises aqui expostas devem a seu curso. Enfim, nada teria sido possível sem o apoio cotidiano de Déborah Bled.

Todavia, os erros ou dificuldades que se encontrem nas páginas deste livro só são imputáveis a mim, e as teses defendidas são inteiramente de responsabilidade do autor.

Barcelona, 9 de junho de 2005.

capítulo 1
o arquétipo triangular

I. A formação do triângulo: "Todo desejo é desejo de ser".[1]

Nenhum estudo do pensamento de René Girard pode prescindir da apresentação e da análise da teoria do desejo mimético; teoria essencial à compreensão dos fenômenos estudados na sequência neste livro. Fazemos essa observação também para lembrar que René Girard é, antes de mais nada, um crítico literário, e que sua teoria provém da literatura e nela se enraíza fortemente. Vejo nisso, ao mesmo tempo, a riqueza de uma teoria e também o destino maravilhoso de uma hipótese que, emergindo em um domínio específico e circunscrito pelas disciplinas universitárias, se estende, pouco a pouco, muito além de suas fronteiras até compor uma teoria da totalidade.

a. O triângulo do desejo

As teorias desenvolvidas nos textos de René Girard, e mais particularmente aquelas sobre o problema da hominização, repousam todas sobre um alicerce que ele esclarece desde o primeiro livro,

---

[1] René Girard, *Quando Começarem a Acontecer essas Coisas*. Trad. Lília Ledon da Silva. São Paulo, Editora É, 2011, p. 48 (livro publicado na Biblioteca René Girard).

fazendo apelo, em um primeiro tempo, mais à literatura do que à filosofia: "Somente os romancistas revelam a natureza imitativa do desejo".[2] No decorrer deste estudo, voltaremos várias vezes a essa afirmação, para mostrar de que modo a problemática do desejo mimético, assim como suas consequências sociais e relacionais, estão efetivamente no centro das interrogações de numerosos filósofos, e que a rejeição de René Girard é injustificada e não se sustenta numa leitura atenta da história da filosofia. Apesar de nossa insistência em restabelecer o lugar da filosofia na questão do desejo mimético e no problema da hominização, para apoiar nossa argumentação, pedimos que nos seja permitido aqui, por enquanto, apenas lembrar as palavras de Espinosa: "Quando imaginamos uma coisa semelhante a nós, e não a perseguimos com nenhum afeto, não a afetamos de um afeto, *nós somos pela coisa mesmo afetados por um afeto semelhante*" (grifos nossos)".[3]

A ideia principal que René Girard extrai de seu estudo da literatura é a de que todo desejo, ou antes deveríamos dizer, todo objeto de desejo, é ditado por um mediador desejante. Em consequência, apenas a presença do mediador pode ser verdadeiramente causa de desejo, apenas ele pode engendrar um movimento de desejo. Essa é a tese fundadora de todo o sistema girardiano, mas também de seu prolongamento na antropologia gerativa de Eric Gans.[4] É com a ajuda da história da literatura e de alguns textos fundamentais, entre os quais *Dom Quixote*, *O Vermelho e o Negro* ou, ainda, *Os Irmãos Karamazov*, que Girard revela o mimetismo dos desejos humanos. Meu desejo

---

[2] René Girard, *Mentira Romântica e Verdade Romanesca*. Trad. Lília Ledon da Silva. São Paulo, Editora É, 2009, p. 38.
[3] No original, *"Ex eo, quod rem nobis similem, et quam nullu affectu prosecuti sumus, aliquo affectu affici imaginamur, eo ipso simili affectu afficimur"*, Spinoza, *Ethique* III, Proposition 27. Tradução francesa de Bernard Pautrat. Paris, Le Seuil, 1988, p. 245. Essa proposição da *Ética* nos parece refutar bem imediatamente a ausência do mimetismo do desejo no seio da filosofia. Sobre esse problema, podemos também consultar a Ética, III, 32, Scolie, p. 255. (grifos nossos)
[4] No quarto capítulo explicamos as similitudes, mas também as divergências, entre as teorias de René Girard e as teorias da antropologia gerativa de Eric Gans.

jamais pode ser o primeiro e deve ser sempre, senão ditado, pelo menos assinalado por um mediador. Podemos então afirmar que, em todo o pensamento de René Girard, o homem jamais poderia simplesmente desejar um objeto, o desejo é "sempre já" um desejo a três, pelo fato de que o objeto que eu desejo é um objeto que já é desejado por um terceiro. A relação de desejo não deve ser pensada sobre o modo de uma simples visão do objeto, ela não é uma linha reta entre objeto desejado e sujeito desejante. Com efeito, Girard substituiu esse modelo da linha reta pela figura do triângulo. A relação de desejo não deve ser reduzida a dois polos, dos quais um seria o sujeito desejante e, o outro, o objeto desejado. O estudo de *Dom Quixote*, de Cervantes, permite expressar esse ponto de vista claramente: "Dom Quixote renunciou em favor de Amadis à prerrogativa fundamental do indivíduo: ele não escolhe mais os objetos de seu desejo, é Amadis quem deve escolher por ele".[5] Assim, entre o sujeito desejante e o objeto desejado, deve ser intercalado um terceiro termo, cujo papel essencial é o de designar o objeto e torná-lo desejável, mostrando que também o deseja; ele cria o desejável mostrando-o desejado. Notemos o quanto somos hoje em dia, talvez mais do que nunca, circundados por um mundo no qual tudo parece ditar o que devemos desejar. Dos muros de nossas cidades às telas de televisão, os objetos de desejo se estampam por toda a parte, porém sempre tendo ao lado um mediador que dita a direção de nossos desejos. Todavia, a análise à qual se dedica Girard é mais fundamental. Mais fundamental porque é mais originária, mais ancorada no Homem.

O papel do mediador pode ser definido da seguinte maneira: chama-se mediador o sujeito que faz de um objeto um objeto desejável, mostrando-o desejado, ou seja, desejando-o ele mesmo. Ao completar a relação de desejo com a ajuda desse terceiro polo, René Girard constrói a figura do desejo triangular. O triângulo é composto por sujeito, objeto e mediador. Por essa razão é que afirmamos que desejar

---

[5] René Girard, *Mentira Romântica e Verdade Romanesca*. Trad. Lília Ledon da Silva. São Paulo, Editora É, 2009, p. 26.

é desde sempre um desejar a três. Alguém que acredite ser causa de seus desejos vive na ilusão da autonomia metafísica, uma vez que, enquanto acredita ser a causa, ele se acredita autônomo na designação de seus objetos de desejo. Se quisermos tornar a relação do desejo humano mais inteligível, não podemos fazer abstração de seu caráter triangular. O homem, então, deseja senão que o objeto que ele deseja lhe seja indicado por um mediador. O esquema do desejo humano é, de forma original e essencial, triangular. Tomemos como exemplo um grupo de crianças numa sala, com o mesmo número de objetos idênticos, de tal forma que essa divisão pudesse ocorrer sem problemas. As probabilidades de que rapidamente essas crianças queiram ter todas exatamente o mesmo objeto, e que a atenção delas todas se focalize sobre ele são grandes. Apesar da identidade essencial dos objetos, pois todos são idênticos, parece que o desejo distingue mais particularmente um dos objetos no lote. E o objeto diferenciado será sempre aquele que é o mais desejado. Assim, pressentimos a estrutura circular da causalidade na hipótese do desejo mimético, uma vez que vemos, com o exemplo das crianças, que, se todas desejam um mesmo objeto, é porque ele se distingue dos outros. Mas inversa, ou similarmente, vemos também que, se este último se distingue dos outros objetos, é unicamente porque ele é desejado por todos. O desejável engendra o desejo, ao mesmo tempo que provém dele.

Mesmo que a hipótese "desejo mimético" seja sedutora, não podemos fazer abstração de seu caráter axiomático nos textos de René Girard que aceitaríamos ou rejeitaríamos com o conjunto do sistema. François Bremondy pontua o fato que Girard faz da imitação a essência do homem, como se as ações do homem fossem antes de mais nada imitativas, ao passo que o homem (e obviamente não teríamos como negá-lo) parece capaz de condutas não imitativas.[6]

---

[6] "Parece-nos, primeiro, que René Girard não constata apenas a aptidão a imitar. Ele faz dela a essência do homem. (...) Ora, se o fato é indiscutível, a tese não o é. Podemos, ao contrário, sustentar que o homem, diferentemente dos primatas, é capaz não apenas de imitar, mas ainda de inventar". François Bremondy, "René Girard Examen Dialectique". In: Paul Dumouchel (org.), *Violence et Vérité Autour de René Girard*. Paris, Grasset, 1985, p. 534.

Isso é imediatamente verdade quando observamos o homem social, fortemente imbricado nos sistemas culturais nos quais fervilham as inovações técnicas, artísticas e políticas. Mas a etologia parece mostrar bem que os animais, e mesmo os antropoides que são mais próximos de nós, são mais aptos à imitação do que à inovação. Em todos os casos, a imitação parece ocupar, no comportamento deles, um lugar maior do que a inovação. Ora, a pesquisa sobre os processos de hominização não pode prescindir de uma desconstrução do homem social, e o antropoide que descobre esse gesto é de fato muito mais imitador do que inovador. Veremos, em nosso segundo capítulo, que a inovação da humanidade, em relação à animalidade, emana da adaptação de um processo único por repetição mimética. Mas fiquemos, por enquanto, em nossa problemática do mimetismo. A distinção conceitual entre imitação e inovação não é, de fato, tão clara quanto a descreve François Bremondy. Raros são os processos de inovação que não derivam de uma imitação que ultrapassamos ou que se desregula. Numerosos processos e inovações técnicas derivam, de fato, apenas de uma imitação de processos que encontramos já na Natureza, como se os técnicos mimetizassem a Natureza, por assim dizer. Além disso, é necessário acrescentar, contra François Bremondy, que René Girard não nega a possibilidade da existência de um eu autônomo, mas afirma que só pode aparecer como resultado de uma conquista, ou de uma reconquista de si: "Não digo que não exista um eu autônomo. Digo que as possibilidades do eu autônomo, de certo modo, ficam quase sempre encobertas pelo desejo mimético e por um falso individualismo, cuja fome por diferença tem, pelo contrário, efeitos niveladores".[7]

Esse paradoxo que permite compreender a teoria do desejo mimético: Como é possível que, embora todos os homens procurem se distinguir dos outros – seja em suas consumações, seja em seus

---

[7] René Girard, *Quando Começarem a Acontecer Essas Coisas*. Trad. Lília Ledon da Silva. São Paulo, Editora É, 2011, p. 48 (livro publicado na Biblioteca René Girard).

amores, seja em seus pensamentos – cheguemos todos sempre a uma situação na qual reina uma grande homogeneidade? Cada um querendo e desejando ser diferente, somos constrangidos, por isso mesmo, a imitar os outros. Como se a dialética da alteridade nos levasse sempre, e inevitavelmente, ao "mesmo". Imitamos os outros em nossa mesma vontade de ser diferente deles e é isso o que faz que nos tornemos duplos. Graças à compreensão do mecanismo triangular do desejo mimético, poderíamos atingir um nível de liberação. De certo modo, é o conhecimento da necessidade do mimetismo o que nos torna livres.[8] A teoria do desejo mimético quer, então, também ser um pensamento de liberação, um pensamento da reapropriação dos desejos pelo conhecimento do triângulo. Entretanto, essa liberação não traz consigo um desejo autônomo, jamais poderíamos escolher diretamente nossos desejos. Em contrapartida, abre-se a possibilidade de se escolher um mediador. Não podendo escolher o objeto, resta o outro polo, sobre o qual exercer sua liberdade: podemos, então, escolher um mediador. A escolha de meus desejos será sempre indireta, que passa pela escolha do mediador: "escolher nunca passará de escolher um modelo para si, e a liberdade verdadeira está localizada na alternativa fundamental entre modelo humano e modelo divino".[9] E uma vez que colocamos a existência de um mediador do desejo, é necessário, agora, examinar seu papel, bem como seu modo de funcionamento.

---

[8] Por vezes é difícil seguir René Girard nessa via da desconstrução do desejo mimético pelo conhecimento de seus processos. Notemos, por exemplo, como os publicitários, que são *a priori* aqueles que melhor conhecem os mecanismos que permitem desencadear os desejos sobre um objeto específico, não escapam ao mimetismo dos desejos. Exatamente como os não especialistas desses mecanismos, notemos que os publicitários se vestem com as mesmas marcas que o comum dos mortais, consomem os mesmos produtos, desejam os mesmos automóveis, sonham com os mesmos lugares de lazer e repouso, como se seu saber não lhes trouxesse nenhum poder suplementar sobre as leis do mimetismo. Talvez, então, não seja suficiente conhecer o mecanismo para se encontrar desembaraçado e liberado dele.
[9] René Girard, *Mentira Romântica e Verdade Romanesca*. Trad. Lilia Ledon da Silva. São Paulo, Editora É, 2009, p. 83. Depois de analisar os conceitos de "mediação interna" e de "mediação externa", compreendemos que essa alternativa fundamental se situa entre o humano e o divino.

b. O papel e a designação do mediador:
mediação interna e mediação externa

Os mediadores podem ser indivíduos bem diferentes e suas posições, assim como seus papéis no seio do triângulo do desejo, podem variar em razão de sua natureza. Aqui, a escolha dos mediadores é importante. Podemos imaginar que o mediador de meu desejo seja um personagem imaginário e fictício, como é o caso de Amadis para Dom Quixote. Ou, pelo contrário, meu desejo pode ser designado por um personagem real, do qual posso estar mais ou menos próximo. Por exemplo, o desejo de escrever este livro poderia ter sido ditado, sem que ele sequer soubesse disso, pelo próprio René Girard, por um mimetismo relativo à escrita. Insistimos sobre essa distinção porque ela será determinante nos processos de hominização e na gênese das instituições humanas, assim como na emergência do político. Se o mediador é próximo a mim, somos, de fato, dois sujeitos desejando o mesmo objeto. Se, ao contrário, ele é fictício ou não imediatamente presente, meu desejo será o único a visar o objeto e, desse modo, não encontrará nenhum obstáculo. Somos, então, obrigados a constatar que o triângulo não pode evoluir do mesmo modo, pois depende da posição relativa do mediador. A imitação dos desejos de meu pai ou de meu irmão, por exemplo, evidentemente não terá as mesmas consequências sociais que a imitação dos desejos de um personagem histórico célebre, ou de um personagem de romance. A fim de tornar essas diferenças inteligíveis, René Girard estabelece uma distinção conceitual entre "mediador externo" e "mediador interno".

A partir de agora chamaremos, segundo René Girard, de "mediação externa"[10] a situação na qual o mediador se encontra suficientemente distante para que meu desejo não entre em concorrência com o seu. Dom Quixote pode, assim, livremente desejar os mesmos

---

[10] "Falaremos de *mediação externa* quando a distância é suficiente para que as duas esferas de *possíveis*, cujo centro está ocupado cada qual pelo mediador e pelo sujeito, não estejam em contato". René Girard, *Mentira Romântica e Verdade Romanesca*. Trad. Lília Ledon da Silva. São Paulo, Editora É, 2009, p. 33.

objetos desejados por Amadis, sem que jamais seus desejos se choquem com os do outro. Em contrapartida, falaremos de "mediação interna"[11] quando os dois indivíduos estiverem suficientemente próximos para que o objeto desejado possa engendrar disputas entre os dois desejos concorrentes. Aqui vemos claramente a distinção essencial operando entre esses dois possíveis quanto à existência de um mediador. Ela repousa, *in fine*, sobre a possibilidade de confrontar seu desejo com o desejo do mediador.

No caso da mediação externa, o mediador pode desempenhar plena e unicamente seu papel de modelo, e o sujeito, plena e unicamente seu papel de duplo, sem que isso provoque maiores dificuldades. Se eu tomo Napoleão como modelo de meus desejos, jamais encontrarei seu desejo no caminho do meu. Essa ausência de dificuldade é claramente explicada pelo fato de que o objeto é, ao mesmo tempo, presa de apenas um desejo, o outro sendo fictício, ou pelo menos não atualmente efetivo (como no caso de um personagem histórico). Um e outro estando bastante distanciados para que não se abra uma luta pelo objeto, seus desejos jamais se encontrarão, e a relação deles poderá, por isso, continuar a ser uma relação de modelo e imitador. Em contrapartida, no caso da mediação interna, estando os dois indivíduos suficientemente próximos, assistiremos a uma confrontação dos desejos. O objeto tornar-se-á não só o lugar da mímesis dos desejos, mas também o lugar da concorrência e da rivalidade. Uma vez que os dois sujeitos existem simultaneamente e seus desejos são concretos, o objeto estará no cruzamento de dois desejos concorrentes. Aqui, então, o mediador não se contentará em funcionar em seu papel de modelo, mas se transformará cada vez mais em um "modelo-obstáculo" ou um "modelo-rival".[12]

---

[11] "Falaremos de *mediação interna* quando essa mesma distância está suficientemente reduzida para que as duas esferas penetrem com maior ou menor profundidade uma na outra". Ibidem, p. 33.
[12] "Quanto mais o mediador se aproximar do sujeito desejante, maiores serão as possibilidades dos dois rivais se confundirem e mais o obstáculo que eles opõem um ao outro se torna intransponível". Ibidem, p. 49.

Mais uma vez, René Girard não concede à história da filosofia o lugar que lhe é devido nessa problemática. O mecanismo da violência engendrada pelo mimetismo dos desejos já é revelado de forma explícita por Thomas Hobbes, em seu *Leviatã:* "se dois homens desejam a mesma coisa, quando é impossível que os dois gozem dela, eles se tornam inimigos".[13] Podemos, então, constatar claramente como eu posso desejar sem rodeios um objeto que foi um dos desejos de Cristo, sem que jamais ele responda violentamente. Entretanto, o simples fato de desejar um objeto do desejo de meu irmão, de meu pai, de um de meus colegas, me coloca imediatamente em uma relação de imitação/violência com eles. A alternativa que evocávamos entre o modelo humano e o modelo divino da mediação pode ser esclarecida a partir de agora pelo fato de que o modelo divino e transcendente permite não reenviar violência através do desejo, ao passo que o modelo humano e imanente traz em seu seio a ambivalência de um mediador, modelo e rival. Isto é, amado, porque modelo; porém, detestado, uma vez que também é obstáculo.

Já podemos pressentir as consequências que podem ter tais afirmações e uma tal concepção do "desejo mimético", muito particularmente examinarmos um mito que ocupa um lugar decisivo nos processos de hominização, a saber, o "mito" de Édipo, bem como o tabu do incesto. Com efeito, na obra de Sófocles, não seria o pai Laio esse mediador interno que, ao mesmo tempo, designa o objeto de nosso desejo e também se coloca como obstáculo maior para sua realização? O desejo mimético revela-se em sua dupla face: reaproximação e distanciamento dos Homens. Como se os conceitos de distanciamento e de reaproximação não fossem tão opostos. O que Girard permite pensar é que quanto mais estou próximo de alguém, mais a violência, paradoxalmente, ameaça. Podemos então já de saída entender, por essa dupla face do desejo mimético, de que modo os desejos podem, ao mesmo tempo, ser o que aproxima os

---

[13] Thomas Hobbes, *Leviathan*, I, 13, World's Classic. Oxford, Oxford University Press, 1996, p. 83.

homens e o que desencadeia a violência. Por um lado, os desejos aproximam os homens fazendo convergir seus objetos de desejo e seus interesses imediatos. Por outro, a impossibilidade para dois indivíduos de deter e mesmo de cobiçar um mesmo objeto tende a distanciá-los, fazendo que se tornem rivais.[14] Isso é particularmente verificável em todos os fenômenos de grupo. Com efeito, o grupo jamais é tão unido como no momento em que ele tem um interesse imediato contra um inimigo comum. A coesão é sempre mais fácil de ser obtida na rejeição do que no projeto, mais no "não" do que no "sim". Nosso próprio desejo imediato de eliminar esse inimigo nos aproxima. O fenômeno é bem conhecido em geopolítica, sob o nome de união sagrada ou de união nacional, quando um povo apoia dirigentes durante uma guerra. Mas, uma vez que o inimigo se encontre fora das condições ameaçadoras, uma vez que a guerra termine, as lutas intestinas para tomar a direção do grupo, terminem por fragmentá-lo em múltiplas facções, como se desde que o ódio contra o outro se dissipa, os indivíduos se perguntassem o que ainda os une. A teoria girardiana do desejo mimético, uma vez que é uma teoria que traz à luz as duas faces do desejo, explica então porque é sempre mais fácil estar unido "contra" alguma coisa do que "por" alguma coisa. Na mesma medida em que é fácil odiar e rejeitar juntos, o desejo a dois é, por sua vez, problemático.

É preciso, no entanto, pontuar um problema nessa distinção conceitual entre mediador interno e mediador externo. Com efeito, é certo que o mediador externo não se coloca como rival. Mesmo assim, na estrada que me leva aos meus desejos, encontro outros indivíduos que também o tomaram como modelo. Para compreender isso, basta pensar que, se eu tomo como mediador de meus desejos alguém como Napoleão, encontrarei, na minha luta pelo poder político, outros indivíduos que também tomam como modelo mediadores

---

[14] "Aqui e alhures, é a aproximação o que desencadeia o conflito. Estamos diante de uma lei fundamental que governa tanto o mecanismo do amor "mental" quanto a evolução social." René Girard, *Mentira Romântica e Verdade Romanesca*. Trad. Lília Ledon da Silva. São Paulo, Editora É, 2009, p. 134.

que lhes ditem o desejo de poder político. Como consequência, no mimetismo, mesmo a mediação externa pode se revelar geradora de conflito. Dois indivíduos que tomem Napoleão como modelo certamente jamais o encontrarão na estrada de seus desejos, mas, provavelmente, se encontrarão um e outro como obstáculos no caminho de seu desejo de ser Napoleão. Portanto, é difícil levar essa distinção conceitual tão longe quanto o faz Girard. Como observa com muita precisão Charles Ramond, teria faltado a René Girard, para fazer cessar a violência, renunciar não à mediação interna e a seus processos, mas ao desejo enquanto tal, uma vez que não podemos realmente distinguir um bom desejo da mediação externa de um mau desejo da mediação interna.[15]

c. Função divina e demoníaca do mediador

Uma concepção justa e precisa do desejo deve então revelar de que modo essa rivalidade mimética confere *ipso facto* um duplo papel ao mediador, ao mesmo o de modelo e o de obstáculo.[16] Esse duplo papel não é neutro quanto à relação do sujeito com o objeto. Com efeito, cada uma das vertentes da figura do modelo, cada um dos dois papéis do mediador que acabamos de ver na mediação interna, reagirá como uma espiral, e vamos então assistir a uma dupla expansão de espirais que se reforçam uma à outra, que se autoentretêm mutuamente. De um lado, teremos uma espiral mimética[17] e um reforço do desejo e das forças que convergem em direção ao objeto. Podemos aqui, de certo

---

[15] "Finalmente, o que indicam as dificuldades ligadas às diversas formas da 'mediação' na filosofia do desejo mimético, é a hesitação de Girard diante da renúncia (talvez demasiado 'oriental', apesar do recente interesse manifestado pelas mitologias da Índia?) ao desejo enquanto tal, uma vez compreendido que jamais seria possível distinguir os 'bons' desejos miméticos dos 'maus'". Charles Ramond; *Le Vocabulaire de René Girard*. Paris, Ellipses, 2005, p. 53.
[16] "Perceber o desejo na verdade é perceber o mediador no seu duplo papel *maléfico e sagrado*" [grifo nosso]. René Girard, *Mentira Romântica e Verdade Romanesca*. Trad. Lilia Ledon da Silva. São Paulo, Editora É, 2009, p. 106.
[17] Tomamos essa expressão emprestada do título da obra de Maria Stella Barberi, *La Spirale Mimétique*. Paris, Desclée de Brower, 2001.

modo, dizer que quanto mais o mediador desejar o objeto, mais isso demonstra que ele é desejável, e portanto, mais o sujeito o deseja. E de outro, teremos a vertente negativa dessa primeira espiral, a saber, a espiral do obstáculo, da violência, que se expande em paralelo e simetricamente em uma luta mais ou menos sôfrega entre o sujeito e o modelo: "sabemos que a proximidade do mediador tende a fazer com que coincidam as duas esferas de possíveis cujos dois rivais ocupam cada qual o centro. O ressentimento que esses últimos sentem um pelo outro, assim, não para de crescer".[18]

Espiral mimética e espiral da violência coexistem, então, de forma essencial no seio da espiral do desejo. Toda imitação ou mímesis é portanto sempre e já potencialmente fonte de violência. Violência e desejo são, no fundo, apenas o mesmo nome da mediação interna, porém pronunciado de um lugar diferente no seio da espiral. Não são mais do que dois lados de uma mesma montanha. Se empregamos aqui o modelo da espiral,[19] é para esclarecer que as forças que convergem em direção a um objeto vão se autoalimentar em um processo de "dupla mediação". A espiral mimética nasce de uma incessante virada dos triângulos de dois desejos miméticos.

René Girard acredita poder atribuir a esse processo de dupla espiral a violência crescente das sociedades modernas. Com efeito, tendendo a tornar iguais os direitos dos cidadãos, as democracias, sem saber, tornam iguais também suas aspirações. Mais uma vez, Hobbes é particularmente lúcido quanto às consequências dessas igualdades na modernidade política e podemos encontrar, ali, a primeira parte da citação que empregamos anteriormente: "Dessa igualdade das aspirações decorre uma igualdade na esperança de atingir nossos fins. É por isso que, se dois homens desejam a mesma coisa, quando não é possível que os dois dela desfrutem,

---

[18] René Girard, *Mentira Romântica e Verdade Romanesca*. Trad. Lília Ledon da Silva. São Paulo, Editora É, 2009, p. 63.
[19] "Estar na espiral, é estar na estrutura elementar do desejo". Maria Stella Barberi, *La Spirale Mimétique*. Paris, Desclée de Brouwer, 2001, p. 12.

tornem-se inimigos".[20] Ao fazer dos cidadãos pessoas "iguais em direito", a modernidade nivela seus desejos e transforma os cidadãos, de forma cada vez mais radical, em concorrentes. Os lugares que outrora eram reservados a alguns privilegiados são, de repente, senão acessíveis de fato, pelo menos ambicionáveis em direito por todos. A modernidade política é então, de certa forma, criadora de mediação interna, uma vez que abre uma nova esfera dos possíveis do desejo pela igualdade dos direitos: "Se os sentimentos *modernos* florescem, não é porque as 'naturezas invejosas' e os 'temperamentos ciumentos' se multiplicaram desagradável e misteriosamente, é porque a mediação *interna* triunfa num universo onde vão se apagando, pouco a pouco, as diferenças entre os homens".[21]

A modernidade propiciou uma fase de quase onipresença da mediação interna, pois nossos modelos e mediadores se aproximaram de nós. Nós os fizemos descer do céu à terra. Nosso esquema imitativo, que era vertical, tornou-se cada vez mais próximo da horizontalidade. E descobrimos a cada dia, por toda presença da concorrência e da competição, que o desencantamento do mundo, e sua projeção horizontal, não é forçosamente sinal e causa de sua pacificação. René Girard permite compreender de forma muito precisa essa surpresa da violência do modelo de mediação horizontal.

d. A modernidade política e o triunfo da mediação interna

É de um período muito específico: o nascimento das democracias modernas e da queda do poder divino que René Girard situa essa passagem brutal de uma mediação externa dos desejos a uma mediação interna. Notemos que a modernidade não é unicamente a passagem de uma mediação externa a uma mediação interna.

---

[20] Thomas Hobbes, *Leviathan*, I, 13, World's Classic. Oxford, Oxford University Press, 1996, p. 83.
[21] René Girard, *Mentira Romântica e Verdade Romanesca*. Trad. Lília Ledon da Silva. São Paulo, Editora É, 2009, p. 38.

Com efeito, quem poderia negar que a Grécia Antiga, que em larga medida inventa os jogos Olímpicos e a Ágora, não conhece a competição e a concorrência entre os homens, ou seja, a rivalidade horizontal? Não devemos então acreditar que essa queda do poder divino criou a possibilidade mesma da mediação interna. Com efeito, a mediação interna sempre fez parte dos possíveis do desejo humano. Ainda que seja apenas no interior do círculo familiar, essa possibilidade, no fundo, está sempre ali, na própria estrutura do desejo. Todavia, o que afirma Girard é que o nascimento das democracias modernas, e mais particularmente a redação dos direitos do homem e do cidadão, trouxe consigo uma aceleração e uma universalização desse processo, um contágio dele a todos os domínios da sociedade, uma extensão dele à quase totalidade das relações. Se antes mediação interna e mediação externa coexistiam, este movimento igualitário criou o espaço possível para o desenvolvimento dos mediadores internos dependentes dos mediadores externos. Precisamos então, a partir desse momento, tornar inteligível o laço que há entre o advento do reino da igualdade, da indiferenciação, ou pelo menos do reino da reivindicação dessa última, e uma presença cada vez mais opressiva dos mediadores internos no mundo moderno.

A pessoa investida de poder divino encontra-se tão verticalmente distanciada de seus sujeitos que ela ocupa o lugar de mediador externo. Essa distância entre mediador e sujeito, por ser intransponível, não tem nenhuma necessidade de ser geográfica nem temporal. Com efeito, aqui, no caso das monarquias de direito divino, ela é hierárquica e espiritual. A diferenciação pode efetivamente ser espiritual, histórica, política, geográfica etc. Parece ao mesmo tempo evidente e compreensível que o monarca seja objeto de uma enorme imitação, nem que seja pelo menos por parte da Corte, onde cada um de seus membros não cessa de se aproximar do rei, sendo o mais parecido possível com ele, mimetizando-o. Cada um dos membros da corte, a fim de se sentir o mais próximo possível do rei, não tem escolha senão imitá-lo no maior número possível de domínios, para ficar cada vez mais próximo dele. O rei é então, de certo modo, o modelo por excelência de uma monarquia, seu arquimodelo.

Mas sua posição é sempre uma posição de verticalidade, sua imitação ocorre de baixo para cima. René Girard é bem consciente desse caráter de modelo encarnado pelo monarca: "em Versalhes, os mínimos desejos devem ser sancionados e legitimados por um capricho do monarca. A existência é uma imitação perpétua de Luís XIV. O Rei Sol é o mediador de todos os seres que o rodeiam".[22]

Todavia, enquanto subsiste o poder divino, seu detentor só pode ser um mediador externo. Com efeito, ninguém pode realmente ambicionar os objetos de desejo do rei: "o rei não pode tornar-se o rival de seus próprios súditos".[23] Uma única curva da espiral é então ativa nos sistemas regidos pela mediação externa, e é aquela do mimetismo e do modelo. Aqui precisamos tomar um exemplo para tornar mais inteligível nossa proposição segundo a qual o sistema de direito divino é um sistema que funciona no que lhe é essencial (e não em sua totalidade) como um sistema de mediação externa, de imitação vertical.

Enquanto o poder for de direito divino, e se transmitir por filiação biológica, nenhum dos membros da corte do rei pode verdadeiramente ambicioná-lo, uma vez que ele sabe que por essência o poder lhe escapa, o lugar do rei não pode ser objeto de desejo de todos como pode sê-lo o lugar de presidente da República. Assim, o poder divino não pode tornar-se objeto de ambição e de desejo.
O lugar real não pode ser objeto de desejo e de ambição senão pelos membros que têm potencialmente direito a ele. Assim, primos, irmãos, filhos, netos, verão seus desejos entrarem em concorrência. Mas, de fato, isso está restrito a um numero muito limitado de indivíduos. Bem entendido, o entorno do rei ambiciona a máxima proximidade com ele, mas cada um sabe que o lugar do rei só pode constituir-se em objeto de desejo para os membros pertencentes à família real. Sua posição de transcendência não o protege do

---

[22] René Girard, *Mentira Romântica e Verdade Romanesca*. Trad. Lília Ledon da Silva. São Paulo, Editora É, 2009, p. 146.
[23] Ibidem, p. 146.

mimetismo, uma vez que ele fica sendo um modelo, mas ela o protege do encontro de seus desejos com os desejos de seus imitadores.

Em contrapartida, o desaparecimento do poder divino abre para cada cidadão a possibilidade teórica de ocupar o lugar mais alto da nação, e essa possibilidade teórica desde a modernidade política tornou-se cada vez mais real. Consequentemente, ali onde a ambição política reinava entre alguns membros de uma família real, ela se estende, a partir de então, por contágio, ao conjunto dos cidadãos e: "a idolatria de um só é substituída pelo ódio de 100 mil rivais".[24] O nascimento da democracia moderna pode ser comparado, se nos colocamos do ponto de vista da imitação dos desejos e da ambição do poder político, a uma extensão a toda a nação e a todos os cidadãos dos problemas que agitavam em outros tempos apenas a família real: "a corte democrática que se segue à corte monárquica vai ficando cada vez mais vasta, mais anônima, mais injusta".[25] Tornando-se todos dirigentes potenciais, os homens entraram todos potencialmente em uma família real: "a democracia é uma vasta corte burguesa cujos cortesãos estão por toda a parte e o monarca em lugar nenhum".[26] Assim, poderíamos acreditar que destruindo a figura do rei teríamos visto apagar-se com ele o caráter mimético dos cidadãos e, por consequência, a violência. Mas a destruição do ídolo não traz consigo a queda da idolatria. Ela desloca o mimetismo, mas não o suprime. Bem ao contrário, a destruição do poder divino não faz mais do que exacerbar o desejo mimético e estendê-lo a uma parte maior da população. É justamente a esse título que René Girard vê, no nascimento das democracias modernas, um fator de aceleração e de propagação do desejo mimético, pelo vetor da mediação interna. Fazendo descer o poder do céu sobre a terra, os homens o tornaram acessível a todos os homens e, portanto, também desejável por outros homens. A passagem do Antigo Regime para a democracia pode então ser interpretada em termos

---

[24] Ibidem, p. 147.
[25] Ibidem, p. 164.
[26] Ibidem, p. 148.

de passagem de um poder fundado sobre a mediação externa a um poder estabelecido pela mediação interna. Uma maior indiferenciação é sempre sinônimo de uma maior horizontalidade da mímesis e, portanto, também sinal da presença cada vez maior de obstáculos entre os desejos, e de cada vez menos barreiras entre os objetos desejáveis por todos.

Devemos, com Girard, constatar que essa teoria já aparece esboçada nas reflexões de Alexis de Tocqueville, sem que jamais, entretanto, o sociólogo francês tenha podido teorizar essa passagem em termos de mediação externa e interna. Todavia, a intuição de uma igualdade das aspirações dos cidadãos arrasta inevitavelmente a uma confrontação e uma concorrência cada vez mais feroz entre estes seguramente aparece na obra de Alexis de Tocqueville: "esta mesma igualdade que permite a cada cidadão conceber vastas esperanças torna todos os cidadãos individualmente fracos. Ela limita de todos os lados suas forças, ao mesmo tempo que permite que seus desejos se estendam".[27] O julgamento de Tocqueville quanto à abolição dos privilégios, mais uma vez, é justo e próximo das conclusões que podemos extrair dos textos de René Girard: "eles destruíram os privilégios incômodos de alguns de seus semelhantes; eles reencontram a concorrência de todos".[28] O privilégio não é o maior meio e o maior vetor da diferenciação? O privilegiado, por definição, é o diferenciado, aquele que se destaca do fundo homogêneo. O que a teoria de René Girard esclarece é que ao contrário do que podemos crer, a igualdade não é de forma inevitável sinal de paz e de

---

[27] Alexis de Tocqueville, *De la Démocracie en Amérique*, II, 2. Paris, Robert Laffont, 1986, p. 522: "Quando todas as prerrogativas de nascimento e de fortuna são destruídas, e todas as profissões são abertas a todos, que se pode chegar, por si mesmo, ao auge de cada uma delas, uma carreira imensa e tranquila parece se abrir diante da ambição dos homens, e eles facilmente imaginam que são chamados a grandes destinos. Mas eis aí uma visão errônea que a experiência corrige a cada dia. Essa mesma igualdade que permite que cada cidadão conceba vastas esperanças torna todos os cidadãos individualmente fracos. Ela limita por todos os lados suas forças, ao mesmo tempo que permite que seus desejos se estendam".
[28] Ibidem, p. 522.

tranquilidade. A teoria do desejo mimético revela que a igualdade é também fonte de extensão do conflito. Essa é a consequência que precisamos explicar a partir de agora, e a qual será necessária a todas as posições antropológicas de René Girard, bem como à sua solução ao problema da hominização.

e. A dupla mediação, ou como o triângulo se torna espiral

Ao contrário do que acontece com a mediação externa, a mediação interna chega *in fine* a uma dupla mediação e a uma virada constante dos papéis entre o modelo e o imitador. Os dois papéis, o de modelo e o de imitador, de fato não são tão rígidos quanto no caso da mediação externa. No caso de uma mediação externa, os papéis são estabilizados pelo fato de que o modelo, por sua vez, não pode mandar embora o desejo, e põe um fim ao jogo do vaivém antes mesmo que este encontre a possibilidade de começar. Em contrapartida, quando estamos em uma configuração de mediação interna, o modelo se torna por sua vez imitador, e o imitador, modelo: "Temos agora um sujeito-mediador e um mediador-sujeito, um modelo-discípulo e um discípulo-modelo".[29] Assim, a dupla mediação opera uma virada perpétua da imitação, virada que se revela sem fim. Por isso escolhemos empregar o termo de espiral mimética. Com efeito, essa última não apenas remete ao caráter mimético do desejo, mas também o amplifica. Essa dupla mediação não deve então ser considerada um simples processo que consistiria apenas em prolongar o desejo no tempo. O caráter imitativo não traz consigo uma reprodução ao idêntico dos desejos. Bem ao contrário, cada uma das fases de vaivém entre o modelo e o sujeito do desejo opera uma transformação deste último. Essa transformação toma a forma de uma amplificação. A imitação dos

---

[29] René Girard, *Mentira Romântica e Verdade Romanesca*. Trad. Lília Ledon da Silva. São Paulo, Editora É, 2009, p. 127.

desejos não é então um espelho que reenvia apenas e simplesmente a imagem do desejo dos outros, ela é um espelho que aumenta o volume da imagem e assim transforma a percepção do objeto e, por consequência, também seu caráter desejável.

Toda essa teoria da dupla mediação é facilmente compreensível logo que tornamos inteligível o fato de que o caráter "desejável" de um objeto cresce de forma proporcional à força com a qual este último é desejado. René Girard observa, a justo título, que toda publicidade e marketing contemporâneos repousam sobre esse principio. Com efeito, é muito raro que um objeto nos seja elogiado por suas qualidades ou seus benefícios. Com muito mais frequência, assistimos a uma argumentação que coloca o objeto como desejado por todos. O simples fato de apresentá-lo como desejado por numerosos sujeitos torna-o *ipso facto* indispensável e, portanto, nessa mesma proporção, mais desejável. Se todo mundo o deseja, é preciso que eu também o deseje.

Esse processo que descrevemos como a formação do primeiro triângulo mimético funciona também sobre o mediador se viramos o triângulo. O objeto sendo cada vez mais ambicionado encontra-se investido de desejos cada vez mais fortes. Assim, o desejo do outro vem apenas confirmar meu desejo: "a dupla mediação é uma figura fechada sobre si mesma; o desejo circula aí se nutrindo de sua própria substância. A dupla mediação se constitui, portanto, numa verdadeira "geradora" do desejo, a mais simples possível".[30] A dupla mediação é assim o motor do desejo, e a combustão se faz pela mímesis.

A fim de dar conta do processo que é aqui um duplo processo, Girard emprega dois conceitos desenvolvidos pela teoria da informação de Gregory Bateson, por ocasião de sua teoria da esquizofrenia;[31] a saber, o conceito de "duplo vínculo", bem como o

---

[30] Ibidem, p. 201.
[31] Gregory Bateson, *Steps to an Ecology of Mind*. Chicago, University of Chicago Press, 1999 [1972] – livro que será publicado pela Editora É.

conceito de *feedback*. Esses conceitos apresentam, no seio da teoria girardiana, um duplo interesse. O conceito de *double bind* permite pensar a dupla contradição que apresenta o modelo, convidando à imitação, mas também condenando-a. O *double bind* é então o reflexo da dupla injunção "imite-me" e "não me imite", que remete ao modelo/rival, ele convoca, ao mesmo tempo, à imitação e a não imitá-lo, uma vez que ele quer conservar a exclusividade da propriedade dos objetos de desejo. Assim, é a primeira via de passagem para a dupla mediação que faz do mediador um rival.

Quanto ao conceito de *feedback*, ele permite pensar uma cadeia causal que não seja linear, mas circular. Isso será, bem entendido, associado ao modelo da espiral. Um acontecimento *a* será a causa de um acontecimento *b*, o qual engendrará, por sua vez, vários acontecimentos sucessivos, dos quais pelo menos o último incidirá sobre *a*. Basta substituir *a* por "desejo do sujeito" e *b* por "desejo do mediador" para ver a transposição à qual se dedica Girard. Outro ponto importante explorado por René Girard no conceito de *feedback* é o fato de que este jogo da cadeia causal circular não se dará unicamente entre *a* e *b*. Com efeito, cada retorno de um acontecimento sobre sua causa afetará de alguma forma esta última.
O esquema não será então *a* causa *b* que causa *c* que causa *d*, que incide sobre *a*. Uma vez que o retorno das consequências de *d* sobre *a* não deixa *a* sem mudanças, o esquema deve ser: a causa *b*, que causa *c* que causa *d* que causa *a'* que causa *b'*, que causa *c'* etc. Essa cadeia causal não é então uma cadeia que reproduz os acontecimentos exatamente ao idêntico, não se trata de uma repetição da cadeia causal. A partir dessa constatação, duas hipóteses são possíveis. Ou alcançamos uma estabilidade do sistema, por uma correção sucessiva de relativos, do tipo $(b-a) = -(c-b)$, e temos então um equilíbrio que devemos colocar *in fine* por *a* igual a *a'* e falaremos, nesse caso, de *feedback* negativo. Ou bem temos uma amplificação do fenômeno por uma sucessão de afastamentos positivos ao longo da cadeia que nos obriga a colocar, no final, $a' > a$. Teremos, então, um *feedback* positivo. Se o *feedback* positivo se repete em várias cadeias causais sucessivas, sem jamais atingir algum ponto de

equilíbrio, significa que se o *feedback*, a cada movimento, não cessa de fazer crescer a intensidade dos desejos, corremos o risco de uma precipitação irrefletida do sistema, o que Gregory Bateson chama *runaway* do sistema.

Aqui aparece claramente porque Girard recorre a esses conceitos de *feedback* e de *double bind* e à teoria sistêmica de Gregory Bateson. Com efeito, esta última permite dar conta, de forma muito clara, da precipitação irrefletida do sistema do desejo mimético e da passagem do triângulo à espiral.[32] Todo desejo, enquanto é mimético, não poderia se contentar em reproduzir ao idêntico, não nos contentamos em copiar o desejo do outro, desejamos com mais força que ele. O desejo é efetivamente engajado em um processo de *double bind*, e esse processo não faz mais do que se reforçar e se autoalimentar segundo as modalidades circulares da causalidade circular pensada graças ao modelo do *feedback* positivo. Podemos então concluir que a dupla mediação nos faz passar da figura do triângulo à figura da espiral, ao mesmo tempo graças a uma retroação dos efeitos sobre suas causas, e também graças ao caráter positivo (e não neutro) desta re-ação.

Até este ponto de nossa análise, demonstramos, primeiro, de que modo a estrutura do desejo devia ser a do triângulo e não apenas a da linha reta ligando um objeto a um sujeito. Todavia, deparamos com o fato de que a mediação interna, por um contágio e por uma autoalimentação do desejo, leva esse triângulo a uma espiral mimética que faz dos homens ao mesmo tempo imitadores mas também como consequência, concorrentes e rivais.

Mostraremos agora de que modo esse processo da espiral leva até seu termo o desaparecimento do objeto do desejo. Com isso, a luta que era originalmente um combate pela posse do objeto se tornará

---

[32] "Essas noções, com toda evidência, são interessantes para o equilíbrio ritual das sociedades humanas, e a crise mimética constitui uma espécie de *runaway*". René Girard, *Des Choses Cachées Depuis la Fondation du Monde*. Paris, Grasset, 1978, p. 316.

muito mais uma luta para privar o outro deste objeto. O gozo negativo da privação do objeto toma a dianteira sobre o gozo positivo da posse dele. Pelo desaparecimento do objeto das relações interpessoais, René Girard mostra como os homens terminam sempre por combater, no fim das contas e propriamente falando, por nada, por um nada de objeto. Combate que pouco a pouco se revela como a estrutura fundamental da relação humana. Combate que está no centro da antropologia fundamental de René Girard, do nascimento da humanidade e do processo de hominização.

II. O desejo metafísico: os primeiros rastros da violência

Até agora examinamos o desejo mimético, dando grande ênfase ao objeto do desejo. Entretanto, a análise de Girard tem seu acabamento em um ponto onde o objeto do desejo desapareceu totalmente, dando lugar a um simples conflito entre os homens. Um dos pontos mais importantes da tese girardiana é o de não colocar o desejo no objeto, mas de fazê-lo surgir unicamente das relações intersubjetivas. Entramos aqui, então, na última fase da teoria do desejo mimético nos textos de René Girard. O desejo sem objeto, puramente relacional, o desejo metafísico. No fundo, e paradoxalmente, o objeto não é essencial ao desejo. Para concluir nosso estudo sobre a teoria do desejo mimético, que é a fundação sobre a qual repousam todos os processos de hominização, precisamos ultrapassar as etapas precedentes e analisar de que modo a especificidade do desejo mimético humano chega a um desaparecimento do objeto do desejo a fim de cristalizar sua força de forma negativa sobre a pessoa do mediador.

Este desvanecimento do objeto ao paroxismo da relação mimética permite responder a uma crítica que frequente e erroneamente é feita a René Girard. Censura-se seguidamente a teoria da violência mimética por querer explicar, através de apenas um único mecanismo, violências tão diferentes como as da guerra, da Inquisição, das relações entre homens e mulheres, das relações entre as crianças etc. Essa censura se apoia na hipótese segundo a qual René Girard deixaria passar em silêncio o fato de que os objetos pelos quais os homens combatem são sempre tomados em um contexto histórico, e assim, é preciso diferenciar a violência à qual eles dão lugar. Essa objeção pode encontrar suas razões de ser. Com efeito, por exemplo, de que modo podemos assemelhar os processos da violência islâmica aos processos que estão na fonte das violências entre pais e filhos? Ora, compreendemos bem de que modo a teoria girardiana permite responder a essa dificuldade. Girard efetivamente não ignora que os objetos pelos quais os homens combatem são realmente prisioneiros de um contexto histórico, ou seja, são situados. Aliás, como poderia René Girard, o grande especialista em fatos históricos, esquecer isso? Contudo, devemos ver com atenção a lógica da resposta girardiana. Se ele afirma que a violência tem uma estrutura única que encontramos em todos os fenômenos violentos, é precisamente porque a violência nada tem a ver com os objetos. Ela não emana da relação dos homens com os objetos, das relações dos homens com o mundo, mas unicamente das relações dos homens com os homens; ela é uma das estruturas fundamentais e essenciais da relação humana. Uma vez que a violência é uma relação que não se enraíza nas coisas, sua verdade deve ser encontrada "fora de contexto".

a. O desaparecimento do objeto, ou o desejo diante de seu nada de ser

Vimos anteriormente neste texto, que os dois desejos concorrentes, dos quais o objeto é vítima, tendem a torná-lo mais desejável uma vez que ele é mostrado como desejado pelos dois polos. Ora, quanto mais a espiral mimética se amplifica, mais o objeto se esvazia de toda substância, porque os dois indivíduos se concentram cada vez mais sobre o desejo do outro, e cada vez menos sobre a realidade do objeto: "À medida que o mediador se aproxima, seu papel cresce e o

do objeto diminui".³³ Cada vez que o desejo de um dos concorrentes se reforça, o desejo do outro cresce na mesma medida, chegando, *in fine*, a um distanciamento do objeto. Os concorrentes, preocupados tão só com o desejo do outro, calcam seus desejos sobre o desejo do outro, esquecendo, com isso, o objeto. "A teleologia do desejo não leva aos objetos do mundo, embora pareça ser este o caso.
A teleologia do desejo é mais de desejo, e ela se apoia na dimensão claramente interindividual da existência humana."³⁴

Há então um deslizamento do objeto ao indivíduo em toda a extensão da cadeia do desejo mimético, o objeto se tornando secundário em relação à concorrência dos desejos. Não se combate mais tanto pelo objeto, mas para levar a melhor sobre o desejo do outro, para privá-lo do objeto. O fato de que o objeto se esvazie de toda a sua substância tem assim uma contrapartida, o que nos leva a dizer que se trata bem mais de uma transferência de substância do que de uma simples perda de substância que se desvaneceria em nada. Com efeito, essa transferência se faz em proveito do mediador; que capta sobre ele toda a atenção e todas as forças que antes convergiriam em direção ao objeto do desejo. O que era, antes de tudo, uma luta pelo objeto, torna-se cada vez mais uma luta para privar o outro deste último. Pouco importa que eu possa ou não realizar a termo meu desejo na posse do objeto, pois o que conta cada vez mais é que o outro não possa gozar dele. Em nosso entendimento, isso constitui um elo essencial na construção das teses girardianas. Sem essa transferência do objeto para o mediador, sem esse deslocamento, parece difícil sustentar o sistema. Por isso é que afirmamos preliminarmente ao texto que na teoria do desejo mimético todo desejo é desejo de ser, antes mesmo de ser um desejo de ter, de possuir. Isso quer dizer que chegamos a um momento do desejo durante o qual ele deixa o objeto e se fixa

---

[33] René Girard, *Mentira Romântica e Verdade Romanesca*. Trad. Lília Ledon da Silva. São Paulo, Editora É, 2009, p. 50.
[34] Tobin Siebers, "Philosophy and its Other: Violence, a Survey of Philosophical Repression from Plato to Girard". *Anthropoetics I*, n. 2, dez. 1995, p. 21.

no mediador. Então, eu não desejo tanto o objeto quanto o ser do mediador: "o objeto constitui-se apenas num meio de alcançar o mediador. É o *ser* desse mediador que o desejo almeja".[35] O que René Girard tenciona mostrar é que, se ficamos no estádio do desejo de objeto, nos privamos da verdadeira compreensão do que faz a especificidade do desejo humano. O desejo metafísico[36] é a única forma frutífera de dar conta de lutas nas quais vemos bem que, *in fine*, a posse do objeto não está mais em questão: "na mediação dupla não se deseja tanto o objeto quanto se receia vê-lo em poder de outrem".[37] O desejo metafísico nos coloca então diante do nada do nosso desejo. Ele nos revela a ilusão que o objeto foi, em toda a extensão da cadeia que leva ao desejo metafísico. Eu desejava o objeto apenas para melhor poder me identificar com o mediador. A posse de seu objeto de desejo teria sido o encerramento de meu processo de identificação com ele.

Se retomarmos as primeiras teses defendidas por René Girard, as quais já examinamos aqui, a saber, o fato de que todo objeto de desejo não nos é ditado senão por um mediador, vemos que esse desejo metafísico não é mais do que um legítimo retorno ao mediador. Como um reconhecimento *a posteriori* do que deveríamos ter sabido *a priori*, quer dizer, antes mesmo do desejo. A fim de nos chocar contra o mediador, no fundo tomamos como álibi ou como móbile o objeto de seu desejo, mas deveríamos ter sabido desde o início que o que visávamos era o mediador, uma vez que nenhum desejo do objeto pode nascer por ele mesmo. O que nos permite então compreender a teoria da rivalidade mimética é o fato de que por trás de cada um de nossos objetos de desejo se esconde um modelo que visamos, um indivíduo cujo ser invejamos. Nenhuma qualidade intrínseca do objeto é suficiente para

---

[35] René Girard, *Mentira Romântica e Verdade Romanesca*. Trad. Lília Ledon da Silva. São Paulo, Editora É, 2009, p. 77.
[36] Por "desejo metafísico", René Girard entende o desejo que se desembaraçou do objeto a fim de se fixar sobre o mediador. É então um desejo de nada, sem objeto real.
[37] Ibidem, p. 129.

desencadear nosso desejo: "Mesmo nos casos mais favoráveis, as propriedades físicas do objeto têm apenas um papel secundário. Não são elas que suscitam o desejo metafísico".[38]

O objeto não pode *per se* ser tomado como causa de desejo. É uma das constantes do pensamento de Girard defender a ideia segundo a qual o desejo mimético é, no fundo, vazio de objeto e é coisa de puros desejos: "é a natureza mimética do conflito, isto é, seu nada último de objeto".[39] Uma vez que o desejo metafísico não desloca o objeto ao mediador, precisamos dar conta dessa transferência para podermos fechar o círculo do desejo mimético. Teremos então demonstrado com Girard que o desejo humano partindo do "mediador causa" engendra um "mediador objeto". Do estatuto de causa do desejo, o mediador se revela ser *in fine* seu único e verdadeiro objeto, ou seu único e verdadeiro não objeto.

Mais uma vez, esse desaparecimento do objeto e a focalização do desejo no mediador não estão ausentes da filosofia moderna, e reencontramos esse fenômeno explicado de forma completamente explícita na definição de amor-próprio que nos é dada por Rousseau. Com efeito, é preciso observar que, para Rousseau, o amor-próprio é particularmente perigoso, exatamente porque ele é destacado dos objetos, e tem como único objetivo o fato de privar o outro do objeto. Para reencontrar esse processo de aniquilamento dos objetos, podemos reler os *Diálogos* de Rousseau:

> As paixões primitivas, que tendem todas à nossa felicidade, só nos ocupam com os objetos que a elas estão ligados e, tendo apenas o amor de si como princípio, são todas amantes e doces por sua essência; mas, *quando desviadas de seu objeto por obstáculos, elas se ocupam mais*

---

[38] Ibidem, p. 114.
[39] René Girard, *Des Choses Cachées Depuis la Fondation du Monde.* Paris, Grasset, 1978, p. 40.

do obstáculo para descartar do que do objeto para atingir, então elas mudam de natureza e tornam-se irascíveis e odiosas. Eis como o amor de si, que é um sentimento bom e absoluto, torna-se amor-próprio; ou seja, um sentimento relativo pelo qual nos comparamos, que demanda preferências, *cujo gozo é puramente negativo e que não busca mais se satisfazer para nosso próprio bem, mas somente pelo mal de outrem*".[40]

Vemos bem, no texto de Rousseau, como o amor-próprio descreve exatamente o fenômeno que René Girard usa. No cume do amor-próprio, assim como no cume do desejo mimético, há apenas a privação do objeto e o gozo negativo que esta traz consigo, e os quais realmente contam. Podemos com isso explicar como é possível que certos seres humanos prefiram por vezes destruir o objeto que deixá-lo ao outro, como somos levados a sacrificar o objeto para garantir que nenhum de nós o possua. Antes isso do que aceitar deixá-lo a outro. Este movimento é o mesmo que descreve, de certa maneira, o Julgamento de Salomão. Lembremo-nos dessas duas prostitutas que brigam pela maternidade de uma criança. No momento em que Salomão diz que, diante da impossibilidade em que ele se encontra de determinar qual das duas é a mãe daquela criança, vai cortá-la em duas,[41] cada uma das duas mulheres reage de forma totalmente distinta. A primeira prefere renunciar a seu

---

[40] Jean-Jacques Rousseau, *Dialogues*. Paris, Flammarion, 1999, p. 67-68 [grifos nossos]. Esse texto é duas vezes citado por Jean-Pierre Dupuy em sua análise do mal como focalização da atenção sobre o obstáculo, e a fim de pensar a possibilidade de uma autodestruição, de um autossacrifício dos indivíduos. Cf. Jean-Pierre Dupuy, *Avions-Nous Oublié le Mal?* Paris, Bayard, 2002, p. 33. E também, Jean-Pierre Dupuy, *Petite Métaphysique des Tsunamis*. Paris, Seuil, 2005, p. 67-68. Fazendo isso, Jean-Pierre Dupuy apresenta, em meu entendimento, a melhor explicação dos atentados do 11 de setembro de 2001 contra o World Trade Center, mostrando em que é preciso explicá-los segundo o ressentimento e a inveja, bem mais do que segundo o desejo de objetos ou a diferença das civilizações.

[41] "Cortai o menino vivo em duas partes e dai metade a uma e metade à outra" (1Rs 3,25).

desejo, se isso permite que a criança viva: "Ó meu senhor! Que lhe seja dado então o menino vivo, não o matem de modo nenhum!" (1Rs 3,26). Nesse sentido, ela se concentra mais sobre o objeto, sobre a criança e seu bem-estar do que sobre o fato de que a outra prostituta seja privada da criança. Ela renuncia, assim, ao objeto de seu desejo para não sacrificá-lo. Em contrapartida, a segunda prostituta está na lógica contrária, ela está no processo que Rousseau descreve como o do amor-próprio. Em lugar de renunciar a seu desejo, prefere que o objeto desapareça e que nenhuma das duas o possua: "ele não seja *nem meu nem teu* [grifo nosso], cortai-o!" (1Rs 3,26). Assim, o Julgamento de Salomão nos apresenta ao mesmo tempo a construção do desejo mimético naquilo que ele mostra acerca da forma como o objeto desaparece da relação, mas também mostrando a única saída não violenta possível em tal situação. A única forma de obstaculizar a violência que o desaparecimento do cuidado pelo objeto engendra é a pura renúncia a este último. Notemos enfim, para mostrar bem a onipresença desse processo nos textos, que o reencontramos também, e de forma similar, em um dos *Pequenos Poemas em Prosa* de Charles Baudelaire que reproduzimos em nota.[42]

---

[42] "Eu viajava. A paisagem em meio à qual eu me encontrava era de uma grandeza e uma nobreza irresistíveis. Algo delas passou decerto naquele momento para minha alma. Meus pensamentos esvoaçavam com uma leveza igual à da atmosfera: as paixões vulgares como o ódio e o amor profano me apareciam agora tão distantes quanto as névoas que desfilavam no fundo dos abismos sob os meus pés; minha alma me parecia tão vasta e tão pura quanto a cúpula do céu que me envolvia; a lembrança das coisas terrestres só alcançava meu coração enfraquecida e diminuída, como o som da sineta dos gados imperceptíveis que passavam longe, bem longe, sobre a vertente de outra montanha. Sobre o pequeno lago imóvel, negro em sua imensa profundidade, passava às vezes a sombra de uma nuvem, como o reflexo do manto de um gigante aéreo voando pelo céu. E lembro que esta sensação solene e rara, causada por um grande movimento perfeitamente silente, me enchia de uma alegria entremeada de medo. Enfim, eu me sentia, graças à entusiasmante beleza de que estava cercado, em perfeita paz comigo e com o universo; acho até que, em minha perfeita beatitude e em meu total esquecimento de todo o mal terrestre, chegara a não mais julgar tão ridículos os jornais que afirmam que o homem nasceu bom – quando a matéria incurável renovando suas exigências, pensei em reparar o cansaço e aliviar o apetite causados por tão longa ascensão. Puxei do bolso um pedaço grande de pão, uma xícara de couro e um frasco de um certo elixir que os farmacêuticos vendiam naquele tempo aos turistas para ser oportunamente misturado com água de neve.

b. O modelo autônomo e a busca do divino

Desde o nascimento do desejo na mediação interna, antes mesmo de passarmos ao estádio da dupla mediação, vimos que o principal obstáculo entre o sujeito e o objeto é o mediador: "um único obstáculo subsiste entre o sujeito e esse objeto: é o mediador em pessoa".[43] A partir das premissas da mediação interna, o mediador é então o obstáculo. Ele é o obstáculo que me impede de alcançar e de ter este objeto do qual eu penso que ele sustenta sua autonomia metafísica, seu estatuto divino. Se uma transferência tem lugar entre o objeto e o mediador, é exatamente porque, contrariamente

---

"Eu cortava tranquilamente meu pão, quando um ruído muito leve me fez erguer os olhos. Na minha frente postava-se um serzinho andrajoso, negro, desgrenhado, cujos olhos cavos, ferozes e como que suplicantes, devoravam o pedaço de pão. E eu o ouvi suspirar com uma voz baixa e rouca, a palavra: bolo! Não pude evitar rir ao escutar a apelação com que ele tinha a bondade de honrar meu pão quase branco, e cortei para ele uma bela fatia que lhe ofereci. Lentamente ele se aproximou, sem tirar os olhos do objeto de sua cobiça; então, agarrando o pedaço, recuou vivamente, como se temesse que minha oferta não fosse sincera ou que eu já estivesse me arrependendo.
"Mas no mesmo instante foi derrubado por outro selvagenzinho, surgido de não sei onde, e tão *perfeitamente parecido com o primeiro que poderia ser tomado por seu irmão gêmeo. Juntos rolaram pelo chão, disputando a preciosa presa, nenhum deles querendo, sem dúvida, renunciar* à metade pelo irmão. O primeiro, exasperado, empunhou o segundo pelos cabelos; este lhe agarrou a orelha com os dentes, cuspindo um pedacinho sangrento com uma fantástica praga em gíria. O legítimo proprietário do bolo tentou enfiar suas pequenas garras nos olhos do usurpador; este, por sua vez, empregou todas as forças para estrangular seu adversário com uma das mãos, enquanto com a outra tentava enfiar em seu bolso o prêmio do combate. Mas, reatiçado pelo desespero, o vencido reergueu-se e fez rolar por terra o vencedor com uma cabeçada no estômago. De que serviria descrever uma luta hedionda que, em verdade, durou mais tempo do que pareciam prometer suas forças infantis? O bolo viajava de mão em mão e mudava de bolso a todo instante; mas ai!, mudava também de volume; e quando afinal, extenuados, ofegantes, ensanguentados, eles pararam por impossibilidade de continuar, *já não havia, a bem dizer, nenhum motivo de batalha: o pedaço de pão sumira*, e estava disperso em farelos semelhantes aos grãos de areia aos quais se misturava.
"Este espetáculo me tinha enevoado a paisagem, e a alegria calma em que se recreava minha alma antes de ter visto os homenzinhos desaparecera totalmente. Fiquei bastante tempo triste, me repetindo sem cessar: 'Então existe uma terra fantástica, onde o pão chama-se bolo, guloseima tão rara que é suficiente para gerar uma guerra perfeitamente fratricida!'", Charles Baudelaire, "O Bolo". In: *Pequenos Poemas em Prosa*. Trad. Dorothée de Bruchard. São Paulo, Hedra, 2007, p. 85-90.
[43] René Girard, *Mentira Romântica e Verdade Romanesca*. Trad. Lília Ledon da Silva. São Paulo, Editora É, 2009, p. 111.

ao objeto, o mediador conserva seu poder de atração ao longo do processo que leva ao desejo metafísico. O principal poder de atração do mediador vem de nossa ignorância dos processos miméticos. René Girard acredita que, se soubéssemos, esse poder provavelmente desapareceria. Com efeito, os indivíduos acreditam que o mediador é ele mesmo causa de seu desejo, acreditam em uma certa autonomia metafísica deste último. Querer tornar-se o mediador é, então, sempre querer ser a causa de seus próprios desejos. Quando só o conhecimento dos processos miméticos poderia nos permitir reconquistar nossa autonomia, acreditamos erroneamente que ocupando o lugar do mediador poderemos encontrá-la: "e é a mentira que entretém o desejo triangular. O herói vira-se naturalmente em direção a este Outro que parece gozar, ele, da herança divina".[44] O que visamos no mediador é então também, e talvez mesmo antes de qualquer coisa, o que acreditamos ser seu caráter autônomo, sua capacidade de ser causa de seus desejos. O que eu busco no mediador é o que eu acredito ser o seu ser, isto é, seu ser-autônomo, seu ser-causa, seu ser-deus, sua *causa sui*.

Nos textos de René Girard, os temas do desejo e do divino estão sempre ligados: "Nada o separa da divindade, nada, a não ser o Mediador em pessoa, cujo desejo concorrente se contrapõe a seu próprio desejo".[45] Essa busca do divino explica o incessante emergir incontrolável deste último, a possibilidade do *runaway*. Se o desejo permanecesse concentrado sobre o objeto, ele poderia ter fim com a aquisição do objeto, ou com o reconhecimento do fato de que a aquisição dele não me trouxe a tão esperada autonomia metafísica. Pelo simples fato de a decepção causada porque a posse do objeto não me ofereceu a autonomia tão esperada e postulada no ser do mediador, eu poderia efetivamente interromper minha corrida incessante de desejos em desejos.

---

[44] Ibidem, p. 83. Ver também René Girard, *La Violence et le Sacré*. Paris, Grasset, 1972, p. 204-05.
[45] René Girard, *Mentira Romântica e Verdade Romanesca*. Trad. Lília Ledon da Silva. São Paulo, Editora É, 2009, p. 83.

Em contrapartida, o que permite uma emergência incessante e incontrolável do desejo é a tomada de consciência do fato de que mesmo a posse do objeto não é suficiente para se tornar causa de seus desejos: "em suma, a vitoria não faz mais do que acelerar a evolução em direção ao pior".[46] Mesmo que ganhemos a batalha pelo objeto, perdemos sempre a guerra metafísica que visava nos fazer atingir o estatuto divino do mediador: "o sujeito constata que a posse do objeto não mudou seu ser; a metamorfose esperada não se realizou".[47] Em face dessa decepção se desenham duas possibilidades: ou podemos fazer que nosso antigo mediador nos designe um novo objeto, ou podemos mudar de mediador. Mas em nenhum caso a posse do objeto pode colocar um fim à espiral. Aqui vemos bem, então, como esse desejo de divino[48] que o homem carrega consigo está na fonte do *runaway* e do frenesi mimético. Nenhum objeto pode preencher meu desejo de divino porque o divino, assim como a violência, não deve ser buscado nos objetos.. O homem está condenado a correr de objeto em objeto e de mediador em mediador.

Ao termo dessa análise aparece claramente que a transferência de substância, que ocorre entre o objeto e o mediador, é explicada nos textos de René Girard pelo desejo de autonomia metafísica, mola mestra do pensamento do desejo. Com efeito, essa busca esbarra em objetos que não podem senão decepcioná-la, precisamente porque ela é ilusória. O desejo desvia-se então do objeto e se fixa sobre a pessoa do mediador e sobre a ilusão de sua autonomia metafísica.

No decorrer de nossa análise da teoria do desejo mimético nos textos de René Girard, vimos então que o homem jamais poderia simplesmente desejar. Todo objeto de desejo lhe é ditado por um

---

[46] René Girard, *Des Choses Cachées Depuis la Fondation du Monde.* Paris, Grasset, 1978, p. 322.
[47] René Girard, *Mentira Romântica e Verdade Romanesca.* Trad. Lília Ledon da Silva. São Paulo, Editora É, 2009, p. 114.
[48] O desejo de divino é, no pensamento de René Girard, a vontade de tornar-se metafisicamente autônomo, isto é, tornar-se a causa primeira de seus desejos.

terceiro termo que é ele mesmo um sujeito desejante. Entretanto, a posição desse mediador em relação ao sujeito pode ter duas consequências bem distintas. Ou ele está distanciado e fica sendo um modelo dos desejos do sujeito, ou ele está próximo e o modelo torna-se então rival. A teoria do desejo mimético esclarece, portanto, as duas vertentes do desejo humano: por um lado, ele aproxima os homens fazendo convergir seus interesses; por outro, ele os coloca em uma situação de rivalidade e, portanto, de conflito. Por trás dessa luta pelo objeto há de fato em jogo uma luta pelo ser do mediador. Isso faz do desejo mimético um desejo sem fim, que jamais pode ser satisfeito pela posse de um objeto, qualquer que seja ele, uma vez que de fato ele não visa nenhum. O desejo mimético é então, por definição, um sistema instável que se amplifica e se toma de um incontrolável frenesi. A esse título, ele constitui a premissa essencial a toda a teoria da hominização e da violência original. A solução proposta por René Girard para compreendermos os processos de hominização não é diferente da solução que tornaria estável esse sistema fortemente instável do desejo mimético. As duas se confundem em um único e mesmo equilíbrio. Podemos então pressentir, a partir deste ponto de nosso estudo, que a problemática da resolução da crise mimética[49] será muito próxima da problemática da hominização. Tratar-se-á sempre de encontrar um meio de fazer cessar a violência e o conflito mimético, em reintroduzindo diferença estabilizadora, distância entre os indivíduos. Uma vez que a teoria do desejo mimético coloca as fundações da violência do "mesmo", sua solução, de certo modo, só pode residir na criação de uma certa alteridade, na dispersão dessa "mesmidade" geradora de conflitos. Violência da qual a cultura não cessará de se preservar. A partir de agora, isso permite dar conta do fato de que a cultura será então percebida como um sistema de diferenças e de *différance* que virá colocar fim a um diferencial engendrado pela não diferenciação mimética.

---

[49] Por crise mimética entendemos aqui o conflito engendrado pela mediação interna e a teoria do desejo mimético.

III. O antiplatonismo de René Girard: a filosofia mutilada

a. Mímesis de representação e mímesis de apropriação

Os laços que unem René Girard e Platão são complexos e muito ricos. Em consequência disso, decidimos consagrar-lhes uma parte inteira de nosso primeiro capítulo, de tal modo que uma descrição dessas relações nos permite, como em negativo, aprofundar nossa compreensão do pensamento de René Girard com relação à mímesis. Platão é, sem dúvida nenhuma, o filósofo pelo qual René Girard tem maior estima, e aquele com o qual ele mais entra em debate, apesar do fato de este último não ter, entretanto, conseguido totalmente, aos olhos do pensador francês, esclarecer as consequências essenciais do conceito de mímesis. Podemos apresentar a leitura girardiana de Platão da seguinte forma. Platão entendeu bem o papel preponderante da imitação nas relações humanas e tem razão em colocar o conceito no centro de um grande número de suas análises. Todavia, se Platão não vai até o termo da denúncia do caráter conflitivo da imitação, é porque ele só a concebe em sua vertente representativa,[50] em sua relação com a imagem, com a cópia, e fica estranhamente silencioso e jamais denuncia a violência engendrada por uma imitação desse comportamento específico que é a aquisição. Se acreditamos em René Girard, a imitação seria então sempre expressa em termos de imagem, de representação, de duplo, de cópia na filosofia platônica. Em contrapartida, Platão jamais pressentiria os perigos da imitação dos comportamentos, das ações humanas e, mais particularmente, dos comportamentos de aquisição nos quais está em jogo a posse de um objeto, nos quais de repente várias mãos se estendem em direção a um mesmo objeto para se apropriar dele. Ele passaria, então, sob silêncio o que faz o essencial

---

[50] "Em Platão, o real não passa de uma imitação de longínquas "ideias", tudo está sujeito à imitação, exceto os comportamentos adquiridos. *Quando Começarem a Acontecer essas Coisas*. Trad. Lília Ledon da Silva. São Paulo, Editora É, 2011. p. 49.

da teoria do desejo mimético, isto é, as derivas violentas da mímesis. O diferencial vem então do fato de que para Platão a problemática da mímesis se situa no campo do "ser", ao passo que para René Girard se situa essencialmente no domínio do "ter".

Girard reconhece corretamente que a problemática do desejo mimético (em sua vertente representativa) foi fixada e sistematizada pela filosofia tal como a concebe Platão: "Foi Platão quem determinou de uma vez por todas a problemática cultural da imitação, uma problemática mutilada, amputada de uma dimensão essencial".[51] Girard não se entrega então a uma crítica radical e de Platão, como em geral se pensa. Ao contrário, ele lamenta que Platão não tenha conseguido estender sua reflexão sobre a mímesis até a vertente aquisitiva da rivalidade mimética: "os grandes filósofos gregos, em particular Platão e Aristóteles, reconheceram a importância primordial da imitação nos comportamentos humanos, mas desconheceram a rivalidade mimética".[52] Com efeito, podemos reencontrar a problemática da imitação em cada um dos grandes domínios do pensamento de Platão, como em numerosos textos. Contudo, como este livro não tem por objeto o primeiro conceito de mímesis na filosofia de Platão, o que poderia em si ser o objeto de um estudo muito preciso, nos contentaremos aqui em evocar os temas que são os mais reveladores[53] e úteis à compreensão da posição de René Girard.

Assinalamos, a partir deste momento, que parece haver muitas diferenças entre a concepção e o papel da mímesis entre René Girard e Platão, e trataremos de colocá-las em evidência. Em contrapartida, o julgamento de René Girard sobre Platão – e isso seria

---

[51] René Girard, *Des Choses Cachées Depuis la Fondation du Monde*. Paris, Grasset, 1978, p. 16.
[52] René Girard, *Aquele por quem o Escândalo vem*. Trad. Carlos Nougué. São Paulo, Editora É, 2011, p. 35 (livro publicado na Biblioteca René Girard).
[53] Todavia, acreditamos que a problemática primeira de Platão é a da imitação, do duplo e de sua semelhança. Essa problemática está no centro de todo projeto filosófico e científico, a partir do momento em que se trate de traçar as fronteiras entre os conceitos.

também válido mais genericamente para seu julgamento acerca da filosofia em geral – parece abusivo e parcial. Pois, de fato, apesar de Platão não esclarecer as consequências violentas da mímesis de aquisição, ele exprime com toda clareza o fato de que esta última é uma força social muito virulenta da qual precisamos desconfiar e nos proteger, não apenas por razões epistemológicas, mas também por razões práticas e políticas.

O conceito de mímesis está de forma indiscutível no centro do pensamento de Platão, e ele ocupa mais geralmente um lugar de escolha em toda a tradição filosófica grega. Do mesmo modo, como acabamos de ver, ele está no centro do edifício girardiano, a tal ponto que alguém que recusasse essa imitação dos desejos tornaria caduca todas as outras análises girardianas. Entretanto, a problemática com a qual cada um dos dois pensadores aborda o conceito varia, e é preciso compreender bem de que forma elas diferem, a fim de esclarecer a especificidade da concepção girardiana. Primeiro, é necessário distinguir dois tipos de mímesis, que estão no centro da crítica girardiana de Platão. Girard distingue a mímesis da representação, a qual vê a imitação sob um paradigma representacional, e a mímesis de aquisição que, ao contrário, se concentra nos comportamentos de apropriação dos indivíduos. Assim, podemos ver espontaneamente como eu posso imitar, por exemplo, a tela de um mestre da pintura produzindo um falso quadro, uma cópia. Mas eu posso, por outro lado, imitar os grandes mestres eles mesmos, mimetizando seus comportamentos, sua vida. Eu poderia, por exemplo, querer viver "como" Miró. Veremos como uma recolocação em causa da mímesis de representação chega sempre, *in fine*, nos textos de Platão, a uma crítica da imagem, da cópia, do duplo, do verossímil (ou antes, deveríamos já dizer do verossímil), ao passo que uma denúncia da mímesis de apropriação leva Girard a uma análise e a uma denúncia da violência mimética.

Ninguém pode razoavelmente negar o lugar primordial que ocupa o conceito de mímesis no seio dos textos de Platão. E essa importância deve ser situada no fato de que nenhum dos campos aos quais se aplica o pensamento de Platão parece escapar a esse conceito central. A partir dessa posição central, ele irradia o texto platônico. Colocamos aqui em relevo apenas os principais domínios do pensamento platônico nos quais essa problemática se apresenta, ao mesmo tempo pelo lugar que eles ocupam nos textos de Platão, mas também por sua importância filosófica no seio do sistema.

a. Sobre o plano da ontologia, isto é, sobre o plano da ciência do ser enquanto ser, a realidade material[54] é uma cópia das Ideias, e a passagem de uma realidade a outra sofre de uma degradação ontológica de um grau inferior do ser. A totalidade da teoria das Ideias[55] desenvolvida no *Fédon*, assim como na *República*, repousa sobre essa semelhança e sobre a cópia de uma realidade sobre a outra, o mundo material é parecido com a Ideia. O paradigma desse caráter imitativo é propulsionado pela forma de comunidade que a Ideia e a coisa entretêm, explicado pelo conceito de "participação".[56] Com efeito, se as coisas belas participam da Ideia do Belo, é de certa forma à medida que elas o imitam. A coisa bela não é a Ideia do Belo, ela não tem sua pureza, uma vez que, além de bela, ela é também outra. Entretanto, há entre elas uma certa comunidade que funda sua semelhança. Bem entendido, essa imitação, ou essa cópia, não atinge jamais a perfeição nem a plenitude da Ideia, e é por isso que falamos de degradação ontológica. A coisa bela, porque ela é coisa, portanto, não é unicamente bela, é de uma certa maneira menos bela que a Ideia do Belo, uma vez que, por seu lado, a Ideia do belo nada mais é do que bela. A participação

---

[54] Colocamos aqui em oposição a realidade material e a realidade das Ideias, que é ideal e logo também, nos textos de Platão, ideal na ligação entre a ontologia e a axiologia.
[55] Para uma apresentação sintética e fiel dessa teoria platônica, pode-se consultar: Jean François Pradeau, *Platon – Les Formes Intelligibles*. Paris, PUF, 2001.
[56] "Pois para mim, me parece que fora do belo em si, existe uma coisa bela, a única razão pela qual esta coisa é bela é que ela participa deste belo em si – e eu digo a mesma coisa de todo o resto", Platão, *Phédon*, 100c, GF Flammarion. Trad. Monique Dixsaut, Paris, 1991, p. 278.

implica então a identidade entre a ideia e a realidade material que funda a possibilidade de uma comunidade entre elas, mas também da diferença que funda toda a empreitada da filosofia, uma vez que ela visa distinguir clara e distintamente a coisa da Ideia. O paradigma dessa degradação ontológica pode se encontrar na alegoria da caverna. Lembremo-nos desses homens que, prisioneiros no fundo de uma caverna, devem se contentar em viver no mundo das sombras, que não são mais do que imagens projetadas da realidade das coisas materiais. Dessa degradação ontológica decorre também uma desvalorização axiológica. É justamente em direção às Ideias que deve virar-se o filósofo, e não em direção às imagens delas. Ele deve lutar sem cessar para libertar-se do mundo das sombras e das imagens, libertar-se das coisas que não fazem mais do que imitar as Ideias, para se virar em direção à Ideia nela mesma, em sua pureza ontológica. Vemos claramente, nos textos de Platão, como e no plano da ontologia a participação deve ser entendida como uma das facetas possíveis da imitação, da mímesis.

b. Quanto ao sofista, ele é perigoso e inspira desconfiança a Platão, não porque ele é totalmente diferente do filósofo, mas, pelo contrário, porque ele se parece com o filósofo: "o sofista é o outro do filósofo, o filósofo o outro do sofista, e a diferença entre eles é tão íntima que procurando um é sempre o outro que arriscamos pegar, e o qual efetivamente pegamos".[57] Se o sofista fosse radicalmente diferente do filósofo, seu outro absoluto, de tal forma que todo mundo pudesse facilmente distingui-lo, o sofista não criaria nenhum problemas para a cidade. Na cidade, por exemplo, ninguém confunde o filósofo com o comandante do navio ou com o guardador de ovelhas. A dificuldade no caso do sofista é que se este último se faz passar pelo filósofo,

---

[57] Monique Dixsaut, *Le Naturel Philosophe, Essais sur les Dialogues de Platon*, VRIN. Paris, Les Belles Lettres, 1994, p. 335. Uma leitura bastante proveitosa que pode ser feita é a do capítulo intitulado "Os Apareceres do Filósofo", p. 335-45, no qual as semelhanças entre filósofos e sofistas são analisadas.

é porque isso lhe é possível, isso lhe é fácil. E essa possibilidade se origina, em parte, em uma certa semelhança entre os dois, em uma certa imitação tornada possível por uma comunidade entre eles. O sofista, em seu discurso, imita o filósofo, e é por isso que ele ameaça substituí-lo. Nos textos de Platão, o sofista jamais é radicalmente diferente do filósofo: "entretanto, como ele (o sofista) é um imitador do sábio, é evidente que ele tomará um nome semelhante ao dele, e eu me dei conta de que é preciso dizer que ele é verdadeiramente, totalmente e realmente, um sofista".[58] É preciso então, mais uma vez, enxotar o duplo da cidade e virar-se o quanto mais possível em direção ao original, porque o sofista é *mimetès tou sophou*.

c. Sobre o plano epistemológico, podemos reencontrar o mesmo movimento de desconfiança em relação ao duplo, à cópia. Com efeito, se a opinião consegue convencer certos homens e desviá-los do caminho do verdadeiro, é porque de certa maneira ela se parece com a verdade, e com o discurso verdadeiro (a *doxa* é o outro da épistémè, exatamente como o sofista é o outro do filósofo); ela é deles uma cópia truncada, artificiosa (o que é próprio da cópia[59]): "Tísias, dizíamos justamente que o verossímil vem a se impor ao grande número precisamente porque ele se *parece* (grifo nosso) com a verdade".[60] Uma opinião que fosse totalmente diferente da verdade não colocaria problemas, uma vez que ela seria rápida e facilmente identificável como "opinião". Em

---

[58] Platão, *Le Sophiste*, 268c. Tradução francesa de Nestor Cordero. Paris, GF Flammarion, 1993, p. 210.
[59] Se a imagem é uma cópia da realidade, uma re-presentação dessa última, ela não pode senão traí-la, uma vez que a cópia, enquanto tal, é obrigada a ser infiel. Uma cópia é obrigada a trair o original, está na sua própria definição. Não é então necessário lamentar essa inexatidão que traz consigo a cópia, uma vez que é muito precisamente esta última que a determina como cópia. Representar é por essência trair, tal é provavelmente uma das teses mais pertinentes do sistema de Rousseau. Notemos que toda a crítica da representação em Rousseau, tal como se apresenta em certa leitura dos representantes da voz dos cidadãos poderia quase se deduzir inteiramente do fato que, por definição, a imagem trai o que ela representa, a mediação degrada.
[60] Platão, *Phèdre*, 273d. Tradução francesa de Luc Brisson. Paris, GF Flammarion, 1997, p. 175.

contrapartida, se é difícil identificar o discurso verdadeiro e se isso supõe um longo exercício, é porque as opiniões se parecem todas com ele. Sobre esse ponto, podemos observar que todos os fenômenos de sedução aos quais se entregam os sofistas e seus discursos são baseados em uma certa imitação do filósofo e do discurso filosófico.

d. Enfim, a escritura, uma vez que ela é considerada um modo de acesso ao conhecimento, parece justamente em Platão, como o demonstra Jacques Derrida, ser uma forma de cópia da palavra, de redobramento desta última. A escritura, nos textos de Platão, é sempre pensada como uma forma de recopiar a palavra, uma forma de suplemento que se sobreacrescenta à palavra, o "significante do significante",[61] representante segundo de um representante mais original. A escritura copia a palavra e novamente durante essa cópia se produz uma depreciação ontológica e axiológica. A interpretação que Jacques Derrida propõe do mito de Tot mostra o fato de que a palavra e o escrito sempre se opõem, como presença e ausência, modelo e cópia, forma de comunicação imediata e primeira, e forma de comunicação suplementar.[62] Como vimos nos outros domínios do pensamento platônico, na problemática da escritura, é seu estatuto de cópia que é depreciado, o fato de ela ser um grau de representação adicional em relação à palavra. A parúsia logocêntrica se degrada inexoravelmente em ausência "gramatológica".

Em colocando assim o conceito de mímesis no centro de seus escritos, torna-se fácil para nós, a partir daí, compreender por que a filosofia de Platão não cessa de desmascarar os mestres da retórica.

---

[61] Jacques Derrida, *De la Grammatologie*. Paris, Editions de Minuit, 1967, 1997, p. 16.
[62] "Deus, o rei, não sabe escrever, mas essa ignorância ou essa incapacidade testemunham sua soberana independência. Ele não tem necessidade de escrever. Ele fala, ele diz, ele dita e sua palavra basta. Que um escriba de seu secretariado a ela acrescente ou não o suplemento de uma transcrição, essa consignação é por essência secundária". Jacques Derrida, *La Pharmacie de Platon, La Dissémination*. Paris, Le Seuil, 1972, 1993, p. 94.

Sob suas máscaras, escondem-se os duplos, as cópias dos filósofos. E o grande perigo da cópia é que ela pode se fazer passar pelo original, ela ameaça incessantemente substituí-lo, se fazer passar por ele. Podemos desde então, em um primeiro tempo, extrair duas conclusões que vão completamente no sentido da leitura girardiana de Platão. Primeiro, parece realmente que o conceito de mímesis está no centro da filosofia de Platão, uma vez que ele está presente em todos os domínios fundamentais de seus textos. Por outro lado, somos obrigados a constatar que cada vez que o conceito de mímesis se apresenta, o campo semântico imediato é justamente o da representação (ou representação). A imitação implica sempre uma ordem cronológica entre o original e a cópia, e essa ordem se encontra simetricamente de forma axiológica. Representar é apresentar novamente, apresentar uma vez mais, e tudo se passa, no texto de Platão, como se essa uma vez mais fosse também e sempre, uma vez de mais, demais. A crítica girardiana, segundo a qual Platão não vê que a vertente representativa da imitação parece então em primeiro momento justificada, está inscrita nos próprios textos. Todavia, veremos como a expulsão dos poetas para fora da cidade no livro X da *República* parece dificilmente resistir à confrontação com a leitura girardiana, uma vez que ela se apoia sobre um conceito de mímesis que não conseguiríamos limitar à representação e à imitação sobre o modo único da imagem.

b. Os limites da leitura girardiana: Platão e a violência do "mesmo"

Uma leitura mais precisa dos textos de Platão nos permitirá operar aqui uma dupla virada. Primeiro, mostraremos que Platão se interessa bastante pelos aspectos comportamentais da mímesis, e que ele pressente a violência mimética deles, sem todavia teorizá-la como o faz René Girard. Em seguida, mostraremos como a mímesis platônica e a mímesis girardiana se opõem em pontos importantes que, entretanto, não retêm a atenção de René Girard em seus textos.

Contrariamente ao que não cessa de afirmar René Girard,[63] a violência ligada à imitação dos comportamentos não está totalmente ausente nos textos de Platão. Contudo, essa problemática da violência mimética não se apresenta senão quando a coesão da cidade é ameaçada, ou quando a questão do "viver juntos" se coloca. Assim, é na *República* que a mímesis é revelada como violenta e como violência quando a desagregação ameaça. Pelo contrário da rejeição da imitação na ontologia e na epistemologia platônica, a política rejeita para fora da cidade, coloca à margem da cidade os imitadores por causa dos comportamentos que eles engendram, e não apenas por causa da relação que entretêm com o verdadeiro e sua cópia. A denúncia da mímesis torna-se em política uma denúncia da ação e não mais apenas uma colocação em causa da representação.

O conceito de imitação é introduzido na *República*, no livro III, e sua primeira ocorrência está em 392d,[64] por ocasião de uma distinção precisa entre "narrativa simples" e "narrativa que procede por imitação". A imitação originar-se-ia, então, daquilo que chamaríamos o estilo direto de um texto, e a "não imitação", do estilo indireto. Essa distinção permite a Platão, neste texto do livro III, fundar a diferença entre uma boa e uma má poesia. Logo, não se trata aqui apenas de condenar a imitação no que ela nos distancia do objeto do saber em nós apresentando apenas seus duplos. A intuição platônica quanto às influências comportamentais da mímesis não deixa dúvida alguma neste texto: "Não te dás conta de que as imitações, se as realizamos continuamente desde a juventude, transformam-se em maneira de ser e em uma segunda natureza (...)".[65] Nenhuma dúvida possível,

---

[63] "Nessa problemática platônica, jamais se trata de comportamentos de apropriação", René Girard, *Des Choses Cachées Depuis la Fondation du Monde*. Paris, Grasset, 1978, p. 16.
[64] "Ora não é verdade que eles conseguem, seja por uma narrativa simples, seja por uma narrativa que procede pela imitação, ou por uma e outra ao mesmo tempo?", Platão, *La République*, III, 392d. Tradução francesa de Pierre Pachet. Paris, Folio Essais, 1993, p. 157.
[65] Platão, *La République*, III, 395c-d. Tradução francesa de Pierre Pachet. Paris, Folio Essais, 1993, p. 162.

então, quanto aos perigos da imitação para o comportamento dos indivíduos. Essa denúncia torna-se ainda mais intensa no livro X da *República*, quando Platão parece não mais distinguir entre boa e má poesia e assimila toda forma de poesia, *in fine,* a uma forma de imitação. Julia Annas tem razão em assinalar que a passagem do livro III ao livro X tornou-se possível por uma mudança de paradigma quanto ao conceito de imitação. Enquanto o livro III tomava o paradigma das artes dramáticas, o livro X assimila, por sua vez, a imitação à pintura.[66] É sobre essa mudança de paradigma que se apoia René Girard para denunciar o esquecimento da mímesis de apropriação em proveito da mímesis representativa. O paradigma da pintura explicaria então o fato de que Platão jamais saia da interpretação da mímesis representativa. Todavia, mostramos aqui que não pode ser esse o caso, e que os comportamentos miméticos também fazem objeto de uma denúncia platônica no outro paradigma usado por Platão, o das artes dramáticas.

Contrariamente a René Girard, Per Bjornar Grande afirma demonstrar que Platão analisa justamente os comportamentos miméticos de aquisição e denuncia a violência deles: "Segundo Platão, a mímesis do sofista é aquisitiva".[67] Haveria então em Platão não apenas uma denúncia da mímesis da ação, mas também dessa ação particular que é a aquisição. O artigo de Per Bjornar Grande transforma René Girard em um simples leitor de Platão, que não faz mais do que retomar a leitura platônica da mímesis. Entretanto, apesar do termo "aquisição" estar presente em *O Sofista*,[68] ele jamais está associado à violência. Per Bjornar Grande não acentua, em seu texto, que o termo e o campo semântico da aquisição aparecem uma primeira

---

[66] Julia Annas, *Introduction a La République de Platon.* Paris, PUF, 1994, p. 424-35.
[67] Per Bjornar Grande: "According to Plato the sophist's mimesis is acquisitive", *Comparing Plato's Understanding of Mimesis to Girard's, Colloquium on Violence and Religion 2001,* University of Antwerp 31 de maio a 2 de junho, p. 9.
[68] "Ora, não havíamos começado nossa divisão pelas técnicas de produção e de aquisição?", Platão, *Le Sophiste* 265ª. Tradução francesa de Nestor Cordero. Paris, GF Flammarion, 1993, p. 200.

vez da própria definição da sofística⁶⁹ e, portanto, no centro do projeto platônico, mas novamente fora de todo contexto de violência ou de ameaça para a estabilidade da sociedade. Não podemos deixar de constatar, com René Girard, que Platão não explora a violência saída da imitação dos comportamentos de apropriação. Em contrapartida, os textos de Platão, e mais particularmente *A República*, apesar do paradigma representacional da imitação, revelam bem a violência que ela engendra quanto aos desejos,⁷⁰ e a expulsa da cidade por causa dos comportamentos aos quais ela induz.

Assim, fica claro, ao término de nossa reflexão, que Platão, apesar de denunciar as consequências sociais da violência mimética e indiferenciadora, não a teoriza, todavia, como o faz René Girard em sua teoria do desejo mimético. E isso porque ele passa em silêncio pelos comportamentos aquisitivos. Entretanto, o temor social do duplo, é explícito: "(...) não há em nós homem duplo, nem múltiplo, desde o momento em que cada um cumpre unicamente uma tarefa".⁷¹ Podemos então dizer que Girard formula um julgamento abusivo quando afirma que Platão não vê as consequências sociais da mímesis, e que, de forma simétrica, Per Bjornar Grande manifesta sobre Platão um julgamento por demais favorável quando escreve que Platão traz à luz a violência dos comportamentos aquisitivos.⁷² Mesmo que seja incontestável a violência social do duplo, o gesto de apropriação continua sendo, em nosso entendimento, o grande impensado da teoria platônica da mímesis.

---

⁶⁹ "(...) a caça que consiste na técnica da *apropriação*, da *captura*, da *caça* (grifos nossos), dos animais que andam e que são colocados em cativeiro (...) é a sofística", Platão, *Le Sophiste*, 223b. Tradução de Nestor Cordero. Paris, GF Flammarion, 1993, p. 90.
⁷⁰ "(...) não é o mesmo argumento que vale, a saber, que a imitação poética tem sobre nós o mesmo gênero de efeitos? Ela alimenta essas afecções irrigando-as, quando deveria secá-las, e de fato nos dirigindo, quando elas é quem deveriam ser dirigidas". Platão, *La République*, X, 606d. Tradução de Pierre Pachet. Paris, Folio Essais, 1993, p. 513.
⁷¹ Platão, idem, III, 397d-e, p. 165.
⁷² "Girard's claim however that Plato's mimesis does not contain appropriation or acquisitive is an exaggeration", Per Bjornar Grande, *Comparing Plato's Understanding of Mimesis to Girard's, in Colloquium on Violence and Religion 2001*, University of Anterwerp, 31 de maio a 2 de junho, p. 12.

Precisamos agora, para encerrar nossa análise do antiplatonismo de René Girard, esclarecer o que constitui as diferenças fundamentais e, entretanto, jamais citadas nem postas em relevo por René Girard, entre a mímesis platônica e a mímesis girardiana. Essa confrontação permitirá mais uma vez uma concepção clara e precisa de cada uma delas.

a. Nos textos de Platão, há uma valorização do modelo e uma depreciação da cópia. Já a vimos anteriormente, a propósito da realidade material, do sofista, da opinião, da escritura. Toda cópia é pensada como "apenas" a cópia de um modelo, e essa anterioridade cronológica se duplica em uma valorização axiológica e ontológica. Contrariamente a isso, Girard revela, pelo fenômeno da dupla mediação, que é muito difícil sustentar a distinção modelo-cópia, e que os papéis não cessam de se intercambiar no seio da espiral. Assim, não pode mais haver privilégio do modelo sobre a cópia.[73] A mímesis girardiana consegue chegar *in fine* a um apagamento dos dois polos miméticos mediante uma perpétua virada desses últimos. Portanto, para Girard, em nenhum caso a mímesis pode ser suficiente para fundar uma axiologia entre um original e uma cópia.

b. A mímesis, porque engendra a violência, é violentamente expulsa da cidade nos textos de Platão, pela expulsão dos imitadores. Assim, apenas a violência da expulsão responde à violência mimética, perpetuando desse modo o movimento. A expulsão, em nome da recusa da violência mimética, é apenas uma violência a mais, uma violência suplementar. Nos textos de René Girard, essa expulsão é própria dos povos que, não tendo conhecimento do fenômeno da violência mimética, não conseguem se libertar dela. Mas imediatamente esclarecido o caráter mimético

---

[73] "The model's role as model is a result of mimesis and cannot be considered as privileged, or to be *a priori* more substantial than the copy", Per Bjornar Grande, *Comparing Plato's Understanding of Mimesis to Girard's, Colloquium on Violence and Religion 2001*, University of Antwerp 31 de maio a 2 de junho, p. 3.

e, portanto, não objetal da violência, a eficácia da expulsão para de operar. Paralelamente aos povos sacrificiais, há assim uma possibilidade para os povos de denunciar a expulsão e de denunciar a violência mimética. Então ela poderá se apaziguar sem propagar a violência.[74] Permanece então, na obra de Girard, um meio não violento de lutar contra a violência mimética. Essa possibilidade funda a terceira vertente do pensamento de René Girard, a Revelação cristã.

c. O artista, nos textos de Platão, é sempre um imitador. Por essência, ele se move no mundo do duplo e da cópia. Portanto, está sempre alguns graus aquém do verdadeiro. Em contrapartida, nos textos de René Girard, dois tipos de artistas coexistem. Aqueles que participam da violência mimética ocultando-a, ou antes, ocultando suas origens que repousam sobre um nada de objeto, ou seja, propriamente dito, sobre nada. Esses artistas jamais denunciarão a inocência da vítima dessa violência mimética, uma vez que realmente acreditam no fundamento dela. Encontramos, entre eles, todos os autores dos mitos e das tragédias que sempre apresentam a vítima como culpada, punida por uma violência justa, como é o caso para Édipo ou Medeia. Mas, de outro lado, estão os romances realistas,[75] que trazem à luz os processos triangulares do desejo mimético e já estão, assim, a caminho em direção ao verdadeiro. O artista, para René Girard, pode então participar do verdadeiro trazendo à luz os processos violentos que agitam a humanidade, e seu caráter mimético, denunciando as lutas sem objetos.

---

[74] Este outro caminho é para René Girard, o caminho do Cristo (e dos Evangelhos), que recusa relançar a violência mimética. A análise do cristianismo de René Girard não está incluída em nosso estudo do processo de hominização, e logo, não vamos avançar nessa direção. Todavia, uma análise precisa, assim como um desenvolvimento muito refinado podem ser encontrados em: Raymund Schwager, *Must There be Scapegoats? Violence and Redemption in the Bible*. S/L, HarperCollins, 1987.
[75] "O romance realista é visto como fonte primária da verdade, pois e revela o princípio mimético", Per Bjornar Grande, *Comparing Plato's Understanding of Mimesis to Girard's, Colloquium on Violence and Religion 2001*, University of Antwerp 31 maio - 2 junho, p. 10

Esta dupla valorização dos artistas, como aqueles que velam a verdade da violência ou ao contrário, aqueles que a revelam, pode ser medida graças ao trabalho apaixonante de reescritura de *Medeia*, por Christa Wolf. Com efeito, podemos comparar ou colocar em paralelo a leitura de *Medeia* de Eurípedes e a leitura de *Medeia* de Christa Wolf que é, provavelmente, o romance mais girardiano jamais escrito. Trata-se nada mais, nada menos, nessa reescritura da obra de Eurípedes, do que escolher o lado das vítimas e carregar suas vozes. Assim, é uma *Medeia* desconstruída, a que Wolf nos propõe, na qual os processos fundadores da violência coletiva vertem de todos os lados: "Das duas coisas, uma: ou eu perdi a razão, ou a cidade deles está fundada sobre um crime".[76] Assim, o caráter fundador da violência mimética e coletiva que Eurípedes oculta, mas é desvelado por Wolf. Ela nos permite, por sua reescritura realista de *Medeia*, ter acesso a um saber superior sobre os mecanismos e os processos do bode expiatório sobre os quais repousa a violência:

> Eu havia aprendido o que eu queria saber, prometendo a mim mesma, ao mesmo tempo, esquecê-lo o mais rápido possível. Entretanto, desde então me é impossível pensar em outra coisa que não seja aquela estreita caveira de criança com suas frágeis omoplatas, aquela frágil coluna vertebral. *A cidade está fundada sobre um crime enorme. Quem revele este segredo está perdido* (grifo nosso).[77]

---

[76] Christa Wolf, *Médée*. Tradução francesa de Alain Lance e Renate Lance-Otterbein. Paris, Fayard, 1997, reedição de Stock, 2001, p. 18.
[77] Ibidem, p. 29.

capítulo 2
a gênese da cultura e das instituições: a hominização pelo sangue

> "O coletivo é uma caixa preta. Mas, ouso dizer, o que é mais preto na caixa preta é o conjunto das passagens do múltiplo ao uno e do uno ao múltiplo."[1]

Os processos de hominização e o que costumeiramente chamamos "antropologia fundamental" girardiana têm, como pudemos compreender ao longo do nosso primeiro capítulo, um lugar bastante importante no conceito de imitação. Todavia, como o próprio René Girard preconiza, a partir deste momento falaremos apenas de mímesis e não mais de imitação, e isso para mantermos presente em nosso espírito o caráter ambivalente, conflitual e violento da mímesis: "o único interesse do termo grego é que ele torna a face conflitual concebível, mesmo se ele jamais nos revela sua causa".[2] Falaremos então de mímesis a fim de manter presente o fato de que esta última é, por essência, portadora de violência, de proximidade e de distância, de convite à imitação e de sanccionamento desta última.

A antropologia girardiana não busca reconstruir a cultura a partir do ponto zero da humanidade, como o faria uma filosofia

---

[1] Michel Serres, *Rome: Le Livre des Fondations*. Paris, Grasset, 1983, p. 104.
[2] René Girard, *Des Choses Cachées Depuis la Fondation du Monde*. Paris, Grasset, 1978, p. 26.

contratualista. Seu caminho não é constantemente o do advento da humanidade, e por consequência seu desenvolvimento não é sempre o da etologia em direção à antropologia. Pelo contrário, Girard se dedica a um processo inverso de desconstrução dos fenômenos culturais que, ao final, traz à luz o nascimento de toda forma de cultura. Entendemos aqui por "desconstrução" o gesto de destruição/construção da filosofia de Jacques Derrida. A desconstrução só é possível se a destruição dá lugar a uma nova construção (mas que no fundo desde sempre já estava presente) pela redefinição das margens do objeto destruído. Desconstruir a cultura é então redefinir dela as margens conceituais e por consequência também explicar como se situam um interior e um exterior do conceito. René Girard aplicará esse método ou essa leitura aos dados culturais, sua desconstrução é então um recorte estruturante da Cultura. Sua hipótese é a de que subsistem, em todas as formas de culturas, traços do que foi o nascimento da humanidade e que podemos, sob os véus das construções sociais, encontrá-los. Esses traços serão decifrados e confirmados como oriundos do nascimento da humanidade com a ajuda da hipótese do desejo mimético e de seu prolongamento em violência mimética. Ao recortar os dados humanos existentes, Girard nos entrega um novo recorte da realidade cultural e dos conceitos que ela engaja. Apoiando-se sobre variadas fontes, como os mitos, as tragédias gregas, os escritos de etnólogos positivistas do século XIX, assim como sobre o Antigo e o Novo Testamento, Girard entende encontrar as invariantes culturais que são diretamente saídas da cena original. Assim, se o termo "estruturalista" não fosse carregado na França semanticamente pela escola que leva seu nome, poderíamos dizer que René Girard é um estruturalista, uma vez que não cessa de revelar uma única e mesma estrutura em todos os fenômenos humanos que estuda: os mitos, as tragédias, mas também as festas ou ainda as guerras. Contrabalançaremos tal afirmação no terceiro capítulo quando veremos por que René Girard não pertence à escola estruturalista, porque ele não se contenta com o termo estrutura, em termo de lógica da diferença; ele explica, além disso, a gênese dessa estrutura e a especificidade do jogo dos diferentes elementos no seio desta última.

I. Sobre as marcas da hominização

a. O nascimento da crise mimética

Não seguiremos exatamente aqui a ordem de exposição de René Girard com uma preocupação de inteligibilidade. Precisamos então partir novamente de uma etapa pré-humana e de uma análise que se enraíza bem mais na etologia do que na antropologia, a fim de compreender o cossurgimento, o conascimento do Homem e da Cultura. Antes de qualquer outra coisa, é preciso notar que a mímesis não é um dado exclusivo do Homem. Pelo contrário, ela se estende a todo o reino animal; dos seres vivos os mais simples³ aos mamíferos mais complexos. Pensemos aqui simplesmente em todos os processos animais nos quais a aprendizagem ocupa um lugar importante, como a caça, o canto, a defesa, a sexualidade, sem os quais a sobrevivência da espécie estaria constantemente em perigo. Cada um desses processos, à medida que é aprendido, deixa um lugar para a mímesis.⁴ Toda aprendizagem, tanto no mundo humano como mais geralmente no reino animal, implica uma certa imitação, por causa de uma certa repetição pela qual se situam esquemas motrizes. Ocorre a mesma coisa na transmissão das culturas humanas, que se perpetuam todas através da repetição de diferentes ritos, de comemorações de acontecimentos importantes, de uma linguagem. Mesmo o instinto animal é de fato muito mais plástico do que o pensavam os primeiros etólogos, e sua necessidade de eficácia não pode prescindir de uma aprendizagem ou, pelo menos, de uma adaptação por mímesis. O animal é então um imitador, e a especificidade humana quanto a essa mímesis é a de ter maior plasticidade dos sentidos,⁵ o que lhe

---

³ Numerosas referências explícitas à René Girard e à teoria mimética são assim feitas na exposição da teoria dos "neurônios-espelho" em neurobiologia cognitiva.

⁴ A afirmação de Denis Jeffrey segundo a qual: "(...) a criança começa a imitar a partir do momento em que ela entra na linguagem", parece dificilmente compreensível, a menos que postulemos que a criança está sempre e já na linguagem. Denis Jeffrey, *Rompre Avec la Vengeance, Lecture de René Girard*. Montreal, Presses de l'Université de Laval, 2000, p. 13-14.

⁵ Cf. Michel Serres, *Les Cinq Sens*. Paris, Grasset, 1985.

permite estender-se a maior número de domínios e multiplicar os modelos. Assim, por exemplo, a voz humana pode imitar uma larga escala de sons, aos quais provavelmente nenhum outro mamífero tem acesso. Claro, sabemos que numerosos animais nos ultrapassam em sentidos específicos, e vemos bem que podemos encontrar sistematicamente um animal que tenha um domínio mais refinado e mais preciso que algum de nossos sentidos. Mas, globalmente, parece claro que nossos cinco sentidos permitem uma plasticidade superior à dos animais. O homem é então, de certo modo, apenas um imitador com mais performance que outros animais. Girard reencontra, nesse ponto, o que Aristóteles já escrevia em sua *Poética*: "o homem difere dos animais porque ele é mais apto à imitação".[6]

Podemos ver com clareza que é graças a esse conceito de mímesis e à sua presença em todo o reino animal, em toda a extensão da cadeia da evolução, que Girard poderá pensar a passagem da animalidade à humanidade na continuidade, sem introduzir uma ruptura radical e impensável entre a humanidade e o restante dos animais. Uma vez que esse elemento está presente ao mesmo tempo no reino animal e nos seres humanos, e que a diferença entre estes últimos e os outros animais parece se colocar apenas sobre o modo do mais ou do menos, ou seja, apenas sobre o modo da quantificação, esse conceito bem poderia ser o ponto entre os dois reinos. Um dos grandes interesses dessa análise girardiana é de jamais colocar um corte epistemológico entre o animal e o Homem, nem de postular que o homem já está contido em germe no animal, e que é uma repentina e misteriosa mutação, o que faz passar ao ato uma humanidade que estava apenas em potência no animal.
A Cultura não vem permitir ao Homem que ele cumpra uma potencialidade que estava adormecida nele. Assim, a teoria girardiana

---

[6] "Desde a infância, os homens são naturalmente inclinados a imitar (e é nessa maior inclinação a imitar que o homem difere dos outros animais, e porque ele adquire seus primeiros conhecimentos pelo viés da imitação) e todos os homens encontram prazer nas imitações". Aristóteles, *Poétique*. Tradução francesa de Barbara Gernez. Paris, Editions Les Belles Lettres, Classiques en Poche, 2002, p. 12-15.

se opõe a duas correntes filosóficas maiores. Primeiro, opõe-se às teorias ditas do contrato que afirmam, apesar das diferenças muito importantes que possam existir entre os pensadores contratualistas, que a passagem de um estado pré-social a um estado social repousa sobre uma decisão, sobre um acordo racional estabelecido entre indivíduos que compreenderam que seu interesse egoísta está na cooperação e não na violência. Mas ela se distingue também das teorias ditas naturalistas que pressupõem, por sua vez, certa naturalidade da sociabilidade humana. Como se, por natureza, os seres humanos estivessem dispostos ao "viver juntos". Essa rejeição, ao mesmo tempo, da teoria do contrato racional, assim como das teorias que colocam a cultura ou a sociedade como cumprimento da humanidade, permite a René Girard pensar a hominização sem ter necessidade de colocar uma ruptura qualitativa entre o animal e o Homem. Com efeito, a hominização não é mais do que a resposta a um problema, uma solução encontrada com o objetivo de não ver o grupo se apagar totalmente. Ela é uma resposta adaptada a um problema mais urgente e intenso para os antropoides do que para os outros animais. Isso porque eles são mais aptos à imitação e, portanto, sofrem suas consequências de forma mais importante que os outros animais. A humanidade é assim uma resposta específica a um problema geral que se coloca bem além de suas fronteiras.
A hominização é um processo que responde ao problema que Girard coloca no centro de todos, o arquiproblema dos seres humanos, o problema da violência mimética.

O método girardiano rejeita toda ruptura epistemológica entre etologia e etnologia: "Para elaborar uma ciência do homem, é preciso comparar a imitação humana com o mimetismo animal, precisar as modalidades propriamente humanas dos comportamentos miméticos, se elas existem".[7] Se a mímesis está presente até um elo mais baixo na cadeia da evolução, em contrapartida precisamos concordar com Girard que, no que se refere à mímesis de apropriação,

---

[7] René Girard, *Des Choses Cachées Depuis la Fondation du Monde*. Paris, Grasset, 1978, p. 15.

os processos de aquisição são gradualmente mais importantes, uma vez que subimos em direção ao Homem.[8] Bem entendido, é isso o que tende a tornar os conflitos cada vez mais numerosos e cada vez mais violentos quando nos aproximamos da humanidade. Observemos que a vingança, ou seja, a violência cujo ponto visado não é um objeto, a violência cujo único objetivo é o de devolver a violência, só existe no mundo dos homens, os animais parecem ignorá-la. O ser humano não é então entre os animais o único a se confrontar com os problemas da violência mimética, mas ele se confronta com eles de forma mais intensa, mais sôfrega. Encontrar uma solução para essa dificuldade não é então, para o ser humano, apenas um meio de estabelecer uma hierarquia no grupo, não se trata unicamente de determinar os chefes, não se trata de criar relações de dominação. Se a solução para a crise mimética é urgente, é porque isso é o único meio de sobrevivência do grupo. Todavia, essa solução não é encontrada pelos Homens como resultado de uma reflexão, ela emerge da própria violência na continuidade e no mesmo movimento que a humanidade. A partir daí compreendemos porque a hominização é posta como a solução a esse problema da violência mimética; é porque para o homem esse problema se coloca de maneira única. É então de uma solução única trazida a esse problema que emana a humanidade. Assim, Girard não postula nenhuma racionalidade nessa hominização, os hominídeos não se põem de acordo para se tornarem Homens. Ela se origina unicamente do medo de morrer pela violência intestina, medo de ver o grupo aniquilado por rivalidades miméticas. Notemos, a favor de René Girard, que o motivo que aparece como mais determinante nas ações dos animais superiores parece ser justamente o medo. A causa de suas ações mais potentes, assim como as mais surpreendentes, parece ser efetivamente o medo, o pânico aterrorizante que o medo da morte traz a eles.

---

[8] "A mímesis está presente em todas as formas da vida, parece, mas é nos mamíferos ditos superiores, em particular nos parentes mais próximos do homem, os macacos antropoides, que ela se manifesta sob formas particularmente espetaculares", René Girard, *Des Choses Cachées Depuis la Fondation du Monde*. Paris, Grasset, 1978, p. 99.

René Girard não nega que a violência animal seja também uma violência intraespecífica. Aliás, é impossível negá-lo quando simplesmente observar uma malta de lobos parece confirmar essa tese. Todas as lutas que têm por objetivo a dominação e todos os privilégios que a esta estão ligados são uma forma de violência intragrupo, ou seja, para dizer em um vocabulário girardiano, são coordenadas pela mediação interna e pela proximidade dos rivais. Entretanto, no animal, essa violência jamais vai até a morte. O animal submetido se reconhece enquanto tal antes que o combate leve à morte. A existência de padrões de dominância pode fazer a economia da morte dos animais. Os primeiros traços de estruturas sociais animais são então colocados de forma *ante mortem*. Os animais nem sempre têm necessidade de combater até a morte para determinar qual deles será reconhecido como o que conduz os outros. Isso é explicado, nos textos de René Girard, por uma regulação natural da violência animal. Todavia, essa regulação, apesar de natural, não é pensada em termos de instinto, de programação genética. Pois isso seria novamente colocar algo de incompreensível ou pelo menos de misterioso no processo de hominização. Com efeito, alguns seres estariam programados para interromper a violência em um dado momento, e outros não. É nesse ponto que dizemos que isso seria novamente introduzir um elemento misterioso na hominização.

Ao contrário, nos diz Girard, isso está ligado à natureza e às ferramentas dessa violência animal. Do animal ao Homem, é o vetor da violência que muda e, por consequência, sua potência devastadora. Nos animais, essas lutas no interior do grupo jamais passam pelo uso de ferramentas e técnicas externas ao corpo. Trata-se sempre de um combate com as armas naturais que podem ser os dentes ou as garras. Por isso, essa igualdade das armas leva a uma hierarquia natural e objetiva da potência nos animais. Certos animais são de fato mais potentes do que outros, de forma objetiva, uma vez que todos combatem com suas armas naturais. O chefe da malta dos lobos é realmente aquele que é o mais forte em combate, e ele permanece sendo chefe tanto tempo quanto ele permaneça sendo o mais forte.

A hierarquia das sociedades animais pode então ser diretamente herdada do conflito mimético e de uma confrontação das potências, porque a confrontação pode estabelecer um animal superior, mais forte que os outros, e animais inferiores que serão dominados. A violência mimética, por si só, basta para estabelecer uma diferenciação entre dominados e dominantes porque ela pode repousar sobre uma objetividade da força. A objetividade da potência assim como a necessidade de suas consequências no animal são já os vetores diferenciadores e estruturantes do grupo. Elas permitem a instauração de padrões de dominância estáveis que são os primeiros traços da "sociedade animal".

Em contrapartida, para Girard a violência do homem é desregrada no sentido em que a hominização se desenrola paralelamente a um desenvolvimento da técnica e a um uso cada vez mais frequente de armas não naturais. Assim, as ferramentas estão imediatamente presentes no combate, a violência se prolonga para além das simples armas naturais, ela toma emprestado todos os vetores possíveis, ela desliza para todos os recantos de onde possa extrair alguma força. As pedras, bem antes de servirem para fazer o fogo ou para construir abrigos, foram, sem dúvida alguma, utilizadas como projéteis, como armas. Com relação às condições do homem natural ou dos hominídeos, Girard é aqui bastante próximo das concepções de Thomas Hobbes no *Leviatã*. A especificidade humana vem do fato de que, ao contrário do animal, cada homem é bastante potente, pelo desenvolvimento da técnica e da estratégia, para matar qualquer outro homem, e isso funda uma igualdade natural essencial entre os homens: "Com efeito, no que se refere à força corporal, o homem mais fraco a tem o bastante para matar o homem mais forte, seja por uma maquinação secreta, seja se aliando a outros que correm o mesmo perigo que ele".[9]

---

[9] "For as to the strength of body, the weakest has strength enough to kill the strongest, either by secret machination, or by confederacy with others, that are in the same danger with himself", Thomas Hobbes, *Leviathan*, I, 13, World's Classic, Oxford, Oxford University Press, 1996, p. 82. Tradução francesa de François Tricaud. Paris, Sirey, 1971, 1983, p. 121.

A igualdade dos homens naturais em Thomas Hobbes não é então pensada como uma igualdade cristã diante da morte, posta como um fim inelutável para todos. Pelo contrário, trata-se antes de uma igualdade diante do assassinato e da possibilidade de matar. É nesse sentido que a leitura de Hobbes é interessante para compreender Girard, pois ambos partilham a ideia segundo a qual a violência humana não pode ser suficiente para construir uma hierarquia estável e duradoura em um grupo de Homens. E isso porque não há homem que seja naturalmente mais forte que outro. Ou, pelo menos, não há homem naturalmente mais forte que outro por tempo o bastante para assegurar-lhe um estatuto de dominante objetivo. Girard, do mesmo modo, recusa a possibilidade de fundar uma hierarquia e uma estruturação social sobre diferenças entre as potências dos hominídeos porque essas potências são relativas. A diferenciação cultural e 'culturante' não pode então ser o fato de um jogo das potências que cessaria justo antes da morte. A potência de engendrar a morte é imediatamente diferenciadora e, portanto, estruturante no animal mas não no Homem. Pelo desenvolvimento da técnica, não há mais homens fortes. A técnica tende novamente a instaurar a similitude entre a potência dos Homens, ela é um dos fatores indiferenciadores das potências.

Podemos acrescentar a essa diferença da objetividade das potências entre o Homem e o animal uma distinção que já analisamos no primeiro capítulo. Com efeito, ali onde o Homem é capaz de se desviar dos objetos e de não se concentrar apenas no gozo negativo do combate, ou seja, no fato de privar o outro de algum bem, os animais parecem continuar apegados àquilo pelo qual combatem. O combate animal parece sempre visar à posse de algum bem, seja de forma direta, seja de forma indireta pela ocupação de um lugar do qual os combatentes se incumbem. Assim, os homens vão até a morte porque, como vimos, mais vale morrer na lógica do amor-próprio, morrer antes que deixar que os outros dominem, antes que deixar que os adversários adquiram o que ambicionamos. Entre a perda do objeto do combate e a morte, há realmente o dilema entre os homens. Os animais, por sua vez, parecem incapazes de se destacar do objeto a ponto de esquecê-lo completamente durante a luta e preferir morrer a renunciar, a se submeter. Assim, podemos dizer que, se a violência animal não é tão mortal quanto aquela da qual são capazes os Homens, é porque os animais não estão submetidos ao reino do amor-próprio e porque o mimetismo do qual eles são objeto, mesmo em seus comportamentos aquisitivos, é sempre, *in fine*, um desejo de objeto; eles não atingem o desejo metafísico, nem o gozo negativo que lhes é correlativo.

O momento pré-cultural é então o momento da indiferença ou da não diferença, e por isso ele é instável. O apagamento das diferenças libera a violência mimética.[10] Essa similitude artificial, esse suplemento de "mesmo" na ordem da potência tornada possível pela técnica, faz do lugar do dominante um lugar objetivamente frágil e, portanto, ainda mais disputado: "Se em lugar de jogarem galhos de árvores, como por vezes eles fazem, os chimpanzés aprendessem a jogar pedras uns nos outros, a vida social deles seria abalada".[11] Mas o animal é preservado dessa instabilidade pela diferença objetiva das potências e não por uma programação genética qualquer, da qual seria complicado dar conta, sobre a qual repousa a hierarquia e o lugar de cada um, seu lugar no sistema. O lugar, para o Homem, não é um dom, ele se origina do adquirido, ninguém nasce dominante, do mesmo modo que ninguém nasce forte. É o que faz a fragilidade e a enorme instabilidade de todo lugar fundado unicamente sobre a força.

Ora, ter cada um o seu lugar é já estar em um sistema diferenciado, uma vez que cada lugar só se define em relação aos outros, enquanto esse lugar é diferente dos outros e tem uma certa distância desses outros.

---

[10] Já vimos o porquê no primeiro capítulo.
[11] René Girard, *Des Choses Cachées Depuis la Fondation du Monde*. Paris, Grasset, 1978, p. 96.

b. A unanimidade violenta

A etapa pré-humana, antes da cena original da humanidade, é então uma etapa instável e violenta. O desejo mimético é ainda mais violento uma vez que cada homem, como vimos, dispõe realmente da potência necessária para satisfazê-lo. Essa violência não conhece limite e pelo mimetismo ela se propaga, como uma peste,[12] desde antes do começo até o fim da animalidade e sobre todos os indivíduos do grupo. Assim, ela se propaga tanto de modo vertical quanto de modo horizontal. Então, se cada homem exprimisse livremente seus desejos, seríamos todos arrastados de forma quase inevitável nessa guerra que descreve Thomas Hobbes, guerra de "cada um contra cada um",[13] em um estado de violência total. Recorde-se que Hobbes toma como modelo desse estado de natureza a guerra civil inglesa que ele vê desenrolar-se entre os seus. Guerra civil quer dizer, para nós, violência intestina. E é precisamente o que pensa Girard: a primeira vez, isso se passou verdadeiramente assim, não se trata de um mito, não há ficção do estado de natureza no pensamento de Girard. A tradução francesa de François Tricaud da guerra de "cada um contra cada um" e não "todos contra todos" é particularmente fiel à filosofia política de Thomas Hobbes, e nos permite também melhor compreender esses conflitos na teoria de Girard. Com efeito, nos textos de Hobbes, como nos de René Girard, e é nesse sentido que eles por vezes se aproximam, jamais a unidade de um "todos" pode existir antes de um movimento transcendente do reconhecimento de uma autoridade exterior ao grupo. Dizer dessa guerra pré-política que ela é uma guerra de "todos contra todos" equivaleria a pressupor que há um primeiro movimento de constituição

---

[12] Sobre a propagação da violência sob o modo do contágio, poderemos fazer uma proveitosa leitura em René Girard, "The Plague in Literature and Myth", *To Double Business Bound*. Baltimore, The John Hopkins University Press, 1978, p. 136-54.
[13] "(...) as if of every man, against every man". Thomas Hobbes, *Leviathan*, I, 13, World's Classic, Oxford University Press, 1996, p. 84. Tradução francesa de François Tricaud. Paris, Sirey, 1971, 1983, p. 124.

de um grupo, do reconhecimento de algo como um "todos" que, em seguida, daria lugar à designação do político que estabilizaria o grupo. Não é esse o caso nem nos textos de Thomas Hobbes,[14] nem nos de René Girard. Essa guerra total, ligada à indiferenciação, ainda não formou grupo, ela não basta para determinar um "todos". A morfogênese na antropologia política de Thomas Hobbes e de René Girard vem da simultaneidade da tomada de consciência da unidade de um grupo e da posição de um dos elementos em situação de transcendência ou de exterioridade em relação a ele, seja por contrato, para o pensador inglês, seja por expulsão violenta, nos textos do filósofo francês.

O problema da violência de cada um contra cada um encontra sua solução em um movimento de báscula da indiferenciação primeira e absoluta na violência diferenciadora e estruturante do "todos contra um". O que faz cessar a violência indiferenciada é o aparecimento de uma diferença no interior dos indivíduos. Toda a força da teoria girardiana da hominização está na ideia segundo a qual se trata de um mesmo fenômeno, a violência mimética, que permite pensar tanto o nascimento da crise e da violência quanto o fenômeno que permite a saída desta última. À discórdia de cada um contra cada um segue a reconciliação sobre o modo do "todos contra um", e a diferença estabilizadora situa-se muito precisamente nesse "um", esse indivíduo diferente dos outros. Basta então um simples deslocamento, uma simples *différance* da violência para pensar essa virada de situação. É a teoria dita da "violência unânime", a solução antropológica para conflitos postos pela teoria do desejo mimético. A violência original do desejo mimético torna-se então violência fundadora criando a primeira diferença, aquela do indivíduo contra o qual todos se voltam e todos se reconciliam. A hominização é então um processo que pela eliminação do bode expiatório reconduz a paz e a concórdia ao seio do grupo, reintroduzindo nele a diferença.

---

[14] "A democracia não é estabelecida por convenções que cada particular faça com o povo, mas por pactos recíprocos que fazemos uns com os outros", Thomas Hobbes, *De Cive*. Tradução francesa de Samuel Sorbière. Paris, GF Flammarion, 1982, p. 171.

Explicaremos agora esse processo complexo que fez os homens passarem da indiferenciação mimética à unanimidade violenta contra um único. Isso equivale a encontrar a solução para o problema da emergência das diferenças a partir de uma situação indiferenciada e também para o problema da morfogênese antropológica.

Se a violência mimética prepara essa virada em direção à unanimidade é porque no auge da crise os homens agem realmente como um único homem, mas também porque nenhum deles se revela isso. Cada um ao agir como os outros acredita, entretanto, agir apenas como ele sozinho decide, quer dizer, de maneira autônoma.
O mimetismo se move no desconhecimento (*méconnaissance*) de si. O desconhecimento do processo morfogenético é, para René Girard, a condição *sine qua non* de sua eficácia e, por isso mesmo, de sua possibilidade. Cada um, mesmo no auge da crise, pensa ainda ser mestre de suas decisões e de suas ações, do mesmo modo como cada um acreditava, em nosso primeiro capítulo, desejar por si mesmo. Mas a indiferenciação no seio do grupo é tal que a multidão faz apenas um, todos vão em uma única direção e isso funda a unidade do grupo. E, em toda parte, são os mesmos desejos, os mesmos ódios, as mesmas estratégias que, sem nada saber disso, ali se colocam. Essa uniformização é trazida pela ilusão de que cada um está sozinho no meio da multidão, cada um persuadido de ser ainda ele mesmo quando o "a gente" já suplantou o "eu". Girard observa com justeza que é preciso estar no exterior da multidão para percebê-la como uma. Só um observador externo percebe a unidade de uma totalidade que está se formando.[15] Cada um dos membros da multidão se sente sempre, ele, "outro" em relação a ela. Há sempre eu e a multidão, eu me percebo sempre como diferente dela, se eu estou

---

[15] Isso é verdadeiro em numerosos domínios. Notemos, por exemplo, que jamais percebemos com tanta clareza o que faz a unidade da Europa como em ocasiões em que estamos nos Estados Unidos. Enquanto estamos em solo europeu, pelo contrário, parece que apenas as diferenças entre as nações europeias prevaleçam. Mas coloquemo-nos no exterior do conjunto e perceberemos sua unidade, o que faz que ela seja uma contra os outros conjuntos geopolíticos.

nela. Do ponto de vista geointelectual interno, há apenas a diferença, cada indivíduo fazendo o que ele quer, mas, se nos projetamos para o exterior, tudo não aprece mais do que unidade e mimetismo.

Uma vez realizada tal unidade pelo mimetismo dos desejos, tudo parece organizado para que possamos assistir à virada.[16] É preciso primeiro uma indiferenciação total para que advenha a virada. Ela se opera por um simples prolongamento da teoria do desejo mimético, e mais uma vez Girard não introduz nenhum corte em sua teoria. A sequência lógica da mímesis em tal situação de indiferenciação é a substituição mimética dos antagonistas.[17] Isso significa que as lutas se polarizarão sobre um número cada vez menor de indivíduos, como em situações em que dois contra dois torna-se três contra um, e isso novamente por um simples mimetismo, sem postular nenhuma vontade, nenhum acordo. Conhecemos todas essas situações nas quais o que parecia ser um aparente equilíbrio primeiro das forças desemboca em união de beligerantes contra apenas um. Pensemos aqui apenas na união de todos os partidos políticos de um país em caso de ameaça de guerra. A essa união que com muita justeza chamamos "sagrada". Como se o inimigo, estrangeiro ao grupo, à nação, apagasse repentinamente as divergências entre os cidadãos que imediatamente fazem corpo contra o inimigo. É ainda o desaparecimento do objeto o que torna possível esse fenômeno, permitindo a aliança de combate contra a vítima emissária, entre indivíduos que não estão absolutamente interessados nela, mas que a odeiam por mimetismo, ou seja, no fundo, sem razões. O desejo metafísico explica a cristalização dos ódios sobre um único indivíduo. Aqui vemos claramente de que modo só a teoria do desejo mimético e suas consequências,

---

[16] "A universalização dos duplos, o apagamento completo das diferenças que exasperam os ódios mas que os torna perfeitamente intercambiáveis, constitui a condição necessária e suficiente para a unanimidade violenta", René Girard, *La Violence et le Sacré*. Paris, Grasset, 1972, p. 118.
[17] René Girard, *Des Choses Cachées Depuis la Fondation du Monde*. Paris, Grasset, 1978, p. 35.

e apenas elas, explicam a passagem de uma luta de todos contra todos para um combate de todos contra um.[18]

O caráter automático e mecânico da teoria da passagem do desejo mimético à vítima unânime, ou seja, da violência de cada um contra cada um ao "todos contra um" é interrogado em um dos artigos de Lucien Scubla.[19] Este último apresenta, como sempre faz, uma objeção muito esclarecedora e faz alusão ao "princípio de Curie", segundo o qual "é a dissimetria que cria o fenômeno, uma situação de indiferenciação perfeita não produz nada".[20] O princípio de Curie permite assim a Lucien Scubla colocar uma permanência da simetria, ela não pode senão se preservar no ser e se reproduzir ao idêntico. A situação de indiferenciação primeira engendrada pelo desejo mimético não poderia engendrar coisa alguma. Se as causas apresentam elementos de simetria, esses devem se reencontrar nos efeitos. Scubla recusa então que a dissimetria possa emanar unicamente da simetria, e é preciso reconhecer nele o mérito intelectual de expor com muita clareza esse problema central nos textos de René Girard. Para torná-lo mais explícito, podemos dizer que o princípio de Curie está, de certo modo, para o processo fundador e morfogenético como o asno de Buridan está para a liberdade.[21]

---

[18] "Se a mímesis de *apropriação* divide em fazendo convergir dois ou vários indivíduos sobre um único e mesmo objeto do qual eles todos querem se apropriar, a mímesis do *antagonista*, forçosamente, reúne em fazendo convergir dois ou vários indivíduos sobre um mesmo adversário que todos eles querem abater", René Girard, *Des Choses Cachées Depuis la Fondation du Monde*. Paris, Grasset, 1978, p. 35.

[19] Lucien Scubla é antropólogo do CREA e fino leitor de René Girard. Ele publicou notadamente sua tese de doutorado, na qual mostra que o que falta à leitura estruturalista dos mitos e à fórmula canônica é a teoria morfogenética de René Girard, que é a única que permite conciliar os conceitos de gênese e de estrutura. O fato de ele ter feito sua tese sob a direção de Françoise Heritier, do Collège de France, discípula incontestável de Lévi-Strauss, é particularmente encorajador para a possibilidade de um diálogo futuro entre o estruturalismo e René Girard. Cf. Lucien Scubla, *Lire Lévi-Strauss*. Paris, Odile Jacob, 1998.

[20] Paul Dumouchel (org.), *Violence et Vérite, Autour de René Girard*. Paris, Grasset, 1985, p. 380.

[21] O asno de Buridan faz parte dos animais célebres do bestiário filosófico. Ele apresenta as mesmas consequências absurdas de uma situação na qual reina uma total simetria. Este asno, situado a uma igual distância da água e dos alimentos, e tendo igualmente sede e fome, morre por não conseguir decidir se ele deve começar por se alimentar ou por beber.

Uma simetria absoluta não pode trazer nenhuma dinâmica da ação e nenhuma diferenciação. Ao contrário, ela paralisa a situação. Se a multidão é realmente uma e indiferenciada, a ação torna-se inexplicável, um indivíduo diferente não pode emergir. Uma vez que somos todos duplos, eu não tenho razão nenhuma para atacar tal indivíduo e não tal outro, e, portanto não ataco nenhum deles. Exatamente como para o asno, minha ação fica paralisada por essa impossibilidade da decisão. Essa impotência do mesmo e do simétrico para provocar a ação recoloca em causa toda a possibilidade de morfogênese e de auto-organização.

Todavia, essa objeção pode ser rejeitada ou levantada, pois Girard demonstra bem que é o desconhecimento (*méconnaissance*) dos processos miméticos, ou seja, o desconhecimento da simetria real que existe entre os indivíduos, o que permite a passagem ao ato. Para perceber a indiferenciação da multidão e, portanto, pensá-la como um lugar de simetria, é necessário lhe ser exterior. Apenas o observador exterior pode perceber com clareza a indiferença da multidão. Se os homens tivessem todos conhecimento de estarem agindo por reciprocidade mimética, então Lucien Scubla teria razão, e o assassinato não poderia ter lugar, ele seria paralisado a partir do interior pelo princípio de Curie. Entretanto, esse conhecimento falta aos Homens fundadores. Os homens que ficam no interior da multidão não veem a indiferença, não percebem a simetria. Ao contrário, acreditam ser todos diferentes. E é por isso que podem perceber um indivíduo que de repente parece ser diferente. Assim, o que nos permite pensar na reflexão de Scubla é a necessidade de distinguir dois pontos de vista segundo os quais se pode compreender a ação. É preciso que estejamos sempre atentos para bem distinguir o fato de se colocar no exterior do movimento indiferenciado da multidão (é o que ele faz como antropólogo, mas é também o que Girard nos convida a fazer), com o fato de pertencer a esta última e, consequentemente, de acreditar ainda em uma diferença no seio da multidão. Não esqueçamos de que nos sentimos sempre diferentes dos outros. Mesmo no meio de uma multidão, ninguém admitiria que se trata de puro mimetismo. Para seguir a multidão, cada um pensa ser ainda senhor de seus desejos. É então justamente o necessário desconhecimento do "mesmo", a ilusão da diferença que permite a ação da multidão e sua virada em unanimidade assassina.

A virada da violência de cada um contra cada um em guerra de todos contra um é, portanto, ao mesmo tempo, o fruto da teoria do desejo mimético e da ignorância desses processos pelos fundadores da cultura. Isso pode se traduzir explicando que, querendo expulsar o "isso" que provoca a violência, os homens se voltam furiosos contra "aqueles" a quem eles a atribuem. E como esse é um momento determinante do nascimento da humanidade e da cultura, esse ponto é denunciado por numerosos comentadores de René Girard. Precisamos então agora analisá-lo e explicá-lo. Veremos que alguém que não consiga distinguir claramente entre os dois níveis que se desenham pelo conhecimento e pelo desconhecimento dos fenômenos indiferenciadores se priva de toda a força explicativa do sistema girardiano, uma vez que é sobre a coexistência desses dois níveis, cada um deles se desenvolvendo segundo suas próprias leis e sua própria lógica, que repousa nossa afirmação segundo a qual o sistema girardiano é um sistema complexo.

c. Conhecimento e desconhecimento (méconnaissance) *dos processos vitimários: sobre a possibilidade de uma morfogênese antropológica*

Para tornar esse processo de desconhecimento mais inteligível, devemos tomar o exemplo da biologia, exatamente como o faz Henri Atlan.[22] Ele nos permitirá que expliquemos o ponto de vista do conhecimento objetivo externo contra o do desconhecimento subjetivo interno. Se queremos compreender de que modo a

---

[22] Henri Atlan, "Violence fondatrice et référent divin". In: Paul Dumouchel (org.). *Violence et Vérité, Autour de René Girard*. Paris, Grasset, 1985, p. 434-49.

violência se volta contra um único indivíduo, precisamos então manter sempre presente no espírito a coexistência desses dois níveis: o nível microscópico dos indivíduos e o nível macroscópico, que toma por objeto a soma desses indivíduos considerada um todo.[23] É preciso bem observar que se Henri Atlan, biólogo, se interessou por René Girard, é porque o problema da diferenciação está no centro da problemática da biologia, uma vez que a maturação biológica é um modelo de diferenciação. As células começam por ser indiferenciadas e se diferenciam no curso da maturação biológica. Os processos de evolução e de complexificação de um sistema biológico repousam sobre uma especialização, portanto sobre uma diferenciação cada vez mais importante dos elementos. Trata-se então de compreender como formas simples de vida podem engendrar estruturas mais complexas, mas especificadas. Ou seja, seres mais diferenciados, e é preciso explicar como esse novo sistema diferenciado que acaba de ser engendrado pode ser portador de significação e de novidade para um observador externo. Atlan observa então, com justeza, que o problema com o qual se choca Girard do ponto de vista da antropologia é também um dos problemas fundamentais da biologia. Trata-se sempre de fazer emergir a diferença a partir de um sistema que, de um ponto de vista exterior, é totalmente indiferenciado.

Ora, a resposta girardiana e a resposta da biologia proposta por Atlan são muito próximas no sentido que as duas concedem um lugar importante ao aleatório e ao acaso, ao ruído. Com efeito, no campo da biologia Henri Atlan demonstra que as estruturas complexas e diferenciadas emanam da repetição de pequenas perturbações aleatórias que aparecem no centro de um sistema totalmente indiferenciado. Do mesmo modo, na antropologia girardiana a vítima expulsa é escolhida de forma aleatória e, entretanto, explicável.

---

[23] Reencontramos esses mesmos dois níveis de análise de um objeto segundo quer nos coloquemos do ponto de vista do estudo de seus elementos tomados como singularidades, ou ao contrário, quer o consideremos um todo, na distinção entre análise microeconômica e análise macroeconômica.

No caso das estruturas biológicas, o sistema se repete inúmeras vezes ao idêntico pela mímesis, e as perturbações aleatórias que no início eram apenas fracas irão, elas também, se repetir e logo se amplificar pelo efeito de *feedback* positivo do qual já falamos aqui. Elas ocuparão então um lugar cada vez mais importante no seio desse sistema, até chegar o momento em que se tornarão verdadeiros fatores diferenciadores. O sistema biológico se diferencia pela repetição de perturbações aleatórias primeiras: "Mas tudo isso só é válido para um observador que vê do exterior a evolução da rede".[24] A diferenciação deve então ser vista como o resultado da repetição amplificadora de ruídos no centro do sistema, mas unicamente do ponto de vista do biólogo ou do antropólogo.

Para nós, observadores, uma vez diferenciada essa nova configuração, ela aparecerá carregada de sentido porque terá adquirido um valor funcional, uma eficácia. Vemos na nova estrutura não o derivado de um sistema primeiro por repetição de uma transformação aleatória, mas um movimento real de significação, uma nova entidade funcional. Esse é, por exemplo, o caso das células imunológicas que hoje, porque funcionam no interior do sistema imunológico do qual vemos bem o papel e a função, parecem desde o início terem especialmente se diferenciado para isso, nesse único objetivo. Todavia, é difícil pensar que essas células tenham na origem se diferenciado para e unicamente cumprir essas tarefas, como se tivessem tido a intenção de fazê-lo. A menos que postulemos uma finalidade na natureza,[25] é preciso então concordar com Henri Atlan: a passagem do indiferenciado ao diferenciado em biologia tem lugar justamente graças à multiplicação e à reprodução de perturbações aleatórias, de ruídos no centro do sistema. Assim, é sempre

---

[24] Henri Atlan, *"L'Émergence du Nouveau et du Sens"*. In: Paul Dumouchel e Jean-Pierre Dupuy (orgs.), *l'Auto-Organisation: de la Physique au Politique*. Paris, Le Seuil, 1983, p. 117.

[25] "Ao contrário, para o sistema mesmo ou, se preferirmos, para um observador que estaria no interior, confundido com o sistema, é evidente que a estrutura final está potencialmente contida na estrutura inicial". Henri Atlan, *L'Émergence du Nouveau et du Sens*, Paul Dumouchel et Jean-Pierre Dupuy (orgs.), *L'Auto-Organisation: de la Physique au Politique*. Paris, Le Seuil, 1983, p. 117.

a posteriori que damos um sentido às diferenças sobrevindas pelo aleatório, e é por isso que somos incapazes, apesar de nosso conhecimento da evolução do meio ambiente dos sistemas biológicos, de saber *a priori* os caminhos e as formas futuras da evolução.

Há, portanto, claramente, dois níveis de legibilidade e de observação desse processo de diferenciação a partir de uma situação indiferenciada, duas legibilidades de um mesmo processo. Ou estamos no exterior dele e reconhecemos sua emergência por repetição de perturbações aleatórias, ou somos observadores internos e acreditamos, ao contrário, em uma certa finalidade dele, em uma certa significação trazida e engendrada pelas perturbações desde o inicio, como se essas perturbações significassem antes mesmo que elas se imponham em suas novas funções no seio do organismo. A objetividade provém, portanto, de uma posição externa, posição que não postula significação nem finalidade para cada uma das perturbações.

Podemos desse ponto aplicar esse esquema biológico de Henri Atlan ao pensamento da hominização de René Girard para compreender de que forma emerge o Homem.

Para resolver definitivamente o problema da morfogênese levantado por Lucien Scubla precisamos, exatamente como em biologia, colocar dois níveis de leitura do acontecimento fundador. De um lado, que poderíamos chamar lado do observador externo, há apenas, com efeito, similitude e indiferença dos agentes da crise. A partir dessa posição exterior, que é a de Lucien Scubla e de todos os leitores depois de René Girard, há uma dificuldade evidente em dar conta do fato de que uma assimetria possa nascer da simetria. E há uma legitimidade em se interrogar como uma tal indiferenciação poderá engendrar diferença, uma vez que o motor da diferenciação parece estar faltando. Em contrapartida, para um observador interno, isto é, para alguém que participa do assassinato comum, que participa da multidão, não há indiferença da multidão. Ao contrário, a vítima é escolhida porque ela é realmente diferente, e podemos ver de que modo sua diferença reside em sua culpabilidade no processo de geração da violência no seio do grupo. Do ponto de vista interno, ela é portadora de significação e, portanto, de diferença.

Para os habitantes de Tebas, Édipo verdadeiramente matou seu pai e verdadeiramente cometeu o incesto com sua mãe. Do mesmo modo, quando dos processos contra as feiticeiras, a multidão acreditava realmente em seus poderes maléficos. Para um observador interno, é porque a vítima é culpada (e, portanto, já diferente, por sua culpabilidade) que é sacrificada, é assassinada. *Ao contrário*, para o observador externo, todos os membros da comunidade são idênticos antes do assassinato, e é porque ela é assassinada que a vítima se torna diferente. Podemos dizer, segundo os dois níveis de leitura, que a vítima traz sua diferença, no sentido em que ela é sacrificada porque diferente em sua culpabilidade (do ponto de vista interno do desconhecimento da multidão), e que ela cria por sua morte a diferença real. Ela cria uma diferença entre a comunidade ela mesma como grupo.

Se nos colocarmos no interior do sistema, a diferença é fonte do assassinato fundador, visto do exterior e, portanto, do ponto de vista objetivo, ela é a consequência dele. É, portanto, essa distinção entre as duas posições do observador o que torna possível o funcionamento do mecanismo vitimário aleatório e, entretanto, específico. Essa distinção entre duas posições, dois pontos de vista da cena original e do sacrifício de modo geral, é essencial no pensamento de René Girard. Não apenas porque permite compreender de que modo a dinâmica da ação pôde ser engendrada pelo desconhecimento do processo mimético e de que modo ela continua sendo, para explicar a eficácia unificadora dos sacrifícios humanos ou animais, mas também porque ela permite uma distinção essencial de leitura entre os textos que apresentam o fenômeno do interior, e que afirmam, portanto, a culpabilidade real da vítima, dos mitos e dos textos de perseguição, enquanto aqueles, pelo contrário, denunciam o mecanismo da violência mimética e do assassinato fundador ao apresentar a vítima do exterior, isto é, inocente dos crimes que lhe são imputados, os Evangelhos.[26] Se retomamos a *Medeia* de Christa Wolf, vemos bem que estamos diante do mesmo texto de Eurípedes, mas a autora o redige do exterior, e portanto, desconstrói os processos geradores da violência. Eurípedes escreve de uma posição interna à coletividade, que os mascara.

Podemos enfim reencontrar essas duas posições geointelectuais, na distinção que René Girard faz sem parar, entre duas definições de "bode expiatório"[27] que podemos aplicar a esse indivíduo contra o qual o mundo se vira. De uma parte, há o que o senso comum[28] entende por bode expiatório: "Bode expiatório designa simultaneamente a inocência das vítimas, a polarização coletiva que se efetua contra elas e a finalidade coletiva dessa polarização".[29] De outra, há o emprego etnológico do termo que faz disso um ritual, uma instituição. Conhecimento e desconhecimento (*méconnaissance*) opõem-se então novamente como ponto de vista exterior e ponto de vista interior. Aquele que participa do fenômeno e imola a vítima jamais fala em bode expiatório, ele fala em vítima culpada, e em violência que faz justiça. Ninguém jamais reconhece o fato de que suas vítimas sejam bodes expiatórios, sem o que elas deixariam *ipso facto* de sê-lo. O interesse do sentido dito "moderno" e desconstruído é que ele apresenta, verdadeiramente, a vítima como inocente, e com isso permite o pensamento da violência como violência mimética, isto é, como violência propriamente dita, por

---

[26] Vemos o tempo todo, na obra de Girard, as confrontações de dois tipos de textos. Primeiro há aqueles que conhecem o mecanismo mimético da violência e que veem bem que a vítima é aleatoriamente escolhida. Mas há também os mitos, que não entendendo esse mecanismo, e falam sempre de vítimas culpadas, de indivíduos diferentes que são condenados à morte, os enfermos, os coxos, os reis.

[27] "A maior parte dos mal-entendidos em relação ao meu trabalho vem do fato de a expressão 'bode expiatório' ter duplo sentido'", René Girard. In: Paul Dumouchel (org.), *Violence et Vérité Autour de René Girard*. Paris, Grasset, 1985, p. 450.

[28] Notemos que nesse caso, o senso comum, o vulgar, é o sábio. Jean-Pierre Dupuy tem razão em assinalar que tudo se passa nesse conceito de bode expiatório, como se o dicionário francês já tivesse desconstruído seus mecanismos e estabelecido a inocência da vítima: "em outros termos, para 'bode expiatório', o dicionário francês é desde sempre 'derridiano'", *Déconstruction de la Déconstruction, Introduction aux Sciences Sociales*. Paris, Ellipses, 1992, p. 294.

[29] René Girard, *Le Bouc Émissaire*. Paris, Grasset, 1982, p. 60.

nada, por um nada de objeto. Dizer que alguém é um bode expiatório não quer dizer apenas que todos os indivíduos se fixaram raivosamente contra ele. É também afirmar que eles o fizeram injustamente, sem razão. Assim, é em seu sentido vulgar de inocência da vítima que deve ser entendido o bode expiatório nos textos de René Girard. Sem essa compreensão, corremos mais uma vez o risco de "acreditar novamente que os judeus do século XIV realmente envenenaram as fontes e que eles foram mortos por justas razões".[30]

II. O assassinato fundador

A violência mimética dos hominídeos, no estado de indiferenciação total que ela engendra, encontra portanto uma purgação no assassinato de um único indivíduo. E é esse assassinato que está no fundamento da antropologia girardiana, da humanidade e de todas as formas de Cultura. É preciso então entender, em um primeiro sentido, o fato de que a cultura é um túmulo. A solução humana para a violência indiferenciadora é o assassinato de uma vítima, que, para nós, aparece como expiatória e inocente, mas que é, para aqueles que a assassinam, a única responsável pela violência que todos têm de enfrentar. Podemos, portanto, afirmar que a violência é aqui o *phármakon* do sistema girardiano, ao mesmo tempo veneno e remédio. É a violência que põe fim à violência. O assassinato unânime contém então a violência uma vez que ele mesmo é uma forma de violência, ele é a continuação dela, sua expressão. Logo, ele a carrega em seu seio. Mas o assassinato fundador contém também a violência no segundo sentido do termo, a saber, ele faz cessar a violência, ele a contém do mesmo modo que se pode pedir a alguém que contenha seus sentimentos ou que contenha suas lágrimas.[31]

---

[30] Paul Dumouchel (org.). *Violence et Vérité autour de René Girard*. Paris, Grasset, 1985, p. 451.
[31] "A ordem social contém o pânico no sentido em que ela previne contra o desencadeamento dele, mas também no sentido em que o pânico está nela", Jean-Pierre Dupuy, *La Panique*. S/L, Le Seuil, 1991, 2003, p. 10.

Veremos, agora, como essa violência consegue pôr fim à violência mimética. Enquanto os outros tipos de violência não faziam mais do que alimentar o fenômeno, o assassinato unânime ou o que vem a ser apenas a sua repetição ritual, ou seja, o sacrifício, põe fim à violência. Podemos então perceber que ela deve ser diferente da violência mimética, uma vez que faz cessar o frenesi e o *runaway*, mas que ela deve também lhe ser similar, posto que sem dúvida alguma ela é violência.[32] Para dar conta desse caráter último, René Girard se consagra a uma análise muito precisa e original da noção de sacrifício.[33] Podemos, já de antemão, pressentir que o sacrifício, que é o redobramento do assassinato fundador, é para René Girard uma forma diferente de violência (uma vez que ela não se confunde com a violência mimética, à qual ela põe fim), mas também diferenciadora, uma vez que o sacrifício restaura a diferença na comunidade, e assim estabelece e restaura uma ordem. Veremos então por que na fonte da humanidade se encontra essa violência *différante*, essa violência que podemos chamar *contenante*.

a. A "escolha" da vítima

A designação da vítima unânime dá lugar a duas teses que são, por vezes, apresentadas como contraditórias e problemáticas pelos comentadores de Girard. Mas essas duas teses podem, como frequentemente ocorre quando surge uma dificuldade na antropologia girardiana, ser pensadas juntas e submetidas à análise do mesmo e do outro, fazendo-as passar pelo crivo dos conceitos de conhecimento externo e de desconhecimento interno dos processos miméticos. Essas duas teorias, há que lê-las em ressonância com o princípio de

---

[32] Essa dialética da alteridade e da "mesmidade" é judiciosamente trazida à luz por Vincent Descombes. Notemos, com ele, que se pensamos na identidade tomando como ponto de vista a "mesmidade" e não a ipseidade, então dois elementos, para poderem ser "mesmos" devem também ser "outros". Cf. Vincent Descombes, *Le Même et l'Autre*. Paris, Editions de Minuit, 1979, advertência ao leitor, p. 8.
[33] É, aliás, esta problemática a que encontramos na abertura de *La Violence et le Sacré*.

Curie apresentado por Lucien Scubla. De um lado, temos a indiferenciação total dos indivíduos na crise mimética e, portanto, uma impossibilidade de diferenciar tal indivíduo de tal outro. A partir daí, uma vez que cada homem é apenas o duplo de todos os outros, ninguém parece ter razões objetivas para se tornar a vítima expiatória. Ninguém parece ter razões para atacar tal indivíduo preferencialmente a outro. Mas, por outro lado, a leitura da etnologia, dos mitos e da tragédia grega nos revela que as vítimas sacrificadas têm, de fato, uma certa semelhança. No seio dessa multidão indiferenciada, certos indivíduos teriam talvez a capacidade de atrair sobre eles a violência dos outros. É preciso então pensar, ao mesmo tempo, em uma dimensão totalmente aleatória da designação das vítimas, sem com isso negar que haja invariantes da vítima. Seria assim possível esclarecer o que Lucien Scubla chama "signos vitimários".[34]

René Girard expressa essa dificuldade e a enfrenta de forma muito honesta: "Pode acontecer de as vítimas de uma multidão serem completamente aleatórias; pode acontecer também de elas não o serem".[35] O pensador francês começa por distinguir dois tipos de discriminações ou de diferenças possíveis. Primeiro, temos uma discriminação herdada diretamente da teoria mimética. Ela decorre do número e da quantidade. Quando o combate de dois contra dois torna-se um combate de três contra um, há ali um isolamento de fato, do indivíduo em relação ao grupo. O primeiro tipo de discriminação é então aquele que poderíamos chamar discriminação objetiva da minoria, ao mesmo título que poderíamos falar de tal ou tal minoria étnica, mas não tanto em sua especificidade étnica quanto no fato que ela é uma minoria quantitativa. Girard vê nisso um "(...) certo, um critério de seleção vitimário relativo a cada sociedade, mas transcultural em seu princípio".[36] Isso significa que cada sociedade fabrica suas próprias minorias, e que não podemos então falar em

---

[34] Lucien Scubla, "Theorie du Sacrifice et Théorie du Désir chez René Girard". In: Paul Dumouchel (org.), *Violence et Vérité Autour de René Girard*. Paris, Grasset, 1985, p. 360.
[35] René Girard, *Le Bouc Émissaire*. Paris, Grasset, 1982, p. 29.
[36] Ibidem, p. 30.

minoridade absoluta. Todavia, todas as sociedades perseguem suas minorias. Ser uma minoria, segundo a teoria da violência mimética que cristaliza o ódio sobre os menos numerosos, é ser parcialmente uma vítima expiatória. A força explicativa dessa tese girardiana é a de mostrar que, como a minoria emana unicamente da teoria do desejo mimético, ela não preexiste ao desejo, uma vez que a primeira minoria, historicamente, ou pré-historicamente, pela proximidade geográfica e cultural do grupo, não pôde ser religiosa, linguística ou social. Logo, eles não puderam começar por sacrificar indivíduos que acreditavam em um deus diferente do nosso, nem mesmo indivíduos que falavam outra língua que não era a nossa, porque isso já suporia trocas e encontros muito refinados entre diferentes comunidades humanas. Claro, nossas sociedades têm hoje tais minorias, e por isso estamos habituados a vê-las discriminadas, mas os primeiros grupos humanos não podiam tê-las. A distinção que buscamos aqui, uma vez que estamos falando em grupos pré-culturais, deve então advir unicamente de elementos que sejam todos pré-culturais e que não postulem uma diferença *a priori* (que essa diferença seja pensada como uma diferença religiosa, linguística ou mesmo de cor de pele), uma vez que é ela sozinha quem funda todas.

O segundo critério de distinção é um critério qualitativo e não mais quantitativo: "a doença, a loucura, as deformidades genéticas, as mutilações acidentais e mesmo as enfermidades em geral tendem a polarizar os perseguidores".[37] Girard faz-nos observar, com justeza, que Édipo manca, mas é também o caso de Jacó no Gênesis ou ainda dos Hefestos. A maioria dos mitos ou das narrativas etnológicas fala em sacrificados doentes ou aleijados, sofrendo de deformidades físicas, de diferenças físicas. Suas deficiências, e o incômodo social que estas poderiam engendrar, não têm nenhuma medida comum com o elevadíssimo número de sacrificados e a perseguição que enfrentam, e não pode portanto, em caso nenhum, justificar sua onipresença como vítimas dos assassinatos comuns na maior

---

[37] René Girard, *Le Bouc Émissaire*. Paris, Grasset, 1982, p. 30.

parte dos mitos e das tragédias. Não é preciso aqui acreditar que a vontade de eliminação dos deficientes nos mitos ou nas narrativas etnológicas venha do eugenismo ou de um desejo qualquer de purificação da sociedade. Contrariamente ao que acontece nos grupos animais, no Homem, nos mitos que ele produz, o deficiente não é levado à morte porque é fraco. Sua capacidade de polarizar a violência não encontra nenhuma explicação no que poderia ser percebido como uma objetividade de sua fraqueza relativa ao seio do grupo. Em contrapartida, o indivíduo deficiente é assassinado nos mitos porque é anormal: estatisticamente inferior ao seio do grupo, minoritário. Sua morte não pode em caso nenhum provir de dificuldades postas ao grupo por esse *handicap*, uma vez que elas são mínimas. Jamais o fato de Édipo mancar é invocado para explicar por que todo mundo o acha culpado. Vemos, portanto, aqui claramente como é mais uma vez o caráter diferente que põe os deficientes no centro das tempestades da violência mimética.

É, portanto, pelo conceito de diferença que essas duas teses, que apresentamos acima como contraditórias, podem ser conciliadas. A teoria da condenação do diferente à morte, quer essa diferença seja estritamente quantitativa, no caso da minoria, quer seja quantitativa e qualitativa no caso dos deficientes, dá conta do fato de que a indiferenciação absoluta coexiste com sinais vitimários. Essas duas teses não se excluem. Com efeito, a análise do caso dos deficientes nos demonstra bem de que modo a teoria do sinal vitimário vem se inserir, se sobreacrescentar àquela da minoria objetiva que decorre de nada mais do que do conflito mimético. A deficiência, *in fine*, não é mais do que um elemento diferenciador suplementar, que se sobreacrescenta à diferença original que emana do conflito mimético. Ela é esse ruído parasita[38] que focaliza a atenção sobre um indivíduo à margem. Logo, ele é oriundo do ponto de vista interno, que nega o caráter mimético da violência colocando significações e diferenças primeiras: a deficiência.

---

[38] Cf. Michel Serres, *Le Parasite*. Paris, Grasset, 1980.

A ideia segundo a qual a execução dos "anormais" não pode ser decorrente de um simples eugenismo é reforçada pelo estudo de sistemas mais difíceis que, antes de Girard, se mantinham como exceções, e eram sempre relegadas à classe das coisas bizarras: "entre os sistemas mais indecifráveis do planeta, sempre se faz figurar as monarquias sagradas do continente africano".[39] A dificuldade em dar conta desses sistemas decorre do fato de que desta vez a vítima não está mais à margem da sociedade, mas, pelo contrário, no centro dela. Ela ocupa o lugar mais próximo do coração da comunidade. Além disso, nesse caso é impossível evocar uma fraqueza ou uma impotência do rei para explicar seu assassinato, pois ele é por definição o personagem mais incumbido de potência e poder. O regicídio das monarquias africanas parece então colocar bem um problema à teoria girardiana, segundo a qual a violência original se descarrega sempre sobre o que é diferente. Entretanto, Girard afirma uma vez mais que é preciso dar conta dessa dificuldade em termos de violência mimética e de jogo dos duplos. O rei, com efeito, ocupa em uma comunidade um lugar particular. De certo modo, ele está em posição de transcendência em relação a esta última. E é justamente essa transcendência que funda sua diferença. O rei está também, de certa maneira, à margem da comunidade. Mas essa fronteira não se coloca mais sobre o plano da horizontalidade, como é o caso para os estrangeiros, por exemplo, mas sobre o plano da verticalidade. O rei delimita a fronteira vertical da comunidade, ele é a exata simetria da figura do deficiente, salvo que sua exclusão acontece na outra ponta da escala: "ele escapa à sociedade pelo alto, assim como o *pharmakós* lhe escapa por baixo".[40] Somos obrigados a constatar com Girard a violência que sofrem nossos homens políticos, e o gozo de todos quando um deles vem a cair. Aparece claramente aqui de que forma a teoria girardiana dá conta dos "signos vitimários" da pessoa real. O rei que podia aparecer no centro da comunidade está de fato ele também muito mais à

---

[39] René Girard, *La Violence et le Sacré*. Paris, Grasset, 1972, p. 150.
[40] Ibidem, p. 28.

margem do que poderíamos pensar; a única diferença é que ele está à margem pelo alto. Como se o centro não fosse nem mais nem menos que uma margem do interior.

Vemos agora como é com a ajuda dos conceitos do "mesmo" e do "outro" que Girard explica a totalidade dos fenômenos de vitimização expiatória. A partir de uma situação de indiferenciação crescente, mostramos como esta última encontra uma escapatória na violência do "todos contra um". A menor diferença, a menor dúvida sobre uma pessoa tem a capacidade de se disseminar sobre um indivíduo designado. A vítima será o indivíduo que de certa maneira terá conservado a diferença no próprio movimento da indiferenciação. É por isso que se trata sempre de indivíduos percebidos como estando à margem da sociedade, ou à margem da normalidade posta como referência para tal ou tal sociedade: "encontramos ali, primeiro, seres que não pertencem ou pertencem precariamente à sociedade, os prisioneiros de guerra, os escravos, o *pharmakós*".[41] Suas diferenças os isolam e os tornam, assim, mais vulneráveis. Novamente, Girard não faz mais do que prolongar a situação animal, sem corte epistemológico. Em um grupo de animais, o que mais está em perigo é sempre aquele que está objetivamente fraco, o animal machucado, o jovem demais ou, ao contrário, o velho demais; o animal marginalizado, o "animal mais fraco", com a diferença de que nas comunidades humanas essa diferença é mais consequência do que causa dessa violência.

Nos homens, em uma sociedade primitiva presa da violência mimética, a deficiência, qualquer que seja ela, desde que seja suficiente para criar alteridade, é a diferença. Como no momento mesmo em que evocamos a constituição da hierarquia animal pela potência objetiva, aqui, o que é explicado quanto à objetividade no animal, no sentido de que o animal machucado é realmente aquele que corre menos rápido, é explicado para o homem em termos de

---

[41] Ibidem, p. 27.

diferença e de "mesmo" nos textos de Girard. A vítima expiatória será o indivíduo diferente. Quando o indivíduo está no centro de um grupo no qual reina a violência mimética, não reenviar essa violência, não participar dela, não prolongá-la, não fazer com os outros o jogo da violência mimética já é se colocar como diferente, e, portanto, se colocar em posição de alvo.[42] Assim, a teoria da indiferenciação e a teoria dos "signos vitimários" são reconciliadas de imediato quando compreendemos que nenhum desses sinais permite justificar o assassinato, porque eles o justificam todos. Esses signos funcionam como o motor da ação diferenciadora ao nível interno, ao nível microscópico dos indivíduos que participam da multidão assassina. Mas, por outro lado, vemos bem que do exterior o sinal vitimário não faz mais do que se sobreacrescentar a uma diferença bem mais fundamental, aquela saída da mímesis. O próprio da vítima originária é a diferença.

b. O sacrifício como imitação da origem

A violência mimética e seus mecanismos até hoje não foram absolutamente dissolvidos, uma vez que, de fato, restam formas dela mesmo em nosso século. É porque os povos primitivos a contiveram com a ajuda de um remédio, que não fazemos mais do que repetir, sob formas diferentes, para contê-la novamente. Girard, outra vez, interpreta as formas culturais, os traços dessa cena originária.
É partindo da análise do sacrifício que Girard desenvolve a teoria do bode expiatório em *A violência e o sagrado*. Ele toma como ponto de partida o sacrifício tal qual os povos primitivos o praticam, para, por desconstrução, extrair dele os fundamentos e poder descrever o assassinato primeiro, aquele pelo qual os Homens se tornaram Homens. A validação da teoria girardiana é sempre *a posteriori*, ela repousa essencialmente sobre a potência explicativa e

---

[42] Podemos pensar aqui à posição crística, tal como a apresenta René Girard. Recusando reenviar a violência porque tendo conseguido desconstruir sua lógica e revelar dela os mecanismos miméticos, o Cristo não se oferece como um alvo ideal desta última?

sobre o esclarecimento da invariante antropológica. A proposição é a seguinte: se encontramos uma invariante no sacrifício, através do tempo e das culturas, então teremos apreendido o que faz a essência do sacrifício, e isso confirmará o fato de que a primeira vez aconteceu exatamente assim. O sacrifício é, portanto, o assassinato fundador imitado, reencenado, é a cena recolocada em cena. A esse título, há ao mesmo tempo continuidade e ruptura entre a instituição que é o sacrifício em etnologia e o assassinato fundador. Eles estão em uma relação de modelo à cópia, e forçosamente a imitação difere do original.[43] O sacrifício é a violência mimética diferida, ou seja, deslocada no espaço e no tempo. Por isso, podemos sempre encontrar no desenrolar dos sacrifícios as três etapas do nascimento da humanidade. Primeiro a crise mimética e a violência indiferenciadora, o assassinato unânime de um único indivíduo, enfim, a sacralização da vítima a quem se atribui o retorno à ordem e à diferença. Contudo, a distinção entre o sacrifício e o assassinato fundador provém do fato de que no sacrifício arcaico a vítima é verdadeiramente o objeto de uma escolha.[44]

O sacrifício apresenta-se sempre com uma dupla face, assim como a violência, assim como o essencial dos conceitos girardianos. Ele se apresenta "ora como uma coisa muito santa (...) ora ao contrário como uma espécie de crime (...)".[45] Podemos ver a ambivalência sobre a qual se apoiará toda a teoria girardiana do sacrifício e do sagrado, a saber, que, de um lado, sacrificar é matar, existe bem um aspecto mortífero ligado ao sacrifício; mas, de outro, sacrificar é criar o sagrado, colocar transcendência, e portanto também diferença. A esse título, e mais uma vez, podemos dizer que o

---

[43] A cópia, por ser cópia, deve ser imperfeita, diferir do original, sem isso não poderíamos chamá-la cópia. Assim, uma cópia perfeita da *Guernica* de Picasso seria ela ainda verdadeiramente uma cópia, um falso quadro?
[44] "Que é um sacrifício nas religiões arcaicas? É um esforço por renovar os efeitos reconciliadores da violência unânime substituindo o bode expiatório inicial por uma vítima substituta", René Girard, *Aquele por quem o Escândalo vem*. Trad. Carlos Nougué. São Paulo, Editora É, 2011, p. 89 (livro publicado na Biblioteca René Girard).
[45] René Girard, *La Violence et le Sacré*. Paris, Grasset, 1972, p. 13.

sacrifício contém a violência mimética no duplo sentido que já empregamos várias vezes aqui. Para René Girard, sacrificar será sempre então: criar o sagrado dando à morte, cessar a violência pela violência última. O sacrifício é então o *phármakon* dos povos primitivos, ao mesmo tempo remédio e veneno, violência e solução para a violência: "o sacrifício é apenas uma violência a mais que se acrescenta a outras violências, mas é a última violência, a última palavra da violência".[46]

A primeira etapa pela qual o sacrifício não pode deixar de passar, se ele quiser ter alguma eficácia, é a da reconstrução da crise mimética. É preciso, antes do sacrifício propriamente dito, agir como um excesso de "mesmo", mergulhar novamente em um estado de indiferenciação originária que precedeu o assassinato fundador. Para que a hipótese de René Girard se verifique, é preciso que a violência mimética esteja na base do sacrifício. Isso é confirmado primeiro pelas acusações trazidas e ao mesmo tempo pelas narrativas etnológicas e pelos mitos, contra as vítimas sacrificadas. Com efeito, os crimes imputados às vítimas são quase sempre crimes indiferenciadores, crimes que atingem as estruturas diferenciadoras da cultura. É por isso que com frequência encontramos acusações de incesto, parricídio, regicídio, fratricídio.[47] Todos os atentados às estruturas primeiras da família são percebidos como os crimes mais horríveis, os mais condenáveis, porque recolocam em causa a diferença ali onde ela parece a mais original,[48] a mais estruturante, aquela do primeiro grupo, aquela da figura do coletivo, que parece ao mesmo tempo a mais natural mas também a mais essencial.

---

[46] René Girard, *Des Choses Cachées Depuis la Fondation du Monde*. Paris, Grasset, 1978, p. 133.
[47] "É exatamente a mesma coisa, ser regicida na ordem da pólis e ser parricida na ordem da família. Em um caso como no outro, o culpado transgride a diferença mais fundamental, a mais elementar, a mais imprescritível. Ele se torna literalmente o *assassino da diferença* (grifo nosso)", René Girard, *La Violence et le Sacré*. Paris, Grasset, 1972, p. 111.
[48] É interessante notar, sobre esse ponto, que, quando de seu processo, Maria Antonieta foi acusada de incesto contra a pessoa de seu filho pelo substituto do procurador, polemista e jacobino Jacques Hébert.

René Girard explica com isso as monarquias incestuosas, nas quais a cerimônia de coroamento dá lugar a um incesto real ou simulado. De certo modo o rei é preparado para um sacrifício futuro. Porque ele é rei, ele deve ser também um sacrificado em *sursis*. Para isso, fazem que ele carregue os crimes indiferenciadores, preparam-no para esse papel como o fariam com um ator. Vestem-no, maquiam-no de indiferença para que lhe seja mais fácil desempenhar seu papel. O sacrificado é, portanto, sempre portador de uma acusação de indiferenciação excessiva que lembra a indiferenciação originária da multidão. Há assim uma primeira lembrança da indiferença no seio da própria vítima. A vítima tornou possível, por sua falta, a destruição das estruturas diferenciadoras culturais, é por isso que ela será morta. Assim, matando seu pai e fazendo amor com sua mãe, Édipo desestrutura a família grega, ele lhe faz perder suas diferenças estabilizadoras; ele rompe, por suas ações, os lugares que a estrutura familiar estabelece rigidamente. Uma vez que a estrutura familiar é mais uma vez mergulhada na indiferença, ela deve então sofrer a violência do "mesmo". O segundo lugar da indiferença está, por sua vez, na multidão que assiste e participa do sacrifício. Isso se encontra muito claramente no uso das máscaras, dos uniformes ou das indumentárias de cerimônia. Com efeito, a função da máscara é justamente a de esconder as diferenças entre os indivíduos, de abolir toda distinção social e sexual. A máscara é sempre uma forma de travestir as diferenças estabelecidas culturalmente. Ora, essa abolição das diferenças pela máscara permite a cada indivíduo dar livre curso a seus desejos. A máscara é um objeto que permite, que autoriza o que as diferenças culturais, ao contrário, interditam. Observemos, com relação a isso, como a festa, e muito particularmente o Carnaval, é, antes de mais nada, o lugar da permissão. Pode-se ali fazer cair todas as estruturas e normas sociais, protegidos por trás dos rostos anônimos e imóveis das máscaras. Elas fazem outra vez, de cada homem, o duplo de um outro. A máscara é, portanto, o lembrete simbólico do que foi outrora a unanimidade violenta: "Se a máscara é feita para dissimular todos os rostos humanos em um momento determinado da sequência ritual, é porque, da primeira vez, as coisas aconteceram assim".[49]

A segunda etapa do sacrifício é o assassinato em si mesmo. Novamente, ele não é sem reproduzir a cena primeira da humanidade. René Girard observa com justeza que todos os sacrifícios exigem frequentemente a participação de toda a comunidade. Cada membro dá um golpe na vítima.[50] Isso faz parte de pôr um fim à violência ao colocar a sociedade na incapacidade de designar um culpado. Se ela quisesse fazê-lo, não poderia senão se designar ela mesma como culpada, e revelar com isso os processos miméticos. Mas ela é incapaz, porque essa revelação acarretaria imediatamente sua desagregação. Todo mundo é culpado pela morte e, portanto, ninguém o é. Podemos notar aqui que as técnicas sacrificiais empregam com frequência processos e métodos de assassinatos coletivos e muito raramente técnicas nas quais se possa identificar claramente o culpado. De onde a presença muito forte nas narrativas etnológicas das lapidações, dos linchamentos ou, ainda, mais perto de nós, de uma bala anônima nos pelotões de execução ou de um duplo comando maquinal para as injeções letais, como para simular o fato de que nenhum ser humano entra de forma ativa nos processos de morte. Em todos os casos, é impossível saber quem disparou a bala mortal ou lançou a pedra assassina. Na chuva de pedras, cada um participa do ato de matar, mas ninguém matou, porque apenas a multidão mata. Esse fenômeno se encontra de forma muito explícita no *sparagmós* dionisíaco,[51] quando todos os membros da comunidade despedaçam com suas próprias mãos o animal sacrificado. Mas a quase unanimidade dessa violência, e seu caráter cego nos grupos e nas multidões, não escapou à atenção de um dos maiores

---

[49] René Girard, *La Violence et le Sacré*. Paris, Grasset, 1972, p. 234.
[50] Notemos que é a exata estrutura do *Crime do Oriente Expresso*, de Alfred Hitchcock. Uma vez que todos enfiaram a lâmina assassina no corpo da vítima, todos mataram, todos, isto é, ninguém o diz individualmente.
[51] "Com suas sangrentas mãos, todos, assim como no jogo de bola, dispersavam em todos os sentidos os frangalhos da carne de Penteu (...)". Eurípedes, *Les Bacchantes 1135-1140*, Classiques en poche. Paris, Les Belles Lettres, 1998, 2002, p. 85.

observadores do povo, quando do que se poderia ler como o sacrifício de Luís XVI: "os povos não julgam como as cortes judiciárias; eles não proferem sentença, eles lançam o raio; eles não condenam os reis, eles os fazem mergulhar novamente no nada (...)".[52]

Enfim, o sacrifício reproduz a restauração da ordem e da paz sacralizando a vítima, colocando-se então como diferente. A estrutura primeira da cultura, para René Girard, é a estrutura sagrada que consiste em fazer levar a uma vítima[53] primeiro a responsabilidade pela desordem e pela violência, depois a do retorno à paz por sua condenação à morte. Essa sacralização está ligada a um desconhecimento pelos homens das verdadeiras causas da violência: o mimetismo. Se os homens soubessem que a violência emana do mimetismo, então o sacrifício não poderia mais desempenhar seu papel catártico. Com efeito, a sacralização da vítima é explicada pelo fato de que os membros da comunidade lhe atribuem, erroneamente, o retorno à paz. Pois de fato a morte da vítima reconduz à ordem uma vez que ela traz de volta também a diferença. O fato de a morte da vítima reconduzir à ordem é, portanto, a confirmação de sua culpabilidade e a confirmação de que sua condenação à morte era justa. Como podia ela não ser culpada se seu desaparecimento leva consigo a violência? A eficácia catártica do sacrifício vem confirmar *a posteriori* sua necessidade, embora a verdadeira razão dessa eficácia escape aos indivíduos e à comunidade. Há uma autorrealização da culpabilidade da vítima. Mais uma vez reencontramos o processo da causalidade circular, tão importante no sistema girardiano. De um lado, podemos dizer que a vítima é assassinada porque é culpada, mas, de outro, vemos que sua culpabilidade não pode ser estabelecida e autorrealizada senão pelo retorno à ordem que sua morte produz. Sua culpa é, por-

---

[52] Maximilien de Robespierre, *Textes choisis*, 2. Paris, Editions Sociales, 1973, p. 74, citado por Alain Finkielkraut em *La Gauche de la Gauche et les Virgules Noires, L'Imparfait du Présent*. Paris, Gallimard, 2002, p. 237.
[53] Os crimes de Édipo significam o fim de toda diferença, mas eles se tornam, pelo próprio fato de serem atribuídos a um único indivíduo particular, uma nova diferença, a monstruosidade que é só a de Édipo. René Girard, *La Violence et le Sacré*. Paris, Grasset, 1972, p. 113.

tanto, ao mesmo tempo causa e consequência de sua morte, segundo nos coloquemos do ponto de vista dos indivíduos que assassinam ou do ponto de vista do observador externo.

O sacrifício, tal como o decifra René Girard, isto é, à luz dos conceitos de mimetismo e de diferença, é uma reprodução do que foi outrora o nascimento da humanidade e da Cultura. Mas isso não é uma simples comemoração, trata-se efetivamente de reproduzir a ação catártica do assassinato unânime. Todavia, esta última deve ser feita em se protegendo do retorno à violência, pois há o grande risco de mimetizá-la. Jamais se reproduz a violência sem o risco de vê-la recrudescer totalmente, e é por isso que é preciso desconfiar das recolocações em cena do assassinato coletivo. Para fazer isso, o sacrifício difere da violência em um nível. Para que o sacrifício não corra o risco de fazer mergulhar novamente a comunidade na espiral dos assassinatos incessantes, é preciso tomar precauções; isso explica a regulamentação muito estrita e severa que circunda o sacrifício.

É por isso que, ao contrário do assassinato fundador, o sacrifício é em essência um ato de substituição: "as observações feitas sobre o terreno e a reflexão teórica obrigam a voltar, na explicação do sacrifício, à hipótese da substituição".[54] Ele não mata, portanto, o culpado. Mesmo quando o culpado está claramente identificado no seio de uma comunidade arcaica, ele não é sacrificado. A comunidade volta-se sobre vítimas particulares cujo papel é muito preciso; cada comunidade determina quem são os "sacrificáveis". O sacrifício animal permite a René Girard trazer à luz o caráter supletivo da vítima. Podemos, portanto, conceber que a imolação de vítimas animais é uma forma de proteger os homens. O sacrifício é então, para Girard, uma forma de enganar a violência, de desviá-la de seu objeto real, porque isso se revela muito perigoso, em direção a um objeto substitutivo ao qual atribuímos menos valor. Se sacrificamos verdadeiramente os culpados, pode ser que a violência novamente

---

[54] René Girard, *La Violence et le Sacré*. Paris, Grasset, 1972, p. 16.

se desregule. Girard observa com justeza que, frequentemente, quando a violência ameaça a comunidade, o animal se interpõe. A esse título, ele lembra que é um carneiro que Deus envia a Abraão para que ele o sacrifique no lugar de Isaac. Do mesmo modo, Ulisses e seus companheiros saem do antro do ciclope enfurecido que lhes barra o caminho, agarrados sob carneiros, para que o ciclope, cegado por uma estaca e tocando no pelo dos animais que saem de seu antro, seja enganado por ele. Mais uma vez, entre a violência do ciclope e o homem se interpõe o animal. A violência aparece então como uma potência à qual se poderia oferecer substituto para saciá-la. Assim, não se pode cessá-la, mas pode-se enganá-la, desviá-la, diferi-la. O sacrifício é portanto eficaz não porque apaga todos os traços da violência, mas porque ele a engana, ele a desvia de seu objeto real. Podemos, a partir daí, compreender o sistema sacrificial. Este último repousa sobre uma dupla substituição, uma dupla *différance* da violência. Um primeiro deslocamento opera-se de todos os indivíduos sobre um único indivíduo, é o deslocamento quantitativo, próprio ao sacrifício, mas também ao assassinato fundador. Depois, o segundo movimento intervém pela substituição de uma vítima unânime por uma vítima "sacrificável". É o deslocamento qualitativo.[55] Compreenderemos agora porque o sacrifício pode desregular a violência e porque é preciso, portanto, muito cuidado para escolher as vítimas "sacrificáveis".

c. Violência e vingança: a eficácia comparada do sistema sacrificial e do sistema judiciário

A partir deste momento, precisamos compreender por que o sistema sacrificial funciona e porque o segundo deslocamento pode pôr fim

---

[55] René Girard, *La Violence et le Sacré*. Paris, Grasset, 1972, p. 372.

à violência e contê-la. Para isso, será necessário ter em mente que o sacrifício é um fenômeno de substituição. Isso significa que a vítima, na realidade, jamais é aquela que se deve realmente imolar. O "sacrificiável" não tem nenhuma relação de causa e efeito com qualquer culpa objetiva. Pelo contrário, as categorias sacrificiais, ou seja, à margem da comunidade, são todas potencialmente culpadas e não o inverso. Para que o sacrifício funcione, é preciso que a vítima se pareça com seu duplo, sem, contudo, ser idêntica a ele. Há uma sábia alquimia entre o mesmo e o outro na designação daqueles que serão sacrificados. Para enganar a violência, é necessária somente uma pequena diferença entre o modelo e a cópia, uma justa dialética do mesmo e do outro. Isso explica o fato de que seguidamente, alguns dias antes do sacrifício, a vítima seja convidada pela comunidade para viver em seu meio, para aproveitar e desfrutar de tudo o que cada indivíduo do grupo tem à sua disposição. Procura-se ao máximo identificar o futuro morto a um membro da comunidade, para que a violência acredite realmente que aquele que é imolado é um indivíduo muito próximo do grupo. É fácil compreender esse deslocamento com a ajuda da mímesis. Se o sacrifício imolasse realmente um membro da comunidade, o verdadeiro culpado, seus próximos ficariam tentados a se vingar e assim por diante. Isso levaria a comunidade a um espiral do assassinato; espiral cuja razão de ser do sacrifício é justamente o fim.[56] Em todos os lugares onde reina o mimetismo, isto é, em todas as comunidades humanas, a vingança é sempre a ameaça por excelência. O assassinato chama um contra-assassinato e assim até a destruição completa da comunidade. De fato, a vingança vem sempre como resposta a um primeiro crime, é sempre apresentada e pensada como um contradom de violência. Ela é a exata simetria da ação que se pretende condenar, seu duplo perfeito. Entre o ato de vingança e o ato vingado, é muito difícil estabelecer outra diferença além da cronológica, como se eles fossem finalmente apenas as duas faces de uma única e mesma verdade da violência. A vingança

---

[56] "Mas essa diferença não deve ir até a assimilação pura e simples, ela não deve resultar em uma confusão catastrófica", René Girard, *La Violence et le Sacré*. Paris, Grasset, 1972, p. 27.

é o paradigma assassino da espiral mimética, sem dúvida aquele que coloca em maior perigo a própria existência da comunidade, pois ela é a violência refletida no espelho, a violência estritamente simétrica. Para que o sacrifício possa pôr fim à violência, é necessário que ninguém possa vingar a vítima imolada, que a unanimidade seja absoluta, que a violência não tenha continuidade possível.

Isso explica novamente por que as vítimas emissárias são sempre escolhidas na margem da comunidade. Nenhum membro da comunidade vingará um prisioneiro de guerra ou um escravo. Quando afirmamos anteriormente que o sacrifício era uma violência diferente, era justamente porque "(...) o sacrifício é uma violência sem risco de vingança".[57] Sua violência não é menos assassina do que a da vingança, mas ela afasta o risco de vingança, de contraviolência. Para que um homicídio possa ser o último, é necessário que ele não possa ser vingado, que não possa provocar um contra-assassinato. Vemos agora, então, como René Girard considera o fim da crise mimética e a emergência da humanidade. O processo de hominização como resolução do problema da violência mimética humana passa por um último assassinato do qual todos participam. Entretanto, isso é pago toda vez por uma vítima inocente que é levada à morte. A inocência da vítima e a designação de certos grupos humanos como "sacrificiáveis" são as consequências morais a assumir para que o sacrifício seja eficaz. Há, então, uma racionalidade do processo sacrificial que podemos descrever como minimização das consequências negativas da violência. Aceita-se um mal para evitar um mal superior. Mata-se um homem para que mil vivam. O sacrifício é, portanto, a resolução normal, porque, normativo da crise, ele traz consigo certo tipo de racionalidade prática.

Os vestígios desse fenômeno estão tão gravados na cultura que ainda podem ser encontrados nas sociedades democráticas modernas. Mesmo que estas sejam dotadas de meios de que as sociedades

---

[57] René Girard, *La Violence et le Sacré*. Paris, Grasset, 1972, p. 29.

arcaicas não dispunham, a problemática fundamental de se preservar da violência intestina permanece a mesma. Contrariamente ao sistema sacrificial, o sistema judiciário pretende punir culpados, culpados objetivos, que são condenados com provas. Girard traça um limite muito nítido entre esses dois sistemas, um excluindo o outro.[58] Há um progresso da humanidade de um para o outro, uma revelação do judiciário, no sentido de que o sistema judiciário decide assumir o fato de que a violência nasce no coração da comunidade e não a rejeita em um indivíduo exterior. Se esse sistema judiciário chega a deter a violência e a vingança, isso não acontece mais transferindo a culpa de um indivíduo para um indivíduo sacrificiável, mas pelo seu poder. Suas sanções constituem "represálias únicas",[59] cujo sujeito é um indivíduo todo-poderoso (o sistema judiciário em seu conjunto) com relação a outros membros da comunidade e especializado nesse campo. Em razão desse poder e da incapacidade que existe, em contrapartida, de matar o sistema, já que será possível no máximo matar um júri, um procurador, mas nunca o sistema como um todo, qualquer vingança eficaz se torna impossível: "as decisões da autoridade judiciária se afirmam como a última palavra da vingança".[60] Por essa razão, é interessante destacar semanticamente que o sistema judiciário condena a vingança "privada", já pressentindo que suas próprias decisões são um tipo de vingança "pública". Da mesma maneira, podemos ver reminiscências desses processos no fato de que um tribunal "rende" justiça.
É próprio da justiça que ela se "renda", em um movimento segundo, digamos, como em um contradom de violência.

Assim, sistema sacrificial e sistema judiciário se opõem como meio preventivo e meio curador da violência. Com seu poder, o sistema judiciário pode realmente tratar o problema da violência e condenar

---

[58] "(...) é nas sociedades desprovidas de sistema judiciário e, por isso, ameaçadas pela vingança, que o sacrifício e o rito devem, em geral, desempenhar um papel essencial", René Girard, *La Violence et le Sacré*. Paris, Grasset, 1972, p. 35.
[59] René Girard, *La Violence et le Sacré*. Paris, Grasset, 1972, p. 32.
[60] Ibidem.

os culpados, mesmo que sejam membros da comunidade: é por isso que dizemos que é curador. Como seu poder o protege da exaltação da violência, não tem mais necessidade de transferir as sanções para indivíduos que se sabe que não serão vingados. O sistema sacrificial, ao contrário, deve se satisfazer em ser preventivo, impedindo que a violência possa nascer no coração da comunidade,[61] sob o risco de desencadear novamente o ciclo infinito de vingança; ele deve, então, assumir as consequências morais do assassinato dos inocentes.

Graças ao estudo do sacrifício, René Girard traz à tona a última etapa ou a última fase do nascimento da humanidade; isto é, o momento no qual a violência indiferenciadora é detida por uma violência diferente e diferenciadora, aquela do assassinato comum. Esse assassinato, que pode ser visto como a profunda verdade do sacrifício, realmente restabelece a paz; poder-se-ia dizer que aí está sua força. Todavia, quando se acredita restabelecer a paz matando um indivíduo culpado ou um indivíduo que substitui o culpado (no caso do sacrifício), os Homens não veem que eles simplesmente restauraram a paz reintroduzindo entre eles a diferença.

III. As instituições humanas

a. O nascimento do político e o atraso sacrificial

Todas as instituições humanas são apenas o prolongamento de todo o processo revelado por Girard: "Penso que é possível

---

[61] "Todos os meios jamais colocados em prática pelos homens para se proteger da vingança interminável poderiam ser aparentados. Pode-se agrupá-los em três categorias: 1) os meios preventivos que se reduzem a desvios sacrificiais do espírito de vingança; 2) as disposições e os entraves à vingança, como composições, duelos judiciários etc., cuja ação curativa é ainda precária; 3) o sistema judiciário, cuja eficácia curadora é sem igual", René Girard, *La Violence et le Sacré*. Paris, Grasset, 1972, p. 38.

demonstrar que não há nada na cultura humana que não possa ser reduzido ao mecanismo da vítima emissária".[62] Neste estudo, focaremos no nascimento do político compreendido em um sentido muito amplo, de regulamentação do "viver junto" e da organização das relações interindividuais.

Além dos simples interditos, a hipótese girardiana pretende dar conta da possibilidade de um poder político, mais especificamente do poder monárquico, pois é nele que o mecanismo está mais visível. Contudo, esse mecanismo deixou alguns vestígios também em nossos sistemas democráticos.[63] É preciso, para isso, lembrar-se do duplo movimento, ou do duplo investimento, que sofre a vítima do sacrifício. Ela é temida, mas é sacralizada, desprezada e, em seguida, adorada. Foi fonte de desordem e por isso é maldita; contudo, também é a promessa de um retorno à paz. Encontramos aqui o movimento de duplo vínculo (*double bind*), cujos fundamentos já foram explicitados no primeiro capítulo. A vítima provoca medo porque nela foi cristalizada toda a violência da comunidade, é considerada monstruosa e culpada de todos os crimes indiferenciados, que são estruturalmente os piores. Mas a vítima também é adorada pela lembrança do retorno à ordem que traz consigo todas as vezes: "em sua qualidade de fonte aparente de toda discórdia e toda concórdia, a vítima original desfruta de um prestígio sobre-humano e aterrorizante".[64] Já que é preciso encontrar, para o sacrifício, um indivíduo o mais próximo possível do indivíduo fundador que é considerado o culpado real por todo tipo de crimes, por que não cometer os mesmos atos com o indivíduo sacrificado? Para isso, a vítima dispõe de um superpoder, ela pode se permitir ações que nenhum outro indivíduo pode realizar: o indivíduo que será sacrificado não conhece interdito, ele pode e deve transgredir tudo.

---

[62] René Girard, *Des Choses Cachées Depuis la Fondation du Monde*. Paris, Grasset, 1978, p. 58.
[63] É o suficiente para se convencer de reler as análises sublimes de Michel Serres sobre o conceito de eleição, em *Rome, le Livre des Fondations*. Paris, Grasset, 1983, p. 123-41.
[64] René Girard, *Des Choses Cachées Depuis la Fondation du Monde*. Paris, Grasset, 1978, p. 61.

É preciso lembrar que são numerosas as vítimas que, antes de serem sacrificadas, têm o direito de cometer incesto, de ferir um chefe de tribo, de dizer palavras proibidas. Elas não só têm esse direito, mas alguns ritos, como os ligados às monarquias incestuosas africanas, obrigam o futuro sacrificado a cometer esses atos. Isso não desapareceu totalmente em nosso século, com o último desejo do condenado à morte, que deve ser respeitado ao pé da letra, como se um último ato condenável cometido pela vítima pudesse nos ajudar a assumir melhor o assassinato. Há, então, um momento, exatamente antes do sacrifício, em que a vítima tem um prestígio imenso e um direito exorbitante em relação a outros membros da comunidade: "É nesse prestígio que é preciso procurar o princípio de toda a soberania política, assim como a religiosa".[65] Para que o sacrifício funcione, é preciso que o sacrificado seja percebido como realmente culpado. Ora, a melhor forma de considerá-lo culpado é fazê-lo cometer esses mesmos crimes pelos quais será punido. Dessa maneira, é preciso lhe conceder um direito exorbitante, nem que seja o tempo para que possa se tornar culpado por esses crimes.

O sacrifício pode, assim, produzir dois tipos de entidades no que diz respeito ao poder: as entidades religiosas e as entidades políticas. Vimos anteriormente que a entidade religiosa emanava do sacrifício e da sacralização da vítima, por sua capacidade de restaurar a diferença e a paz na comunidade; dessa maneira, o sacrifício produz o sagrado.
O poder religioso concentra sua atenção no aspecto pós-sacrificial e *post mortem* da vítima, é depois de sua morte que ela é sagrada: antes, era maldita e portadora de violência. É exatamente a sua morte que fundamenta sua transcendência. O sagrado é criado pela ignorância dos verdadeiros processos que conduziram à crença da culpa da vítima e em sua capacidade de, por meio de sua morte, restituir a ordem.

O poder político está fundamentado no mesmo esquema, mas implica uma *différance* no tempo da ação sacrificial. O sacrifício da

---

[65] René Girard, *Des Choses Cachées Depuis la Fondation du Monde*. Paris, Grasset, 1978, p. 61.

vítima é diferido, do mesmo modo que um fato pode ser transmitido depois de gravado, ou seja, após certo lapso de tempo. O nascimento do político baseia-se em um espaçamento temporal mais importante entre a designação da vítima e o momento em que é levada à morte. Esse espaço entre a escolha da vítima e sua morte é o "atraso sacrificial", momento em que surgem os direitos políticos exorbitantes. Poder político e poder religioso se distinguem por um atraso sacrificial mais importante do lado político: "Na monarquia, a interpretação acentua o intervalo entre a eleição da vítima e sua imolação (...)".[66] Um sacrificado em *sursis* é com um rei que usa o prestígio que lhe confere sua posição de futuro sacrificado para controlar a comunidade temporariamente. O poder político, portanto, concentra sua atenção no momento pré-sacrificial e *ante mortem*. Assim, podemos concluir que todo poder fundamenta-se, no fim, no prestígio, no direito exorbitante, criado pela lembrança de um retorno à ordem pela imolação. A diferença essencial entre o político e o religioso baseia-se em um ponto de vista diferente daquilo que constitui o momento mais importante do sacrifício. Por um lado, podemos destacar as consequências do sacrifício e teremos, então, uma sacralização da vítima e, por isso, um poder religioso, que é o uso imediato das consequências do sistema sacrificial. Por outro, podem-se destacar as premissas do sacrifício e teríamos, então, um poder político e monárquico. Para que o poder emergente possa ser político e não religioso, podemos imaginar que a vítima tenha adquirido tamanho prestígio antes mesmo do sacrifício que ela não possa mais ser sacrificada sem que o risco de mergulhar a comunidade novamente em violência seja muito grande. Ela se tornou muito próxima da comunidade para ser sacrificada. Dessa maneira, será preciso encontrar um substituto para ela, um suplente; o que será muito fácil em razão da essência substitutiva do sacrifício. O poder monárquico é, assim, pensado nas teorias girardianas como a duplicação do substituto, e a morte de um

---

[66] Ibidem, p. 64.

duplo emissário,[67] que é apenas o significante do significante, o suplente no sentido derridiano do termo, aquele que veio "complementar" e que também "tomou o lugar de". Mas é importante perceber que nas duas possibilidades o poder encontra como único fundamento tanto a violência passada como a promessa de uma violência futura. Isso explica os elos simbólicos que existem entre a soberania e o rito sacrificial. Aliás, isso explica o fato de que seguidamente os reis sejam considerados deuses na Terra, e os deuses, os reis do céu.

b. Os ritos funerários e a domesticação de animais

A aplicação da teoria girardiana, segundo a qual tudo emana de um assassinato fundador e de um atraso maior ou menor entre a designação da vítima e sua morte, permite explicar muitos fenômenos culturais; mas, novamente, evidenciaremos apenas duas atividades humanas, a fim de testar e verificar a hipótese sobre elas.

A domesticação de animais não pôde ser senão um processo demorado e árduo, avançando por reveses e repetições, obtendo sucesso com alguns animais e falhando com outros. De fato, cada vez que o homem entrou em contato com um animal, tentou domesticá-lo. Apesar disso, se a domesticação de animais parece trazer ao homem muitos benefícios, parece difícil interpretá-la de acordo com o modelo da economia. Para René Girard, trata-se de demonstrar como sua hipótese evita qualquer racionalidade utilitária, qualquer decisão, qualquer vontade de domesticar. Da mesma maneira que os homens não puderam renunciar a violência por contrato, mas só por uma violência derradeira, os homens só puderam domesticar os

---

[67] "Pode até mesmo acontecer, parece, como no caso do Jalno tibetano mencionado por Frazer, que o substituto do substituto adquira tamanho poder real para ser sacrificado e precise, ele próprio, de um substituto", René Girard, *Des Choses Cachées Depuis la Fondation du Monde*. Paris, Grasset, 1978, p. 62.

animais depois de uma deliberação racional complexa. Para domesticar os animais, foi necessário que os homens lhes reservassem um lugar na comunidade e deixassem de tratá-los como animais selvagens. Esse lugar na comunidade deve, no fim, fundamentar-se, se não em uma identidade, ao menos em uma semelhança entre o homem e o animal e em uma consciência dela. Conseguir que o animal tenha um lugar no seio de um grupo humano é uma forma de torná-lo parte da comunidade humana.

As teorias mais conhecidas da domesticação de animais fundamentam-se em uma teoria utilitária que é, no mínimo, problemática. O animal teria sido domesticado porque o homem teria percebido as vantagens que poderia obter com essa situação. Com os perigos da caça podendo ser evitados, inúmeras vidas seriam poupadas na comunidade e o acesso ao alimento se tornaria mais fácil. Da mesma forma, os homens teriam percebido que podiam se aliviar de uma parte de seu trabalho com a ajuda da força animal.

Entretanto, essa interpretação utilitária parece difícil de sustentar; mais uma vez ela dá espaço demais à capacidade humana de se projetar no tempo e à racionalidade de seu pensamento. Tal concepção utilitária voltaria, de fato, a dizer que os homens fizeram que animais diversos entrassem em sua comunidade para que, um dia, seus descendentes pudessem aproveitar sua domesticação. Assim que se compreende que o processo de domesticação se estende por muitos anos, a concepção utilitária torna-se problemática,[68] pois isso quer dizer que os primeiros homens trabalharam durante muitas gerações na domesticação sem que fosse imediatamente aproveitável, com o único intuito de que a humanidade pudesse aproveitá-la um dia. Ora, apesar disso, é preciso que haja um interesse imediato em trazer animais para a comunidade humana. O processo pelo qual se

---

[68] "Em nenhum momento os homens puderam se dizer: tratemos os ancestrais da vaca e do cavalo como se eles já fossem domesticados, e nossos descendentes, em um futuro indeterminado, desfrutarão das vantagens dessa domesticação", René Girard, *Des Choses Cachées Depuis la Fondation du Monde*. Paris, Grasset, 1978, p. 77.

procurou aproximar o animal do homem, torná-los mais semelhantes, não pode em nenhum caso ter uma explicação econômica tendo em vista a temporalidade na qual ele se desenrola. A teoria econômica postula um desejo de domesticação, assim como as teorias contratualistas supõem um desejo de sociedade e do fim da violência. Assim, de certa forma elas cometem o mesmo erro da intenção, do projeto racional.

O próprio processo de domesticação também tem origem no sacrifício. O interesse imediato que há em trazer animais para a comunidade também vem da necessidade sacrificial. Dessa forma, René Girard aplica nessa questão o atraso sacrificial ao animal. Da mesma maneira que o sacrificado em *sursis* pode tornar-se um rei, é no lapso de tempo pré-sacrificial que é preciso procurar a fonte de toda domesticação.[69] A única parte de acaso que explica o fato de certos animais serem domesticados e outros não provém de uma capacidade de adaptação desses animais à comunidade humana durante o atraso sacrificial. Entretanto, seria possível objetar a essa ideia ao dizer que Girard, no fundo, só desloca a racionalidade. De fato, parece realmente que os animais estão nessa teoria integrados à comunidade humana com o objetivo de serem sacrificados; dessa forma, só o objetivo teria mudado, não a reflexão. Contudo, resta que a força de explicação girardiana consiste em fazer da domesticação não o resultado de um cálculo racional, mas um efeito secundário não controlado do fenômeno sacrificial religioso. Como diríamos atualmente na linguagem da sociologia, um efeito perverso positivo.[70] "Dessa maneira, pode-se pensar que a domesticação é apenas um efeito secundário, um subproduto de uma prática ritual quase idêntica em todos os lugares".[71]

---

[69] "Se a vítima é um homem, o atraso sacrificial pode gerar o poder político, assim como pode gerar a domesticação caso a vítima pertença a uma espécie animal domesticável", René Girard, idem, p. 80.
[70] "(...) trata-se dos efeitos individuais ou coletivos que resultam da justaposição de comportamentos individuais que não estão incluídos nos objetivos procurados pelos atores", Raymond Boudon, *Effets Pervers et Ordre Social*. Paris, PUF, 1977, 1993, p. 10.
[71] René Girard, *Des Choses Cachées Depuis la Fondation du Monde*. Paris, Grasset, 1978, p. 79.

Os ritos funerários também têm sua explicação no modelo da expulsão sacrificial, única capaz de dar origem à cultura. É preciso, em primeiro lugar, concordar que o rito funerário nada mais é do que uma atenção particular dirigida ao cadáver. A tanatopraxia, os funerais e a perpetuação da lembrança do morto são apenas momentos diferentes dessa atenção. Ora, se nos satisfizermos em assumir a morte como fim da vida, essa atenção torna-se incompreensível. Para que os ritos funerários possam existir, é preciso que a morte seja ao mesmo tempo pensada como o fim da vida, mas também como início, como renascimento. Se o cadáver fosse unicamente portador da morte, ele seria abandonado, como acontece em muitas espécies animais. Se os homens, ao contrário, dedicam um culto ao morto, é porque o cadáver surge simultaneamente como portador de morte, mas também de vida. Assim, encontramos no cadáver as características da vítima sacrificada, veneno e remédio para a sociedade, perigo de morte e vida nova: "Não é o caso de abandonar esse cadáver-talismã, portador de vida e fertilidade, é sempre como túmulo que se elabora a cultura".[72] Se lembrarmos como os processos de hominização nascem de um assassinato fundador, devemos afirmar, no sentido metafórico, que há um conascimento, um "nascer com" da vida e da morte pelo cadáver. O cadáver dessa vítima que os homens levaram à morte surge ao mesmo tempo como cadáver e fundação. Símbolo da morte e portador de vida, só ele foi capaz de restaurar a paz e restituir a possibilidade de vida na comunidade dilacerada pela violência mimética. Desse modo, o cadáver é a descoberta conjunta da morte e da vida. Com efeito, imaginemos o estupor dos primeiros homens diante do cadáver de um de seus semelhantes, diante desse corpo inanimado.

Essa ambivalência das significações trazidas pelo cadáver permite que René Girard dê uma explicação precisa para a existência de túmulos. Esse monumento, propriamente humano, que é o túmulo,

---

[72] René Girard, *Des Choses Cachées Depuis la Fondation du Monde.* Paris, Grasset, 1978, p. 91.

tem como objetivo, ao mesmo tempo celebra e presta homenagem ao morto que possibilitou um retorno à vida. Escondendo, ocultando o aspecto mortífero do processo, o monumento funerário mostra tanto quanto vela, como se o véu não pudesse, paradoxalmente, evita mostrar. A edificação de túmulos é, assim, uma forma de preservar apenas uma das duas faces do cadáver: aquela pela qual ele dá a vida.[73]

Podemos compreender porque, pelo contrário, a recusa em construir um túmulo tem como objetivo preservar só o aspecto negativo do cadáver e negar-lhe de ser, por sua vez, fundação. A recusa em concluir os ritos funerários adequados para o cadáver de Polinice tem origem exatamente nessa vontade, expressa por Creonte: "Mesmo morto, um inimigo jamais é amigo".[74] Só se constroem túmulos para cadáveres de amigos, aqueles a quem dedicamos, de algum modo, reconhecimento. A teoria girardiana permite-nos esclarecer a existência dos túmulos assim como a recusa em construí-los. A partir desse momento, compreendemos facilmente porque os túmulos parecem ser, em muitos aspectos, as primeiras criações humanas. Eles são realmente o primeiro lugar da diferença, não só no que simbolizam, mas que trazem consigo, contendo o cadáver fundador. O túmulo poderia ser, então, o primeiro significante humano, na fonte de toda significação possível.[75]

Neste momento, é possível que tracemos em algumas linhas toda a trajetória da teoria da hominização desenvolvida por René Girard. Inicialmente, os homens são animais dotados de uma notável capacidade de imitação e essa imitação baseia-se também nos comportamentos de aquisição. É a chamada teoria do 'desejo mimético'.

---

[73] "O túmulo serve para honrar um morto, mas também e sobretudo para escondê-lo, como está morto, dissimular seu cadáver, fazer de maneira que a morte não seja mais visível", René Girard, *Des Choses Cachées Depuis la Fondation du Monde*. Paris, Grasset, 1978, p. 186.
[74] Sófocles, *Antígone* v. 522. Tradução para o francês de Paul Mazon. Paris, Classiques en Poche, Les Belles Lettres, 1997, p. 43.
[75] Dedicamos o quarto capítulo a esse problema.

Essa imitação logo desencadeia uma guerra de todos contra todos, que se torna insustentável, pois é devastadora. O problema da sobrevivência do grupo apresenta-se de forma cada vez mais urgente. É nessa questão que a teoria da "violência mimética" é essencial. Para sair dessa situação, assim como a imitação dos desejos cria divergência entre os homens, a imitação da luta os aproxima e os reconcilia em um indivíduo único na teoria do "assassinato fundador". Enfim, explica-se o nascimento da religião e do poder político por uma reprodução da cena original. A violência sendo sempre possível, o sacrifício tem a intenção de prevenir seu retorno colocando-a em cena; representando novamente a cena original, há, então, uma vocação catártica. Vimos, ao longo do nosso segundo capítulo, que os processos de hominização, nos textos de René Girard, são uma resposta à violência mimética, cujos fundamentos explanamos no primeiro capítulo.

A grande força dessa teoria está, em primeiro lugar, no grande número de fatos que ela permite explicar, integrar. Os mitos, as tragédias, os textos de perseguição, assim como os textos da etnologia, parecem esclarecidos em uma nova perspectiva assim que são passados pelo crivo da teoria girardiana. O processo de hominização fundamenta-se na ideia de uma reestruturação ou rediferenciação das relações humanas, a única que pode restituir a ordem e a paz à comunidade. Essa diferença pode advir só de um assassinato, que, por ser diferenciador, deve ser unânime. Consequentemente, a primeira diferença, ou seja, a possibilidade de nascimento da cultura, fundamenta-se sempre na exclusão do outro, em uma expulsão. Expulsão que permite traçar a fronteira entre o interior e o exterior e, por isso, estabilizar a comunidade, colocando-lhe margens, fronteiras. Desse modo, a comunidade pode encontrar sua identidade na diferença que cria, ela só se coloca ao se opor. É por isso que podemos afirmar que a antropologia girardiana é um esforço para restaurar a diferença, enquanto o "igual/mesmo" desencadeia a violência. O processo de hominização não é, então, diferente de *différance*. Compreendemos isso como um processo de diferença em sua fase dinâmica, "a diferença se estabelecendo, e não já estabelecida".[76] O homicídio coletivo permite um acesso às estruturas diferenciadas da cultura, delimitando duas fronteiras. Em primeiro lugar, uma fronteira vertical, a da transcendência e do caráter sagrado da vítima imolada. A antropologia girardiana também é, portanto, uma antropologia do religioso e do político. Como o assassinato realmente restitui a ordem, a comunidade atribui essa verdade pacificadora à própria vítima: "a passagem da discórdia à concórdia não é atribuída à sua verdadeira causa, o mimetismo unificador da violência coletiva, mas à própria vítima".[77] Em seguida, uma fronteira horizontal, entre o interior e o exterior da comunidade, interior e exterior. O interior da comunidade será delimitado pela participação no assassinato fundador. O homem deve ser definido, ao término desse estudo da antropologia girardiana, como o animal que resolve o problema da violência mimética pelo assassinato unânime de uma vítima inocente e acessa, pelo mesmo caminho, as estruturas diferenciadas de toda forma de cultura possível. Esse esforço para conter a violência permite dar conta de todas as instituições humanas e do próprio fenômeno de culturalização: "a cultura humana consiste, essencialmente, num esforço por impedir que a violência se desencadeie separando e "diferenciando" todos os aspectos da vida pública e privada que, se abandonados à sua reciprocidade natural, correm o risco de naufragar numa violência irremediável".[78] O homem é, dessa forma, o animal que, para controlar a violência, não encontrou outra solução além de adiá-la.

---

[76] Charles Ramond, *Le Vocabulaire de Jacques Derrida*. Paris, Ellipses, 2011, p. 25.
[77] René Girard, *Des Choses Cachées Depuis la Fondation du Monde*. Paris, Grasset, 1978, p. 56.
[78] René Girard, *Aquele por quem o Escândalo vem*. Trad. Carlos Nougué. São Paulo, Editora É, 2011, p. 45 (livro publicado na Biblioteca René Girard).

capítulo 3
os interditos e os mitos

Os interditos e os mitos ocupam um lugar central em todos os movimentos de culturalização. Em virtude disso, atraíram a atenção da maioria dos antropólogos, mas também de muitos filósofos.
Os interditos servindo para manter a estabilidade das estruturas sociais; os mitos servindo para lembrar o que concerne à origem e, consequentemente, não pode entrar em um discurso ou narrativa históricos propriamente ditos. A fim de compreender adequadamente as teses girardianas que dizem respeito ao nascimento e às funções dos interditos, assim como à leitura e à significação dos mitos, escolhemos contrapô-las aos autores que o próprio René Girard pretende refutar. Mostraremos, neste capítulo, como a antropologia e a análise dos processos de hominização propostos por René Girard se opõem não só à antropologia psicanalítica desenvolvida por Sigmund Freud, mas também à leitura estruturalista dos mitos feita por Claude Lévi-Strauss. Lévi-Strauss aparecerá como uma das forças da teoria girardiana, e é seguramente por esse fato que o estudioso pode e deve ser chamado "filósofo": ele não só demonstra que as teorias de seus adversários são insuficientes para explicar os fatos que pretendem analisar, mas, além disso, demonstra porque elas são. Girard dedica-se a uma verdadeira desconstrução das teorias de seus adversários para apontar com muita precisão em que aspectos seus conceitos foram insuficientes. Veremos, de fato, que Girard não refuta só as antropologias psicanalítica e estruturalista, mas evidencia o momento de seu desenvolvimento no qual elas evitam a teoria mimética.

I. A refutação da antropologia psicanalítica

Para dar conta das dificuldades que emergem no momento de confrontar a antropologia girardiana e a antropologia freudiana, devemos, em primeiro lugar, remontar ao início das teses freudianas para demonstrar como suas divergências nascem na própria definição do desejo. As divergências entre Girard e Freud não se fundamentam, de fato, só no discurso antropológico dos dois autores. Seria equivocado apresentar essa oposição sobre o plano único da hominização, pois, dessa forma, seríamos privados de uma compreensão mais precisa de ambos os textos e de ambas as teses. Suas oposições são muito mais fundamentais e essenciais, já que podemos fazê-las remontar até as raízes mais profundas de cada uma das teorias: é preciso procurá-las em suas teorias concernentes ao desejo, que é mimético para Girard, e de objeto para Freud. Iremos, então, ver como as duas teorias se opõem exatamente na compreensão do processo de hominização, mas também como suas divergências são conceituais, como afetam o próprio conceito de desejo. Podemos, assim, explicar facilmente, por esse desvio na teoria do desejo freudiano, suas oposições com relação à antropologia fundamental, assim como ao nascimento dos interditos.

a. Desejo mimético, desejo de objeto: o mistério da gênese do complexo de Édipo[1]

Sabemos que, para René Girard, o desejo pode encontrar o objeto só pela mediação de um terceiro que o designa como desejável quando

---

[1] Na história das interpretações de Édipo, podemos contrapor três que provavelmente são as mais interessantes. Inicialmente, há a interpretação psicanalítica que nos fornece Freud, depois, a interpretação mimética que propõe René Girard; mas também podemos consultar a interpretação original feita por Jean-Joseph Goux. Ele lembra, muito justamente, que a primeira morte na narrativa de Sófocles não é Laio, pai de Édipo, mas a Esfinge, que Édipo elimina respondendo à sua questão. Ora, Goux faz que observemos que, na Grécia, uma Esfinge é de fato uma Esfinge. Édipo é, dessa forma e antes de tudo, não aquele que mata seu pai com as próprias mãos, mas aquele que mata um ser feminino com a palavra, com o logos. Cf. Jean-Joseph Goux, *OEdipe Philosophe*. Paris, Aubier, 1990.

o deseja. Assim, podemos concluir que, em um primeiro tempo, as teses girardianas são totalmente conformes às teses freudianas, uma vez que a leitura vulgarizadora e falsa do complexo de Édipo faz da mãe um objeto de desejo do filho pela mediação de um pai-modelo, que é ao mesmo tempo um obstáculo e rival. O pai deseja a mãe, e o filho, tomando-o como modelo, desejaria, por sua vez, a mãe. Essa definição do complexo de Édipo como desejo mimético não é inteiramente ilusória, ela pode, inclusive, ser inferida do texto do próprio Freud: "o menino demonstra um interesse particular por seu pai, ele gostaria de tornar-se como ele, tomar seu lugar *em todos os aspectos* (grifo nosso)".[2] Ora, é preciso concordar que tomar o lugar do pai "em todos os aspectos" deve incitar o filho a tomar seu lugar também ao lado da mãe. O desejo do objeto, que é a mãe, poderia, assim, encontrar sua fonte em um mimetismo relativo aos desejos do pai. Poderíamos, então, acreditar na leitura desse texto, de acordo com o qual o complexo de Édipo psicanalítico se desenvolve ou pode ser interpretado muito precisamente sobre o modelo do conflito mimético. Leitura que apenas seria retomada, muitos anos depois de Freud, por René Girard.

Contudo, uma leitura mais precisa do texto de Freud encontra numerosas dificuldades apresentadas por essa conclusão. É sem dúvida que, à leitura dos textos, o conceito de "identificação" com o pai é muito próximo das teorias girardianas do desejo mimético. Com efeito, a identificação não é diferente do fato de se escolher um modelo, de se reconhecer nele, de se colocar em seu lugar. Identificar-se é se dar um modelo: "digamos tranquilamente: ele [filho] toma seu pai como ideal".[3] Essa característica e essa presença do modelo na identificação é ainda mais manifesta assim que se compreende que a identificação não é unicamente

---

[2] Sigmund Freud, *Massenpsychologie und Ich-analyse*, 1921. Tradução para o francês de Pierre Cotet, André Bourguignon, Janine Altounian, Odile Bourguignon e Alain Rauzy, *Psychologie des Foules et Analyse du Moi, 1921, Essais de Psychanalyse*. Paris, Éditions Payot, 1981, p. 167.
[3] Ibidem, p. 167.

ligada à qualidade paterna do pai, mas que ela pode ter como objeto qualquer pessoa que ocupe seu lugar: "essa escolha não é determinada pelas relações familiares; ela pode estar relacionada a qualquer homem que ocupará, ao lado do filho, ao alcance de seu olhar, o lugar normalmente reservado para o pai em nossa sociedade, aquele do modelo".[4] Essa afirmação reforça a leitura mimética dos textos de Freud, uma vez que se vê claramente que aquilo com o que o filho se identifica não é a pessoa do pai, o pai como objeto, mas só seu lugar, sua estrutura paterna tal qual ela existe relativamente aos outros lugares. A identificação, em sua própria estrutura, é, desse modo, mimética. O complexo de Édipo começa, nos textos freudianos, na teoria mimética do desejo pela identificação com o pai, que deveria explicar logicamente o desejo do filho pela mãe, uma vez que sabemos, desde já, que o modelo só pode tornar-se modelo/obstáculo.

Todavia, um outro desejo da criança, desejo que Freud pensa de modo completamente diferente, porá fim à concepção mimética do desejo e, pelo mesmo caminho, à leitura mimética do complexo de Édipo. É esse outro desejo que fundamentará e revelará a diferença essencial que há entre a antropologia freudiana e a girardiana. René Girard reprovará constantemente o fato de a antropologia psicanalítica ter pressentido o caminho do desejo mimético, de ter, de certa maneira, delimitado seu caminho, mas de não a ter usado até suas últimas consequências: "não pretendemos de forma alguma fazer que Freud diga aquilo que jamais disse. Afirmamos, ao contrário, que o caminho do desejo mimético abre-se diante de Freud e ele se recusa a segui-lo".[5] Se Freud tivesse se mantido na primeira leitura do desejo da criança como desejo que advém de uma identificação, ele teria, então, seguido o caminho da teoria do desejo mimético e sua antropologia teria sido muito próxima da que nos propõe René Girard atualmente.

---

[4] René Girard, *La Violence et le Sacré*. Paris, Grasset, 1972, p. 236.
[5] Ibidem, p. 237.

Com efeito, a oposição fundamental entre os dois pensadores torna-se evidente na continuidade do texto de Freud, no momento em que a criança desenvolve de forma autônoma outro desejo, o desejo pela mãe, desejo que não pode de forma alguma ser atribuído a um mimetismo com relação ao pai. Esse desejo, tendo em mente seu caráter de objeto, é, dessa forma, determinado por seu objeto (a mãe) e é primeiro relacionado a um modelo: "simultaneamente à identificação com o pai, *talvez até mesmo anteriormente* (grifo nosso), o menino começou a efetuar um verdadeiro investimento de objeto pela mãe (...)".[6] Nessa afirmação, fica evidente que não é porque a criança imita qualquer um que deseja sua mãe: ele a deseja de maneira autônoma e original. O desejo de objeto pela mãe não pode, então, ser pensado dentro da teoria do desejo mimético, ele inevitavelmente lhe dá um sentido contrário e os dois são radicalmente incompatíveis. Percebemos, pelo texto de Freud, que não é porque a criança tomou o pai como modelo que é possível dizer que ela deseja a mãe. Identificação com o pai e desejo de objeto pela mãe desenvolvem-se cada um de maneira autônoma e, em um primeiro tempo, paralela. Mesmo que mais tarde se encontrem no complexo de Édipo, suas gêneses não estão ligadas de modo causal, um não engendra o outro: não é o fato de seguir o caminho do pai que faz que a criança encontre o da mãe. Podemos, assim, identificar a tensão maior da teoria do desejo nos textos de Freud. De um lado, Freud parece atraído pelo caráter mimético do desejo. É possível constatá-lo todas as vezes que ele analisa os processos de "identificação" e particularmente a identificação com o pai. Mas, imediatamente depois de postular essa ideia, Freud afirma, por outro lado, a existência, e por vezes até mesmo como trazemos à tona no texto precedente, a supremacia do desejo de objeto pela mãe. Enquanto acreditamos que é da identificação com o pai que deriva o desejo pela mãe e, por

---

[6] Sigmund Freud, *Massenpsychologie und Ich-Analyse*, 1921. Tradução para o francês de Pierre Cotet, André Bourguignon, Janine, Altounian, Odile Bourguignon e Alain Rauzy, *Psychologie des Foules et Analyse du Moi, 1921, Essais de Psychanalyse*. Paris, Editions Payot, 1981, p. 167.

isso, encontramos as conclusões da teoria do desejo mimético de René Girard, Freud afirma e postula um desejo de objeto e primeiro pela mãe. Ora, já mostramos como o desejo na teoria mimética não é um desejo pelo objeto, ele não visa a nenhum objeto em particular, o que ele visa é ao outro. Dessa forma, desejo mimético e desejo do objeto coexistem, ainda que dificilmente, nos textos de Freud,[7] como dois polos do pensamento do desejo, mas que devem ser desligados de um ponto de vista causal, pois eles não reagem um ao outro, mesmo quando entram em conflito. Essa separação, essa ruptura binária da teoria dos desejos, é ainda mais explícita no texto *O Eu e o Id*.

Assim, estaríamos enganados se acreditássemos que Freud pode pensar por muito tempo essa coexistência de duas concepções radicalmente diferentes do desejo. A simetria e o paralelismo estabelecido entre esses dois polos dão, pouco a pouco, lugar para uma supremacia do desejo de objeto que se impõe sobre a concepção mimética. As consequências da espiral mimética que analisamos em nosso primeiro capítulo em termos de *feedback* e de autoalimentação estão, no entanto, no coração do complexo de Édipo, como se Freud tivesse dificuldade em se desfazer completamente da concepção mimética do desejo. Só podemos constatar que há um reforço dos desejos nos textos de Freud, mas ele não é oriundo de um contato entre o desejo de objeto pela mãe e a identificação com o pai, é um dado não explicado, que surge do nada: "as duas relações caminham por certo tempo lado a lado, até que os desejos sexuais com relação à mãe tornam-se maiores e, sendo o pai percebido como um obstáculo a esses desejos, aparece o complexo de Édipo".[8] O processo de

---

[7] "A concepção mimética de forma alguma está ausente na obra de Freud, mas ela jamais consegue triunfar; sua influência se exerce no sentido contrário da insistência freudiana a favor de um desejo estritamente de objeto, ou seja, da inclinação libidinosa pela mãe que constitui o outro polo do pensamento freudiano sobre o desejo", René Girard, *La Violence et le Sacré*. Grasset, Paris, 1972, p. 236.

8 Sigmund Freud, *Das Ich und das Es*, 1923. Tradução para o francês por Jean Laplanche, *Le moi et le ça, Essais de Psychanalyse*. Paris, Editions Payot, 1981, p. 244.

crescimento do desejo está, assim, realmente presente nos textos, mas é cego, impensado. Só o mimetismo poderia explicar esse crescimento pelo vaivém incessante entre os desejos do pai e os da criança, e da seguinte forma: quanto mais o pai deseja a mãe, mais a criança a deseja também, e quanto mais a criança deseja a mãe, ainda mais o pai a deseja.

Contudo, enquanto René Girard afirma, de sua parte, que o desejo aumenta pela revelação do modelo em modelo/obstáculo e a formação da espiral do desejo, o desejo pela mãe, em Freud, aumenta por si mesmo, fora de qualquer relação ou contato com a identificação com o pai. Dessa maneira, é preciso inverter a ordem postulada por René Girard para compreender o complexo de Édipo como Freud o pensa. Não é o encontro entre o desejo pela mãe e a identificação com o pai que cria o superenriquecimento do desejo pela mãe. É exatamente ao contrário: é o desenvolvimento autônomo do desejo de objeto pela mãe que impele a criança ao caminho do encontro com o pai. Há, então, no pensamento do desejo freudiano, o infundado, no sentido em que o desejo pela mãe não se fundamenta em nenhuma base teórica, e esse infundado tem como consequência o fato de que o desenvolvimento e o superenriquecimento do desejo pela mãe parecem seguidamente incompreensíveis: "o efeito é mantido, mas ele antecede a causa, o que faz que nem um nem outro não rimem mais com nada".[9] Assim, compreendemos com clareza, com essa argumentação, como procede René Girard. Ele demonstra que a coexistência das duas concepções de desejo em Freud (mimética e de objeto) não pode ser suficiente para engendrar o complexo de Édipo em seu lado conflituoso. E, além disso, ele demonstra como, se nos limitarmos à concepção do desejo mimético (e se Freud tivesse se limitado), o complexo torna-se perfeitamente pensado, e imediatamente é possível dar conta do desejo pela mãe e de seu crescimento, da identificação com o pai e da violência que esse mecanismo gera.

---

[9] René Girard, *La Violence et le Sacré*. Paris, Grasset, 1972, p. 120.

A segunda objeção que René Girard faz ao texto de Freud é com relação ao fato de ele não ter finalmente deixado a filosofia da consciência,[10] da qual permanece prisioneiro, e de encerrar o complexo de Édipo em um círculo vicioso do qual só uma compreensão do desejo a partir do mimetismo permitiria sair. Realmente, para que a criança reprima seu desejo pela mãe, é preciso que sejam unidas duas condições, sem as quais essa repressão é novamente impensável ou, ao menos, misteriosa. Em primeiro lugar, é necessário que a criança tenha consciência desse desejo, que ele possa, para ser reprimido, ser identificado como desejo específico e diferenciado dos outros desejos. Para que a repressão possa ser seletiva, é necessária uma identificação do desejo, uma vez que se vai reprimir esse desejo específico e não todos os desejos; assim, é preciso que haja um meio de diferenciá-lo no fundo de todos os outros desejos. Em seguida, é preciso que esse desejo pela mãe seja pensado como interdito, como proibido. Na realidade, não haveria nenhum interesse em reprimir um desejo que não fosse percebido de certa forma como interdito. Os desejos dos quais eu não percebo o caráter interdito são simplesmente satisfeitos sem nenhum sentimento de culpa, já que a consciência da ruptura de um interdito não existe. Assim, é o conhecimento do interdito do incesto, o reconhecimento do interdito como interdito, assim como a consciência do caráter incestuoso desse desejo que permitem a repressão. O interdito do incesto não pode, então, em nenhum caso ser proveniente da lembrança de um desejo inconsciente reprimido, visto que sua existência é necessária para o próprio movimento da repressão. O interdito não pode provir da repressão já que o próprio movimento de repressão pressupõe um interdito, claramente pensado e identificado como tal. De forma mais genérica, podemos afirmar que a objeção de Girard fundamenta-se sobre o seguinte raciocínio: a lei, provocando e permitindo a repressão,

---

[10] "(...) o que criticamos em Freud, em última análise, é que ele está indefectivelmente ligado, apesar das aparências, a uma filosofia da consciência", ibidem, p. 245.

logicamente não pode ser seu fruto, uma vez que a causa deve preceder a consequência.

Podemos, assim, já pressentir, considerando-se essas conclusões sobre o complexo de Édipo, que estão nos fundamentos de toda a antropologia psicanalítica as dificuldades que Freud enfrentará em seu estudo sobre ela, devido ao desejo de objeto que parasita o sistema freudiano. Estabelecendo um primeiro desejo de objeto, a antropologia psicanalítica não pode remontar até o estado no qual todas as estruturas diferenciadas e diferenciadoras estão ausentes; ela não pode remontar até esse magma indiferenciado dos desejos. O desejo, enquanto desejo pelo objeto, é sempre já pensado por Freud como desejo diferenciado e diferenciador, uma vez que visa a um determinado objeto e não a outro. Visto que o desejo primeiro é um desejo que se estabelece claramente como um desejo "pela" mãe, o objeto desse desejo, por ser desejado à maneira de objeto, deve já ser diferenciado. Para desejar a mãe, é preciso inicialmente identificá-la, reconhecê-la. A estrutura social primeira que a antropologia psicanalítica supôs revelar-nos a gênese já está nos textos de Freud, nem que seja no objeto diferenciado do desejo.

Novamente, torna-se evidente a força da antropologia girardiana que não postula nenhuma estrutura, mas explica o surgimento de todas. Dessa forma, René Girard pontuará apropriadamente na antropologia psicanalítica o fato de que, enquanto tentamos revelar os processos de hominização e de culturalização, isto é, enquanto tentamos explicar a gênese dos diferentes pensamentos em matéria de lugares, de papéis, Freud estabelece de antemão o desejo de uma pessoa que já ocupa um lugar diferenciado. A criança tem de forma originária esse desejo pela pessoa que ocupa o lugar de sua mãe ou por qualquer pessoa que desempenhe esse papel. A manifestação da cultura como manifestação da diferença não pode, assim, ocorrer na antropologia psicanalítica. A cena originária da antropologia psicanalítica é um não acontecimento, uma vez que ela é um não advento da diferença, que está sempre já presente no próprio desejo.

b – Totem e Tabu: o axioma da diferença

A obra antropológica de Freud, *Totem e Tabu*, apenas estende as teses desenvolvidas sobre o complexo de Édipo de outro ponto de vista. Por essa razão, ele desenvolve sua força, mas também suas fraquezas: "Freud se dedica de antemão a tudo aquilo que o livro tem o objetivo de dar conta".[11] Todavia, René Girard analisa com muita atenção as teses de Freud porque elas são o fruto de uma intuição pertinente que poderia ter revelado a teoria do desejo mimético. Freud não encontrou esta teoria, mas, mesmo assim, pressentiu seu poder. Novamente, veremos que Freud estabelece bases sólidas e importantes que poderiam ser as premissas da teoria da violência mimética e do assassinato fundador, mas ele desvia disso no momento em que quer introduzir os postulados da psicanálise na antropologia. Podemos decompor o conjunto da teoria freudiana com relação ao nascimento da humanidade em três pontos. Em primeiro lugar, há a horda selvagem primitiva; em seguida, há a morte do pai; e, por último, em um terceiro momento, os irmãos compreendem o interdito do incesto. Vemos claramente como quase é possível ler nas entrelinhas os três momentos da antropologia fundamental de René Girard: a horda indiferenciada e violenta, a morte em comum e, enfim, o retorno à paz e a restauração da diferença. Para compreender com clareza em que René Girard irá se opor a Freud, é preciso que tracemos, rapidamente, o caminho do pensamento freudiano com relação ao interdito do incesto nos povos primitivos.

O ponto de partida é a ideia darwinista da "horda selvagem", que supõe representar a humanidade em seu estado mais primitivo. Essa horda é um grupo de seres pré-humanos, controlados por um macho dominante que conseguiu impor seu poder sobre todos os outros. Ele é cercado por seus filhos assim como por mulheres cujo acesso é proibido por ciúme.[12] Os filhos jovens, tendo lutado

---

[11] René Girard, *La Violence et le Sacré*. Paris, Grasset, 1972, p. 265.
[12] "(...) Darwin concluiu que o homem, ele também, viveu primitivamente em pequenas hordas, nas quais o ciúme do macho mais velho e mais forte impedia a promiscuidade

contra o pai para ter acesso às mulheres, são então expulsos do clã ou mortos. Cada um deles reproduzirá, por sua vez, em seu próprio clã, o esquema do clã paterno no seio de outro grupo do qual ele será o criador e o macho dominante; existirá, assim, uma perpetuação do interdito do incesto pela reprodução de um esquema primeiro. O esquema não incestuoso criado pelo ciúme do pai se reproduzirá de maneira idêntica pelo ciúme dos filhos. Freud não aceita as conclusões dessa hipótese darwiniana, mas aceita a ideia como hipótese de partida. O interdito do incesto irá derivar, portanto, de uma situação que provém da hipótese darwinista. Entre a horda selvagem e o interdito do incesto falta a Darwin uma etapa que é a verdadeira criação de Freud, o assassinato coletivo: "(...) um dia, os irmãos expulsos se reuniram, mataram e comeram o pai, o que pôs fim à existência da horda paterna".[13] Em face dessa nova situação, os filhos se reuniram e constataram que a morte do pai havia tornado possíveis as lutas pelas mulheres e, como seus resultados eram incertos, isso ia colocar a comunidade em perigo, já que nenhum entre eles era poderoso o suficiente para tomar o lugar antes ocupado pelo pai. Dessa maneira, à violência de todos os filhos contra o pai segue-se a violência entre irmãos pela posse das mulheres: "assim, os irmãos, se desejam viver juntos, tinham só uma escolha a fazer (...) instituir a interdição do incesto, pelo qual todos renunciavam à possessão das mulheres cobiçadas (...)".[14] O problema fundamental surge, então, desde a hipótese fundadora. Freud tenta, ao longo de *Totem e Tabu*, dar conta do nascimento da proibição do incesto assimilando-o a uma proibição totêmica, relativa ao clã. Ora, a hipótese fundadora da horda selvagem já proíbe o incesto; o pai, desde a hipótese da horda selvagem, já interditou aos filhos qualquer relação sexual com as mulheres, e esse é exatamente o ponto de partida do conflito entre eles. Consequentemente, com o que se deve demonstrar a emergência, as

---

sexual", Sigmund Freud, *Totem und Tabu*, 1912-1913. Tradução para o francês de Serge Jankélévitch. 1923, 1965. Paris, Editions Payot, p. 189.
[13] Ibidem, p. 212.
[14] Ibidem, p. 216.

estruturas que Freud deveria pensar a emergência já estão presentes na hipótese, não apenas potencialmente, mas mesmo em ato. Foi por essa razão que Claude Lévi-Strauss pôde ver nesse estudo "um círculo vicioso que provoca o nascimento do Estado social dos pensamentos que o supõem".[15] Já podemos ver claramente como o interdito do incesto provém, no fim, de uma situação criada pela proibição do próprio incesto, como se o interdito proviesse dele mesmo em uma circularidade problemática. Se o pai não tivesse interditado as mulheres aos filhos desde o início, desde a hipótese da horda, o esquema freudiano e seus argumentos não poderiam ser estabelecidos. A primeira objeção girardiana à antropologia psicanalítica é que ela parece sempre descobrir, finalmente, o que ela começou a estabelecer como primeiro axioma.

A segunda objeção é com relação à indiferenciação necessária da primeira etapa da humanidade. A hipótese freudiana supõe sempre um sistema de significações preexistente que deveria, entretanto, explicar a origem. Freud usa duas diferenciações pré-culturais e extrai delas, paradoxalmente, a Cultura. A Cultura como sistema de diferenciação também provém de um sistema que já conhece diferenças. Inicialmente, há a existência do pai, que é explicitamente identificado, desde a horda originária, como tal. Acreditamos que podemos dar conta desse problema paternal com a ajuda de nossas análises precedentes sobre o desejo. Com efeito, por que Freud estabelece a existência do pai desde o início das suas análises? Isso é explicado pelo fato de que os filhos não podem desejar com o desejo de objeto unicamente alguém que eles pensam ser a mãe. Dessa forma, é novamente o desejo de objeto que leva a antropologia psicanalítica a muitos problemas. Já que os filhos desejam de forma originária a mãe, só a pessoa que ocupa o lugar do pai pode estar em seu caminho, e a violência só pode nascer do confronto com um mediador, que deve ser o pai. Como explicamos anteriormente, em Freud é o crescimento do desejo pela mãe que leva ao encontro

---

[15] Claude Lévi-Strauss, *Les Structures Élémentaires de la Parenté*. Paris, PUF, 1949.

dos desejos do pai, e não o contrário. Mesmo que seja a significação paterna que impede Freud de ver que o assassinato fundador de todas as significações é aquele de uma vítima emissária e não de um indivíduo diferenciado em pai, é preciso, contudo, notar que a significação paternal não é realmente a primeira, mas aquela dada à mãe pelo desejo de objeto. Eu reconheço o pai porque a pessoa que está no caminho de meu desejo de objeto pela minha mãe não pode ser outro que não meu pai. Portanto, René Girard tem razão quando vê que é a significação paterna que coloca os maiores problemas às teses de *Totem e Tabu*,[16] mas ele não assinala que essa significação está ela mesma fundamentada pelo desejo do objeto que surge como mecanismo significante primeiro na psicanálise, identificando, antes de tudo, a mãe. A primeira diferença que surge antes do assassinato e parasita a antropologia freudiana é, portanto, a da mãe, oriunda do desejo do objeto pela mãe enquanto mãe. Dessa forma, é exatamente o caráter objetal do desejo que conduz, *in fine*, à impossibilidade de uma antropologia psicanalítica. Enquanto nos textos de René Girard só o assassinato coletivo pode criar um primeiro significante e, em seguida, um sistema de diferenças, na psicanálise freudiana esse processo é incumbência do desejo da criança pela mãe (como objeto).[17]

A segunda diferença pré-cultural empregada por Freud é aquela que dá lugar ao entendimento, a saber, o grupo de irmãos. Novamente, essa identidade dos irmãos como irmãos apenas pode advir de uma diferenciação com relação àqueles que são pensados como "não irmãos". É, mais uma vez, a diferença que fundamenta a identidade: os irmãos apenas são irmãos com relação a outros indivíduos que devem ser pensados como "não irmãos" ou os

---

[16] "O obstáculo maior é, antes de tudo, a significação paterna que contamina a descoberta essencial e transforma o assassinato coletivo em parricídio", René Girard, *La Violence et le Sacré*. Paris, Grasset, 1972, p. 288.

[17] "Se Freud renunciasse às razões e significações que antecedem o parricídio e buscam motivá-lo, se fizesse *tabula rasa* do sentido, até mesmo e sobretudo psicanalítico, ele veria que a violência é gratuita, veria que não há nada, efetivamente significação, que não seja proveniente do próprio assassinato", René Girard, idem, p. 294.

"outros além dos irmãos". É porque seu grupo é diferente dos outros que ele pode existir como grupo. Mas os irmãos não são unidos, como poderia ser em René Girard, pela violência comum com relação ao pai. Os filhos estão unidos antes mesmo do assassinato, e à medida que todos são filhos desse pai, eles já pensam em si mesmos como grupo: "enfim, para que os filhos se reúnam, eles devem ser capazes de se identificar como grupo, identificação que é inconcebível na falta de um sistema de representação e, consequentemente, da cultura humana".[18] O assassinato não constitui a fronteira do grupo e não lhe permite formar-se delimitando o que é externo ou interno. Pelo contrário, se o assassinato comum traz a significação do parricídio, é justamente porque o grupo já se delimitou de antemão como "grupo de irmãos". O problema fraterno é, portanto, o mesmo que o problema paterno. Nos dois casos, há sempre um sistema de significação que precede a ação que se supõe criadora de toda significação. É esse obstáculo que a teoria girardiana evita, já que "a rivalidade mimética não se preocupa com a identidade dos doentes que ela contamina".[19] A rivalidade mimética não postula diferenças, uma vez que ela fundamenta todas as diferenças e, dessa forma, todas as identidades, ao passo que nos textos freudianos só um sistema de significações originário permite explicar o fato de que o assassinato coletivo tome a forma muito precisa de um parricídio.

A leitura girardiana da antropologia psicanalítica é, portanto, dividida. De um lado, René Girard credita a Freud a paternidade de uma ideia essencial: "o assassinato coletivo pertence realmente a Freud"[20] e, por isso, Freud poderia ter escapado da ideia contratualista de um acordo entre irmãos ou de um entendimento que pusesse fim à violência. A antropologia psicanalítica está no caminho

---

[18] Eric Gans, *Freud's Originary Parricide*, Chronicles of Love and Resentment, n. 236, Los Angeles, maio 2011, p. 2.
[19] François Lagarde, *René Girard ou la Christianisation des Sciences Humaines*. Nova York, Peter Lang, 1994, p. 56.
[20] René Girard, *La Violence et le Sacré*. Paris, Grasset, 1972, p. 266.

da violência unânime que põe fim à violência. Mas, por outro lado, tudo o que se supõe ser produzido pelo assassinato coletivo já está lá. Nem o interdito do incesto nem o sistema de significação têm origem nesse assassinato, portanto, ele é, estritamente falando, inútil: "o assassinato realmente existe, mas não serve para nada".[21] Conforme vimos, na antropologia girardiana, pelo contrário, o interdito não antecede o assassinato, mas provém dele. Ele tem o objetivo de proscrever a indiferenciação que, outrora, possibilitou a violência intestina. Depois da violência mimética e dos perigos que ela traz para a comunidade, o interdito terá como função não permitir que se reproduzam situações indiferenciadas, condições do desencadeamento da violência no grupo. O interdito é, portanto, na antropologia de René Girard antimimético, pela lembrança do caráter mimético da violência.

O pensamento do interdito na antropologia girardiana faz deste um vetor da diferença, um remédio contra o vírus contagioso da indiferença. Como os homens têm a lembrança da violência criada pela crise mimética e todo o grupo procura limitá-la, é preciso estabelecer interditos onde a violência tem mais risco de se manifestar, ou seja, em todas as situações indiferenciadoras: "E com a violência efetiva, são todas as situações de violência que são interditadas (...)".[22] Todo interdito é, enfim, interdito de violência ou de uma situação da qual a violência poderia emergir, isto é, interdito da indiferença, da mesmidade *mêmeté*.[23] Os interditos sempre se apoiam, na realidade, em situações que poderiam destruir as estruturas culturais diferenciadoras. Esse fato explica os interditos de repetições, cópias e espelhos nas culturas primitivas. As narrativas etnológicas mencionam um grande número de culturas em que a

---

[21] Ibidem.
[22] René Girard, *Des Choses Cachées Depuis la Fondation du Monde*. Paris, Grasset, 1978, p. 19.
[23] Segundo o *Dictionnaire de la Langue Française*, de Émile Littré, a palavra *mêmeté* (derivada de *même*, que significa "mesmo") é um termo proposto por Voltaire em seu *Dictionnaire philosophique* (1764) para substituir a palavra *identité* ("identidade"), mas que não foi acolhido. Paul Ricoeur, mais tarde, faz uso do termo em um sentido mais amplo. (N. T.)

simples evocação dos nomes próprios é interditada, pois estes substituem as pessoas nomeadas: tornando-as presentes mesmo em sua ausência, os nomes já são quase seus duplos. René Girard destaca justamente, enfim, a desconfiança que existe dos gêmeos, que são como o surgimento do duplo onde se esperava a unidade. Assim, o interdito é um dado que nos indica o nível de identidade que cada grupo humano é capaz de assumir.

Decerto, é verdade que cada cultura pode tolerar um nível diferente de identidade, mais ou menos elevado; toleramos facilmente os gêmeos porque eles ainda são um pouco diferentes, mas o que dizer dos clones? No entanto, nenhuma cultura pode se abster de uma reflexão sobre a expulsão e a desconfiança do "mesmo". Se, como afirma René Girard, a cultura é um sistema organizado de diferenças,[24] não é possível haver cultura que não crie meios de velar para que essas diferenças sejam mantidas. Já que a identidade repousa sempre sobre a diferença, essa diferença não pode ser apagada sem levar com ela qualquer possibilidade de cultura humana e, por isso, um retorno à barbárie e à violência de todos contra todos. Interditar é sempre prevenir a indiferença, porque é muito mais recorrente do que se pensa interditar fazer "como". Essa definição girardiana do interdito permite um novo olhar sobre o interdito mais fundamental do ponto de vista da antropologia: o interdito do incesto. Ao contrário do pensamento de Lévi-Strauss, para quem o interdito do incesto responde a uma vontade positiva da troca, à necessidade de abrir o grupo para o externo, ou ao contrário do pensamento de Freud, para quem o interdito é uma repetição de um esquema inconsciente, nos textos de René Girard, esse interdito responde a um temor da indiferença como lembrança de uma violência passada. Permitir o incesto seria voltar a negar a diferença mais originária dos gru-

---

[24] "Essa ordem cultural, na realidade, nada mais é do que um sistema organizado de diferenças; são os desvios diferenciais que dão aos indivíduos sua identidade, que permitem que se situem com relação aos outros", René Girard, *La Violence et le Sacré*. Paris, Grasset, 1972, p. 76-77.

pos humanos e abrir a possibilidade para neles surgir a violência. A violência da indiferença poderia, portanto, facilmente criar um caminho, já que o incesto não é nada além, no fundo, que a indiferenciação do sangue, a negação das categorias "mesmo" e "outro" nas relações sanguíneas.

Vimos, ao longo desta parte, por que René Girard se opõe à análise da antropologia psicanalítica de Freud. Podemos dizer que, enquanto Freud permanece prisioneiro de um pensamento do indivíduo, René Girard propõe uma teoria do *interindivíduo*. Deve-se compreender por esse conceito um indivíduo que vê incessantemente sua particularidade se dissolver nas relações com o outro, relações essas que são as únicas que podem constituí-lo e defini-lo, individualizá-lo diferenciando-o. Com efeito, as análises de Freud parecem incapazes de dar conta do nascimento dos interditos e muito particularmente do interdito do incesto, uma vez que o postula sem parar. Enquanto na teoria girardiana o incesto é pensado como um excesso de mesmo, na psicanálise freudiana ele é pensado como uma aproximação da criança com esse lugar particular e diferenciado, que é o da mãe. Contudo, demonstramos como as divergências antropológicas não devem ser procuradas em *Totem e Tabu* e no *corpus* antropológico de Freud propriamente dito, mas, pelo contrário, nas análises freudianas muito mais essenciais sobre o conceito de desejo. As oposições sobre a área da antropologia são, desse modo, apenas o reflexo de duas concepções do desejo: de objeto e mimético. Pareceu-nos que a superioridade da hipótese do desejo mimético estava em não postular sistema de significação anterior ao assassinato. A antropologia girardiana é, portanto, a única a poder dar conta dos processos de hominização como produção de um sistema de significações pelo surgimento da diferença: "Se eu me permito falar de gênese da cultura é porque a crise mimética apaga todas as significações que obstruem a tese de Freud *antes do assassinato coletivo*".[25]

---

[25] René Girard, *Aquele por quem o Escândalo vem*. Trad. Carlos Nougué. São Paulo, Editora É, 2011, p. 172 (livro publicado na Biblioteca René Girard).

II. A interpretação dos mitos e a rejeição da antropologia estrutural de Lévi-Strauss

a. O empobrecimento mitológico do Ser na antropologia de Claude Lévi-Strauss

A interpretação dos mitos possibilita várias análises da obra de Lévi-Strauss. Uma das mais célebres é, sem dúvida, a análise do mito de Édipo em *A antropologia estrutural*,[26] tanto que ele desfruta de um *status* privilegiado de arquimito. O mito é, então, definido na obra como aquele que permite criar um elo entre os contrários dificilmente conciliáveis na realidade, e os heróis são retratados como os mediadores entre duas propostas contrárias.[27] Todavia, René Girard não entra em debate com essa teoria, mas com a ideia que é compreendida como a tese final de Claude Lévi-Strauss sobre os mitos. Ela surge em *Totemismo Hoje* e é desenvolvida mais tarde ao longo dos quatro tomos de *Mitológicas*. A fim de compreender, pela mediação de uma oposição às teorias de Lévi-Strauss, a explicação girardiana da mitologia, focaremos em *Totemismo Hoje* e, mais precisamente, em dois mitos, Ojíbua[28] e Tikopia,[29] estudados na obra. Reproduzimos os mitos, pois serão necessários ao longo da refutação girardiana da leitura estruturalista dos mitos. Mesmo que provenientes de duas regiões geograficamente bastante distantes, o norte dos grandes lagos americanos para os índios Ojíbua e o oceano Pacífico para os Tikopia, Claude Lévi-Strauss aproxima esses os mitos em sua estrutura.

---

[26] Claude Lévi-Strauss, "*La Structure des Mythes*". In: *Antropologie Structurale*. Paris, Plon, 1958; Paris, Agora Pocket, 1985, p. 235-65.
[27] "Ele (o mito de Édipo) expressaria a impossibilidade onde está uma sociedade que professa crer na autoctonia do homem de passar dessa teoria ao reconhecimento do fato de que cada um de nós é realmente nascido da união de um homem e de uma mulher. Claude Lévi-Strauss, idem, p. 248.
[28] Esse mito é extraído da obra de William W. Warren, *History of Ojibwas*, Minnesota Historical Collections. Saint-Paul, vol. 5, 1885, p. 43-44.
[29] Esse mito é extraído da obra de Raymond Firth, *Totemism in Polynesia*, Oceania, vol. 1, n. 3 e 4, 1930-1931, p. 296.

O mito Ojíbua:

> Um mito conta que os cinco clãs "primitivos" remontam a seis seres sobrenaturais antropomórficos, que vieram do oceano para se misturar aos homens. Um deles tinha os olhos vendados e não ousava olhar para os índios, mesmo que parecesse ter grande vontade. Incapaz de se controlar, ele tirou, enfim, seu véu, e seu olhar pousou sobre um homem que morreu imediatamente, como que fulminado; pois, apesar da disposição amistosa do visitante, seu olhar era forte demais. Seus companheiros obrigaram-no, então, a voltar para o fundo do mar. Os outros cinco ficaram entre os índios e lhe deram muitas bênçãos. Eles estão na origem dos grandes clãs ou totens: peixe, grou, mergulhão, urso, alce ou marta.[30]

O segundo mito é dos Tikopia:

> Há muito tempo, os deuses não se distinguiam dos homens e eram, na terra, os representantes diretos dos clãs. Um dia, um deus estrangeiro, Tikarau, veio visitar a comunidade, e os deuses do país lhe prepararam um maravilhoso festim; mas, antes, eles organizaram provas de força e de velocidade para se compararem a seu convidado. No meio da corrida, o deus estrangeiro fingiu tropeçar e disse que havia se machucado. Mas, embora ele fingisse que mancava, saltou na comida e levou-a para as colinas. A família dos deuses lançou-se em sua perseguição; dessa

---

[30] Claude Lévi-Strauss, *Le Totémisme Aujourd'hui*. Paris, PUF, 1962, 2002, p. 31.

vez, Tikarau realmente caiu, de maneira que os deuses puderam recuperá-la: um pegou um coco, outro, um taro e, o terceiro, uma fruta-pão e, os últimos, um inhame. Tikarau conseguiu voltar para o céu com a comida do festim, mas esses quatro vegetais haviam sido salvos para os homens.[31]

Contrariamente à interpretação do mito de Édipo como possibilidade de estabelecer uma ponte entre os contrários dificilmente conciliáveis no real, esses mitos são objeto de uma interpretação topológica. A tese principal de Claude Lévi-Strauss é de que o mito pode, sozinho, dar conta da possibilidade do nascimento do "pensamento selvagem", abrindo o campo e o espaço necessários para a formação de um sistema de significações, entendido aqui como um sistema de diferenciação. O ponto de partida da reflexão de Lévi-Strauss é o surgimento de duas invariantes nos mitos Ojíbua e Tikopia. Em primeiro lugar, ele destaca a "(...) oposição entre uma conduta individual e uma conduta coletiva (...)".[32] A uma primeira conduta de um dos personagens responde sempre uma ação de toda a comunidade: elas se respondem como ação e reação. Essa primeira similitude possibilita uma segunda semelhança: nos dois casos, a conduta individual é "qualificada negativamente, e a segunda [a conduta coletiva], positivamente, com relação ao totemismo".[33] Em cada um dos mitos, a ação individual é um assassinato ou um roubo; enquanto as ações coletivas, que são o retorno forçado ao fundo do oceano e a perseguição de Tikarau, não só permitem, mas criam diferentes totens. As ações coletivas participam, assim, plenamente da criação dos totens, e é nesse sentido que são positivas. É preciso, portanto, concordar que cada um dos mitos estabelece a criação das categorias totemistas como o resultado ou a reação de uma ação coletiva sobre e contra uma ação individual.

---

[31] Ibidem, p. 40.
[32] Ibidem, p. 40.
[33] Ibidem, p. 40.

Há, então, uma capacidade criadora e diferenciadora da ação coletiva e isso é, também, uma invariável da mitologia. Com efeito, essa capacidade da ação coletiva vem do fato de que ela é sempre uma eliminação; o próprio das ações coletivas nesses dois mitos é que eles eliminam um dos elementos do mito: "Nos dois casos, o totemismo como sistema é introduzido como *aquilo que resta* de uma totalidade empobrecida (...)".[34] A diferenciação totêmica provém, dessa maneira, da eliminação de um dos elementos do mito. Por isso, podemos dizer que o sistema totêmico não é nem mais, nem menos que o sistema pré-totêmico. O gesto do mito é introduzir espaço, uma casa vazia, no seio de um *plenum* de ser originário, que, sendo totalmente indiferenciado, não pode entrar em um sistema de significações. Pela eliminação, o mito resolve, assim, o problema da passagem do indiferenciado ao diferenciado, que é a única que permite a emergência do sentido. Podemos facilmente compreender essa possibilidade da significação para o empreendimento estruturalista assim que lembrarmos que o estruturalismo rejeita os átomos significantes e estabelece que só há significação pela mediação de relações entre átomos. Dessa maneira, o sentido não provém do átomo, mas da relação. Toda significação supõe, portanto, um sistema de significações no qual possam existir locais significantes, lugares de significação. É impossível significar sozinho, significar já é sempre "significar para", a significação está sempre ligada a uma rede de significações. Para que esse sistema possa emergir, é preciso, portanto, que haja local para o movimento pensado em termos de diferenciações: "(...) os termos do sistema só valem se são *afastados* uns dos outros, já que permanecem sozinhos para abastecer um campo semântico primitivamente mais bem preenchido e onde a descontinuidade se introduziu".[35]

Aparece, assim, claramente como a descontinuidade é a condição de possibilidade de todo sistema significante e, portanto, no estruturalismo de Claude Lévi-Strauss, de toda significação.

---

[34] Ibidem, p. 41.
[35] Ibidem, 1962, 2002.

É porque toda significação deve estar ligada a um sistema, a uma rede, que a antropologia estrutural de Claude Lévi-Strauss deve inserir espaço no interior do mito. Essas conclusões surgem novamente em *O Pensamento Selvagem*: "a única realidade do sistema consiste em uma rede de afastamentos diferenciais entre termos estabelecidos como descontínuos".[36] Assim, o mito só apresenta espacialmente um processo que se desenrolou no plano da lógica; seu papel é, portanto, aquele da espacialização da diferença pela ruptura do pleno do ser originário. Essa ruptura, sobre o plano espacial do mito, só pode surgir como eliminação de um dos elementos do mito: "em qualquer caso, essa descontinuidade é obtida pela eliminação radical de certas frações do contínuo".[37] Dessa forma, vemos como a análise dos mitos que Claude Lévi-Strauss apresenta se estabelece unicamente no plano da lógica do "pensamento selvagem" e pretende dar conta de seu nascimento graças à imposição de descontinuidade na continuidade originária por um fenômeno de subtração. O que é apresentado pelo mito como uma eliminação real é, na realidade, uma representação da operação lógica que engendrou a possibilidade de um pensamento humano, ou seja, um pensamento da diferença.

b. As deficiências do estruturalismo: a diferença antes do assassinato

Mesmo que a leitura de Claude Lévi-Strauss abra caminho para um estudo científico dos mitos, procurando se libertar das invariáveis e explicar seus fundamentos, e mesmo que esse estudo esteja na origem do interesse de René Girard sobre os mitos,[38] ele ataca a

---

[36] Claude Lévi-Strauss, *La Pensée Sauvage*. Paris, Plon, 1962, p. 296.
[37] Claude Lévi-Strauss, *Le Cru et le Cuit, Mythologiques I*. Paris, Plon, 1964, p. 60.
[38] "A obra-prima do gênero, aos meus olhos, é o meu velho *Pensamento Selvagem*, da Plon, que conservo cuidadosamente. Se falo desses livros como obras de arte, não é para depreciar-lhe o conteúdo, naturalmente. Seu autor me ensinou a pensar em termos de *diferença*, num sentido que se difundiu bastante desde então, mas que é antes de tudo dele." René Girard, *Aquele por quem o Escândalo vem*. Trad. Carlos Nougué. São Paulo, Editora É, 2011, p. 163 (livro publicado na Biblioteca René Girard).

mitologia estruturalista. De qualquer modo, o ataque repercute em diversos níveis. Podemos resumi-lo desta maneira: estabelecendo-se unicamente no terreno da lógica e da criação da diferença no mundo do pensamento, a mitologia estruturalista esqueceu o plano da realidade, o que a priva da inteligibilidade de numerosos fenômenos e, *in fine*, de uma teoria geral dos mitos. Acreditando que o mito só representa um processo lógico, os estruturalistas se privam de um acesso à realidade do mito. Além da diferença lógica, é preciso abrir espaço para uma diferença social. Numerosas invariáveis não podem ser explicadas pelo sistema de Claude Lévi-Strauss, ao passo que todas podem ser integradas ao pensamento girardiano. Como Girard se opõe às teorias de Freud, encontramos aqui o mesmo gesto de denúncia da deficiência do caráter explicativo das teses estruturalistas. Girard demonstrará como sua teoria permite explicar não apenas tudo o que explica a teoria estruturalista, mas, além disso, alguns elementos suplementares de que Lévi-Strauss não pôde dar conta. Iremos, agora, analisar as objeções girardianas ao pensamento de Lévi-Strauss, antes de, na nossa terceira parte, resolver essas objeções com ajuda da interpretação girardiana dos mitos.

O primeiro ponto que René Girard critica é um ponto destacado pelo próprio Lévi-Strauss: o fato de que cada mito menciona a eliminação de um de seus elementos. Em vez de negar essa eliminação, René Girard mostra, pelo contrário, como essa invariável está efetivamente nos mitos que Lévi-Strauss menciona, e também Frazer, e até mesmo nas tragédias gregas. Essa eliminação parece ser uma invariável das narrativas humanas, que vai muito além dos mitos. Contudo, se a eliminação radical pretende explicar a causa dessa eliminação, ou seja, a liberação do espaço, a criação do jogo entre as diferentes peças do mito, ela se revela incapaz de explicar a forma que ela toma. Todas as vezes, essa eliminação toma a forma de um assassinato. Recusando a realidade daquilo que o mito descreve, os estruturalistas não podem explicar o fato de que a invariável é também de conteúdo, além de forma. Decerto, há uma eliminação de um dos elementos do mito, mas mesmo a forma dessa eliminação possibilita semelhanças. Quem quer que recuse essa objeção invocando um realismo forte demais da leitura girardiana dos mitos encontra-se na obrigação de afirmar que o mito de Édipo seria o mesmo se Laio não tivesse morrido pelas mãos de Édipo, mas depois de um acidente ou com a idade avançada. Com efeito, se fosse esse o caso, obrigamo-nos a reconhecer que, apesar disso, ele morreria, liberando assim tanto espaço quanto pode um assassinato. Ou, ainda, seria preciso afirmar que Penteu também poderia ter morrido em seu palácio e não pelas mãos de sua mãe Agave, sem que isso mudasse no que quer que fosse a intenção nem o final de *As Bacantes*. A lógica que os estruturalistas apresentam em nenhum caso pode ser suficiente para explicar por que a eliminação toma de forma quase sistemática a forma de um assassinato.[39] Nessa situação, encontramos, novamente, os dois níveis de leitura. Do ponto de vista externo, certamente o assassinato também é criador de espaço e de jogo entre os elementos que seriam um acidente ou um suicídio. Logicamente, a distinção não é necessária. Mas, assim que mergulhamos no nível interno do mito, aquele no qual os indivíduos agem, vemos claramente que a eliminação pelo assassinato é radicalmente distinta de uma morte natural ou pelo suicídio, enquanto ela implica a intenção de matar. Dessa maneira, será preciso que demonstremos como e por que o sistema girardiano dá conta da regularidade da eliminação, mas, ao mesmo tempo, também daquela da forma que ela toma: o assassinato.

A segunda invariável produzida por Claude Lévi-Strauss também traz problemas ao estruturalismo. Sem dúvida, há uma conduta coletiva qualificada positivamente que dá sequência a uma conduta individual qualificada negativamente, mas o estruturalismo nunca

---

[39] Ora, exceto em um sistema totalmente espinosista que estabelece a morte como radicalmente exterior à vida, morrer e ser morto podem ser reduzidos a uma mesma análise e a um mesmo movimento. Provavelmente, só os textos de Espinosa trazem a ideia de que toda morte, mesmo a que seria o resultado de um suicídio, deve ser pensada pelo modelo do assassinato, do homicídio. E porque minha individuação, ou minha relação individualizante, pode ser desfeita apenas pelo encontro com um poder superior ao meu e, assim, forçosamente exterior a ela. Repetimos: só um sistema espinosista pode reduzir a morte ao assassinato.

pôde explicar isso. De fato, se a única dificuldade apresentada é de um excesso de seres, não podemos compreender por que o elemento eliminado é objeto de uma conotação negativa, por que aparece sempre desde o primeiro momento colocando em perigo a própria natureza da comunidade? Por que se deve eliminar Édipo, previamente acusado de incesto e parricídio, e não qualquer outro grego habitante de Tebas que deixaria, de fato, o mesmo lugar vazio, o mesmo nada no coração do sistema? Se a eliminação é apenas um processo lógico, como explicar o fato de que é sempre precedida de uma transgressão que possibilita uma acusação e que essa acusação ameaça a própria existência da comunidade? Como vimos no segundo capítulo, a especificidade das acusações de parricídio, fratricídio, incesto, regicídio torna-se inexplicável se nos mantemos só no plano lógico. Lembremo-nos de que os deuses expulsos nos mitos Ojíbua e Tikopia são um assassino e um ladrão, e é preciso compreender que essas duas determinações são essenciais. O mesmo acontece com Édipo, que comete um parricídio e o incesto ou, ainda, com Penteu, que vai espiar as bacantes como o olho malvado de quem espera o proibido.

Somos levados a reconhecer, com René Girard, que o elemento eliminado jamais é socialmente neutro. Estabelecendo um excesso de distância entre a lógica e o social, Lévi-Strauss não consegue explicar os elementos que têm diferenças de repercussões sociais nos mitos e que não podem, assim, ser de maneira alguma detalhes ou elementos secundários dos mitos. A identidade lógica que estabelece o estruturalismo oculta a diferença das consequências no plano social. Ele não pode mais explicar por que: "a ação negativamente qualificada consiste, de fato, em uma suposta ameaça ou em um suposto crime que o assassinato coletivo está destinado a rejeitar ou a punir".[40]

---

[40] René Girard, *Violence and Representation in the Mythical Text, to Double Business Bound*. Baltimore, The John Hopkins University Press, 1978, p. 184. Tradução para o francês de Bee Formentelli, "*Violence et Représentation dans le Texte Mystique*", *La Voix Méconnue du Réel*. Paris, Grasset, 2002, p. 38.

Claude Lévi-Strauss, afirmando que a diferenciação emana de uma eliminação radical de um dos elementos do mito, deve ter tomado como ponto de partida uma totalidade originária una e plena, na qual falta espaço. Contudo, podemos objetar o fato de que, nos dois mitos apresentados pelo autor, os fragmentos eliminados são elementos estrangeiros, relacionados ao grupo, sobrepostos.

Os deuses eliminados não pertencem imediatamente à comunidade, o mito os apresenta sempre como vindos do exterior, no máximo como fragmentos relacionados ao grupo. Temos, dessa maneira, o direito de perguntar em que medida a eliminação de um fragmento não pertencente à comunidade pode criar um espaço nela e, sobretudo, por que adicionar um fragmento ao grupo com o único objetivo de suprimi-lo? Logicamente, isso parece quase incompreensível e, socialmente, o é. A subtração de um estrangeiro pode romper a totalidade da comunidade, mesmo que ele não ocupe espaço previamente? Muitas vezes é difícil determinar se o fragmento eliminado pertence ou não à totalidade originária. Nesse aspecto o caso de Édipo é paradigmático. Sabemos que Édipo é fruto do amor de dois habitantes de Tebas, assim, ele pertence de pleno direito à comunidade: pertence a ela tanto pelo sangue quanto pelo solo. Todavia, obrigamo-nos a constatar que é na qualidade de estrangeiro que ele vem à cidade reinar, depois de uma primeira expulsão. Édipo pensa ser de Corinto e é por isso que ele foi a Tebas,[41] para escapar de seu destino que acreditava estar inexoravelmente ligado a Corinto. Seu *status* de estrangeiro não é motivo de dúvida para si nem para os habitantes de Tebas. Frequentemente é difícil determinar o grau de pertencimento de um fragmento à totalidade originária. Mais uma vez, a teoria de Claude Lévi-Strauss tropeça naquilo que nomeamos, com Lucien Scubla, no segundo capítulo, de "sinais vitimários", que são sempre portadores de diferença. Assim, o estruturalismo explica

---

[41] "De nenhuma maneira. Loxias me disse outrora que ia deitar no leito de minha mãe e derramar com minhas mãos o sangue de meu pai. É por isso que, há muito tempo, estabeleci-me longe de Corinto – para minha felicidade, sem dúvida, embora seja bom ver os olhos de seus pais", Sófocles, *Edipe Roi*, 990-1000. Paris, Les Belles Lettres, 1998, 2002, p. 75.

muito bem as coisas do exterior, mas se revela incapaz de dar conta do *motor da ação* de um ponto de vista interno. Por que um assassinato em vez de qualquer outra forma de eliminação? Por que determinado elemento é suprimido em vez de outro? Por que sempre um elemento à margem da comunidade? Só a dupla leitura girardiana permite compreender as intenções dos indivíduos no momento em que agem e, ao mesmo tempo, a figura do coletivo do qual participam da construção mesmo sem saber.

Vemos, então, que a interpretação topológica se priva da especificidade, ou seja, da diferença da vítima. René Girard vê nisso, com razão, uma contradição[42] no sistema de Claude Lévi-Strauss. Por um lado, o fragmento a eliminar, já que deve apenas liberar qualquer espaço, salvo a postular que um determinado fragmento possa ter mais peso ontológico que um outro. Não importa que esse elemento seja um filho ou uma mãe, um criminoso ou um juiz, já que seu desaparecimento, sua subtração, justifica a existência do mito. Mas, paralelamente a isso, é preciso perceber que, nos mitos, o fragmento eliminado não é qualquer um, ele é diferenciado pela sua culpa, por sua marginalidade. Os deuses dos dois mitos, Ojíbua e Tikopia, Édipo e Penteu, são diferenciados por pretensa sua culpa; na lógica interna do mito, eles não são expulsos de forma aleatória, são escolhidos pelos protagonistas dos mitos porque são percebidos como seres diferentes. A expulsão aleatória, seja a estabelecida por Claude Lévi-Strauss ou a de René Girard, nunca aparece dessa maneira aos olhos dos protagonistas do mito. Então, encontramos aqui, no núcleo da teoria geral dos mitos, a dificuldade com a qual já deparamos a propósito da dupla leitura necessária à morfogênese da antropologia. Havíamos então demonstrado como uma morfogênese deveria possibilitar uma leitura

---

[42] "Constato, aqui, uma contradição. Por um lado, o fragmento eliminado é o único a ser negativamente qualificado; é, então, o único a ser distinguido. Mas, por outro, ele é absolutamente qualquer um, é qualquer fragmento. Ele é simultaneamente determinado e indeterminado, selecionado ao acaso e selecionado em razão da má opinião que se tem dele", René Girard, *La Voix Méconnue du Réel*. Paris, Grasset, 2002, p. 22.

objetiva externa, evidenciando como a passagem do indiferenciado ao diferenciado acontece pelo aleatório e pelo acaso. Sobre esse ponto externo, as leituras de René Girard e de Lévi-Strauss se aproximam. De fato, as duas veem no mito a explicação da passagem do indiferenciado ao diferenciado, ou do contínuo ao descontínuo[43] pelo aleatório. Mas devíamos explicar também como e por que só uma leitura interna poderia explicar a lógica dos protagonistas do mito. Apenas a diferenciação pela culpabilidade pode ser motor do mito. Para compreender o desenrolar interno dos mitos, somos obrigados, com René Girard, a estabelecer uma primeira diferença: a da culpabilidade da vítima ou de sua crença. Assim, é possível afirmar que a leitura de Claude Lévi-Strauss falha na posição interna dos indivíduos que fazem parte do mito, e seu desconhecimento da inocência da vítima, que é a única que pode produzir a ação. Para os atores do mito, não há indiferenciação, senão todos os fragmentos seriam equivalentes e não haveria nenhuma razão para eliminar um em vez de outro. Nesse momento, a leitura estruturalista recai na objeção do "princípio de Curie", que evocava Lucien Scubla. Se todos os fragmentos são equivalentes do ponto de vista dos personagens do mito, então a passagem ao ato torna-se impossível e os signos vitimários, simples coincidências dos quais não seria mais necessário dar conta. Édipo seria morto como qualquer outro indivíduo poderia ter sido.

Contrariamente a isso, a grande força da teoria dos mitos de René Girard é poder explicar como o mito é uma narrativa da passagem do indiferenciado ao diferenciado para os observadores externos, demonstrando paralelamente como isso se articula em uma passagem ao ato que depende de uma lógica muito precisa para os protagonistas internos do mito. Dessa forma, é preciso sempre opor o que o mito faz no nível do intelecto, isto é, a criação da diferença,

---

[43] "Em primeiro lugar, observemos que Lévi-Strauss concorda conosco ou, ainda, que estamos de acordo com ele, pois isso se trata de uma descoberta que lhe pertence, para reconhecer no mito um movimento que vai da indiferenciação à diferenciação", René Girard, *Des Choses Cachées Depuis la Fondation du Monde*. Paris, Grasset, 1978, p. 117.

e o que os personagens e os atores do mito pensam fazer levando um culpado à morte. A dupla leitura, que se baseia no desconhecimento interno e também na leitura objetiva externa é, assim, necessária, salvo supondo que os protagonistas do mito já são estruturalistas e que realmente procuram, antes de tudo, criar diferença lógica permitindo a emergência do "pensamento selvagem".

c. René Girard e o véu dos mitos: o processo vitimário revelado

Para explicar a análise girardiana dos mitos e demonstrar em que ela responde às dificuldades que permanecem presentes na análise estruturalista, é preciso partir dos textos nos quais René Girard se baseia, assim como fizemos com Lévi-Strauss. A teoria girardiana dos mitos fundamenta-se inteiramente na análise dos "textos de perseguição".[44] O paradigma destes é o texto de Guillaume de Machaut, *Le Jugement du Roy de Navarre* [O Julgamento do Rei de Navarra]. Esse texto trata de uma cidade cujo nome não é revelado, dizimada por uma doença: as mulheres e as terras tornam-se estéreis, os homens morrem às centenas. Ninguém compreende esse ataque repentino à comunidade. Felizmente, a providência divina designou os responsáveis por esses crimes. São os judeus e alguns cúmplices cristãos que os ajudam a envenenar os rios. Mas os judeus não se satisfazem em envenenar os rios, eles cometem incesto em sua própria comunidade e parece que até mesmo assassinam seus pais. Graças a essa revelação, os culpados puderam ser detidos e massacrados. Depois dessa expulsão dos judeus, a epidemia termina e a paz volta à cidade.

---

[44] René Girard não limita suas leituras e suas análises aos textos de perseguição, já que o teórico também fornece interpretações de mitos astecas, por exemplo. Mas ele demonstrará que, para lê-los corretamente, é preciso tomar como paradigma de interpretação os textos que são claramente identificados como textos de perseguição. Todo o movimento de Girard é demonstrar que os chamados mitos são, se sabemos lê-los, textos de perseguição.

Os historiadores permitem que René Girard estabeleça duas séries de eventos como reais, e não como dependentes da simples lógica da narrativa. Em primeiro lugar, parece que a epidemia faz referência à peste negra e aos numerosos mortos que fez na França em 1349 e 1350. Em segundo, sabemos que os massacres dos judeus também são reais. Contudo, nenhum dos leitores desse texto no século XX poderia aceitar realmente que os judeus seriam os verdadeiros culpados por essa epidemia, ninguém se deixa enganar por esses supostos envenenamentos, e todos compreendemos o objetivo dessas acusações. Dessa forma, nossa época conseguiu desconstruir os textos de perseguição e demonstrar como se fundamentam sobre a morte de bodes expiatórios acusados de maneira totalmente abusiva. O simples fato de nomeá-los textos *de perseguição* já denota nossa desconfiança, não com relação à realidade que eles descrevem, uma vez que ninguém contesta a peste ou o massacre dos judeus, mas quanto à causalidade que o texto estabelece entre a peste e a presença de judeus na comunidade. Ninguém mais acredita na culpa dos judeus nessa epidemia. Todos concordariam facilmente com René Girard que eles são bodes expiatórios, compreendido no sentido de serem vítimas inocentes que polarizaram a violência coletiva por sua diferença: "o texto que lemos deve estar enraizado em uma perseguição real, relacionada com a perspectiva dos perseguidores".[45]

Para os textos de perseguição, então, ninguém contesta a interpretação de René Girard: ela parece mesmo hoje em dia banal e comumente aceita, faz parte das desconstruções bem-sucedidas. Essa leitura contemporânea do texto de Guillaume de Machaut permite que René Girard estabeleça um esquema clássico dos textos de perseguição, uma ossatura idêntica que todos os textos apresentam:

1. O ponto de partida é uma crise social, que pesa de forma muito urgente na comunidade. Ela ameaça sua própria existência.

---

[45] René Girard, *Le Bouc Emissaire*. Paris, Grasset, 1982, p. 14.

2. Alguém cometeu crimes indiferenciadores, as estruturas fundamentais da comunidade foram violadas.

3. A pessoa culpada por esses crimes pode ser claramente identificada graças a sinais particulares que a diferenciam do restante da comunidade. Ela está à margem da comunidade, ao mesmo tempo em seu interior e exterior, assim como é um parasita na biologia.

4. Ela é caçada por uma violência coletiva, o que restaura a ordem e a paz restituindo a diferença; garantindo ou restaurando as estruturas diferenciadas, fundamentais em todas as sociedades.

Essa estratégia de René Girard: da mesma maneira que aceitamos facilmente que os textos de perseguição são narrativas que mostram um processo vitimário apresentado do ponto de vista dos linchadores e, por isso, apresentam uma vítima culpada condenada justamente, devemos também aceitar uma hipótese parecida a propósito dos mitos porque sua estrutura não é diferente.

Desse modo, os judeus são bodes expiatórios no texto de Guillaume de Machaut, assim como Édipo, Penteu, Antígona ou Tikarau também o são. A teoria girardiana dos mitos consiste em derrubar os mitos com o esquema dos textos de perseguição e aproximá-los de maneira constante para apresentar uma mesma leitura, uma mesma denúncia. O mito é a lembrança daquilo que foi o nascimento da comunidade, e não do nascimento do pensamento diferenciador; porém, essa lembrança é apresentada do ponto de vista daqueles que cometeram o crime, ou seja, do ponto de vista do desconhecimento interno que analisamos no segundo capítulo. Do mesmo modo que os judeus no texto de Guillaume de Machaut, Édipo é apresentado como portador da peste. Nesse caso, encontramos a totalidade do esquema que desenvolvemos no nosso segundo capítulo e isso é explicável, já que o mito apenas apresenta a totalidade desses mesmos temas, mas do ponto de vista dos linchadores.
O que apresentamos segundo uma dupla leitura, interna e externa,

é apresentado nos textos de perseguição e, portanto, também nos mitos, só do ponto de vista interno. De fato, o que é Édipo Rei senão um texto de perseguição que consegue fazer-nos acreditar que Édipo matou seu pai e compartilhou a cama com sua mãe? Nada distingue Édipo dos judeus nos textos de Guillaume de Machaut senão o fato de que somos incapazes de fazer por um o que facilmente fazemos para o outro: pensar na inocência da vítima.

Desse modo, vemos muito claramente a oposição à teoria de Claude Lévi-Strauss, que estabelece o nascimento do pensamento diferenciador pela expulsão de um fragmento ontológico. A teoria girardiana faz do mito a verdadeira narrativa do que foi o nascimento da humanidade, mas para decifrá-los é preciso olhá-los de determinado ângulo, de determinada posição geointelectual. É evidente, então, que a superioridade da teoria girardiana está no fato de explicar, graças à crença em uma culpabilidade real da vítima e, portanto, graças a uma ilusão de diferença preexistindo o próprio ato de expulsão, a própria possibilidade de uma expulsão. A chave interna da expulsão, sua razão de ser, é uma ilusão de diferença postulada (o judaísmo, o fato de claudicar, a especificidade do estrangeiro).
O mito apresenta-nos o motor interno da solução para a crise indiferenciadora, isto é, a crença na culpa do fragmento expulso, que faz que esse fragmento não seja mais, para os linchadores, absolutamente um qualquer, mas já diferenciado.

É muito fácil aplicar esse esquema a diferentes narrativas como Édipo Rei ou *As Bacantes*, assim como a diversos textos da tragédia grega. Realmente, é a peste que assola Tebas, e a peste, na tragédia grega, é portadora da violência e da morte da mesma forma que a guerra.[46] O contágio da peste é portador do contágio da violência assim como o desejo mimético. Édipo é culpado de crimes indiferenciadores (parricídio e incesto) que ameaçam a própria noção de

---

[46] "(...) guerra e peste atingindo juntas acabarão por triunfar sobre os Aqueus!". Homero, *Ilíade* 61. Tradução para o francês de Paul Mazon. Classiques en poche. Paris, Les Belles Lettres, 1998, p. 7.

cultura compreendida como rede de diferenças, e há um elo de causalidade explícita entre esses crimes e a peste. Enfim, Édipo cristaliza diversos sinais vitimários: ele claudica e seu nível de pertencimento à comunidade é complexo; mesmo que seja nativo de Tebas, é como estrangeiro que é poderoso. É preciso, então, bani-lo para que a paz e a ordem retornem, ou seja, para que a epidemia termine. Mas a força dessa história é que ela permite, com um mesmo esquema, explicar também os mitos aos quais Claude Lévi-Strauss faz referência, o Ojíbua e o Tikopia. Assim que o esquema é aplicado, torna-se muito simples compreender por que a vítima é sempre o mesmo tipo de indivíduo, que é apresentado como diferente muito antes da expulsão (e, para os linchadores, os redatores dos mitos, ele de fato o é); por que as duas expulsões são assassinatos, por que os dois assassinatos são coletivos (afogamento e arremesso de uma falésia) e por que esses crimes restituem a paz. A teoria girardiana é, dessa maneira, a única que possibilita o nascimento da diferença a partir da ilusão de uma diferença que a funda. Se seguirmos o caminho de Claude Lévi-Strauss, devemos constatar que a vítima, uma vez que já é diferente, é também portadora, por sua culpabilidade, de diferença. O pensamento lógico e diferenciador já está, assim, sempre lá, antes mesmo do assassinato do qual ele faz parte torná-lo possível. Podemos objetar a Claude Lévi-Strauss como objetamos anteriormente a Freud: no que diz respeito à criação da diferença, a expulsão propriamente dita não serve para nada, já que, cronologicamente, a diferença fundamenta e antecede a expulsão. Assim que existe a culpabilidade, há descontinuidade, sem que seja necessário um assassinato para isso.

Todavia, é preciso observar uma fraqueza epistemológica na teoria girardiana dos mitos: seu caráter irrefutável. Faremos, evidentemente, referência à epistemologia de Karl Popper. Com efeito, podemos ver facilmente a dificuldade que ela contém: sejam todos os traços dos textos de perseguição presentes nos mitos, e nisso René Girard vê a prova da validade de sua teoria; seja, ao contrário, a falta de critérios dos textos de perseguição, e disso René Girard também conclui a validade de sua teoria, afirmando que é exatamente essa a prova de que os homens sempre procuraram esconder a origem violenta da cultura. De certo modo, Girard tanto encontra os traços da violência fundadora e, por isso, constata sua onipresença, como se depara com textos nos quais esses traços estão ausentes, e disso ele conclui que essa é exatamente a prova de que os homens sempre procuraram esconder essa violência. A objeção de não refutabilidade pode, desse modo, ser explicada: *in fine*, os textos lidos, apresentando ou não o esquema da perseguição, só confirmam a hipótese: "em vez de contradizer nossa tese, veremos isso mais adiante, ou de exigir acrobacias duvidosas para se manter nela, os mitos inteiramente privados de estereótipos perseguidores lhe trarão a confirmação mais brilhante".[47] Entre os mitos que apresentam o esquema girardiano e aqueles que não o apresentam, há só o problema do desejo dos autores em esconder a verdade e não uma dificuldade no sistema girardiano. Por isso, parece difícil conceder à hipótese girardiana algum *status* científico completo como desejam determinados comentadores, já que, na realidade, jamais os dados apresentados parecem poder, por princípio, criar problemas a essa hipótese. Aliás, o próprio René Girard rejeita a epistemologia popperiana[48] e o falsificacionismo. No entanto, só podemos constatar sua capacidade de integrar um número de fatos significativos, dos quais alguns permanecem inexplicados ou inexplicáveis por outras teorias, o que demonstra, para nós, sua superioridade científica. A capacidade de tornar viável o surgimento da diferença da indiferenciação e assimetria da simetria, distinguindo entre dois níveis complexos hierarquicamente emaranhados, o que nem Sigmund Freud nem Claude Lévi-Strauss conseguem totalmente, é, sem dúvida alguma, o ponto de maior destaque e provavelmente não ultrapassável de todas as intuições de René Girard.

---

[47] René Girard, *Le Bouc Emissaire*. Paris, Grasset, 1982, p. 50.
[48] "A tese de Karl Popper, segundo a qual toda teoria científica deve ser falsificável não se sustenta. O fato de a Terra girar em torno do Sol, e não o contrário, já não será posto em dúvida. O mesmo para a circulação de sangue. Essas coisas, antes que hipóteses científicas, são quase fruto de experiências". René Girard, *Aquele por quem o Escândalo vem*. Trad. Carlos Nougué. São Paulo, Editora É, 2011, p. 176 (livro publicado na Biblioteca René Girard).

capítulo 4
a emergência do signo: Girard, Derrida e a antropologia gerativa de Eric Gans

Empregamos, ao longo de nossa análise, muito do vocabulário derridiano. Até em nosso subtítulo há seus vestígios com o conceito de différance, símbolo incontestável de desconstrução. Vamos, portanto, a partir de agora, explicitar as complexas relações que os textos de René Girard mantêm com os de Jacques Derrida, para analisar e compreender em que a teoria da hominização, que é fundamentada na teoria do desejo mimético e traz, ao mesmo tempo, os embriões da teoria da origem que escapa à crítica da desconstrução, é também portadora de uma teoria da significação e da origem da linguagem inteiramente original. Parece necessário e possível, para isso, tornar manifesto, em um primeiro momento, um mesmo gesto no coração das obras desses dois autores franceses. Esse gesto, como destaca com razão Andrew J. McKenna, é aquele da expulsão fundadora e estabilizadora que explicamos inúmeras vezes: "É como se Derrida descrevesse como 'chegando ao significante linguístico', algo que Girard descreve como 'acontecendo nos fundamentos das instituições culturais'".[1] A expulsão, única que permite a estabilização do sistema pela criação de uma fronteira e a definição de um

---

[1] "It is as if Derrida describes as happening to the linguistic signifier something that Girard describes as happening at the foundation of cultural institutions", Andrew J. McKenna, *Violence and Difference*. Chicago, University of Illinois Press, 1992, p. 12.

interior e um exterior, atinge a vítima nos textos de René Girard e a escritura no processo revelado ou desvendado por Jacques Derrida no essencial dos textos da história da filosofia. Dessa maneira, é preciso que demonstremos como a vítima girardiana reúne todas as características e ocupa todas as funções que cabem à escrita na denúncia derridiana. Demonstraremos, em um primeiro momento, como podemos esclarecer o texto girardiano pelas análises derridianas da lógica do suplemento, assim como as análises do conceito de *phármakon*. É preciso observar, desde agora, que a origem da linguagem é de certa forma ainda mais problemática do que a origem da humanidade, no sentido de que o pensamento do contrato, isto é, o pensamento da criação de uma comunidade linguística depois de um acordo sobre o sentido das palavras, é impossível de ser aceito. Com efeito, enquanto a origem da humanidade possibilitou filosofias contratualistas,[2] a origem da linguagem não pode ser pensada de acordo com esse modelo, uma vez que o acordo já supõe a linguagem, que é seu único vetor possível. O contrato já considera um acordo sobre um número mínimo de significantes para que ele possa ser aceito. Veremos, então, que o pensamento da emergência, enquanto se opõe ao da criação, é aqui ainda mais precioso.

Foi em um colóquio internacional organizado por René Girard outubro de 1966, na John Hopkins University, intitulado: "The Languages of Criticism and the Sciences of Man" [As Linguagens da Crítica e as Ciências do Homem], que Jacques Derrida fez uma de suas mais célebres e estudadas conferências: "a estrutura, o signo e o jogo no discurso das ciências humanas".[3] Depois dessa conferência, assim como depois da primeira publicação de "A Farmácia de Platão",[4] René Girard reconhece sua dívida com relação a Derrida, e sobretudo quanto ao fato de que Derrida revela como está ocultada

---

[2] Mesmo que elas insistam na ficção do acordo.
[3] Essa conferência está publicada em *L'Ecriture et la Différence*, Jacques Derrida. Paris, Le Seuil, 1967, 1979, p. 409-28.
[4] A primeira edição de *La Pharmacie de Platon* foi publicada em *Tel Quel*. Paris, Editions du Seuil, 1968, n. 32 e 33.

a ambivalência da origem violenta da escritura pelo termo *phármakon*[5] no texto de Platão. Essa aproximação entre os dois autores franceses parece poder ser fortalecida desde o primeiro contato pelo fato de que Derrida demonstra como o conceito de "*pharmakós*" é ausente do texto platônico e visa, por esse caminho, a velar mais uma vez a violência do processo de expulsão. Recusando-se a mostrar o elo linguístico que há entre o *phármakon* e o *pharmakós*, Platão recusaria, assim, revelar que a violência que atinge a escrita é comparável àquela que sofria o *pharmakós* nas cidades gregas.

I. Derrida e Girard: a expulsão para fora das fronteiras

A fim de confrontar os dois autores com o objetivo de, indiretamente, chegar a uma compreensão mais precisa dos textos de René Girard e do problema da hominização, será preciso que tenhamos em mente, ao longo deste capítulo, o fato de que a vítima sacrificada é o substituto da vítima originária, seu duplo, sua repetição; do mesmo modo que o sacrifício é a reprodução diferida do assassinato fundador. Distinguiremos de forma sistemática o assassinato fundador e suas repetições sacrificiais, que são apenas sua cópia, sua duplicação. A vítima sacrificial tem, assim, com relação à vítima do assassinato primeiro e fundador um *status* de cópia, de representante e, por essa razão, ela ocupa o papel de seu suplemento. Mas acreditamos que essa "suplementaridade" deve ser compreendida nos textos de René Girard para que toda a sua riqueza possa ser percebida precisamente no duplo sentido que ele lhe dá ou, antes, deveríamos dizer, no duplo sentido que revela Jacques Derrida em

---

[5] "A palavra à qual faremos referência agora, presente na língua, remete a uma experiência presente na cultura grega e ainda no tempo de Platão, parece, entretanto, ausente do texto platônico (...). Trata-se da palavra *pharmakós*", Jacques Derrida, "La Pharmacie de Platon", *La Dissémination*. Paris, Le Seuil, 1972, 1993, p. 161-62.

Da Gramatologia.⁶ O fato de substituir deve ser entendido tanto nos textos de Jacques Derrida como nos de René Girard com esse duplo sentido. É preciso conservar a polissemia desse termo se desejamos compreender René Girard, já que essa ambivalência repercute na ambivalência da própria violência.

De um lado, suplemento é aquilo que se acrescenta a alguma coisa, aquilo que constitui um *plus*, um aumento. É desse modo que podemos dizer que toda repetição é um suplemento ou que toda cópia é um documento suplementar. Podemos facilmente conceber, por exemplo, que a violência sacrificial é uma violência a mais, que engendra uma vítima a mais; uma vítima chamada, consequentemente, "suplementar". Mas, por outro lado, suplementar deve também ser compreendido como o ato de substituir, de "tomar o lugar de". O suplemento não se une simplesmente, ele procura tomar o lugar daquilo a que ele se adiciona. O suplemento é, então, sempre aquele que: "(...) une-se só para substituir".⁷ Nesse caso, encontramos o caráter substitutivo do sacrifício, do qual já analisamos as razões no segundo capítulo. A vítima originária é, em René Girard, como "a escrita" nos textos de Rousseau ou em *Fédon*, de Platão, esse "perigoso suplemento"⁸ que apenas se une a uma plenitude primeira e pretende, por um gesto violento, substituí-lo.

É preciso destacar que cada um dos dois sentidos do suplemento é fundamentado pela lógica da mímesis girardiana. Por essa razão, também podemos afirmar que René Girard nos ajuda a compreender melhor Derrida. De fato, a primeira concepção do suplemento, aquela que faz de qualquer violência uma violência a mais, redobrada, repetida, apenas segue a explosão das primeiras violências. Assim, a violência suplementar no primeiro sentido do termo é

---

⁶ "Pois o conceito de suplemento (...) traz em si duas significações cuja coabitação é tão estranha quanto necessária", Jacques Derrida, *De la Grammatologie*. Paris, Les Editions de Minuit, 1967, 1997, p. 208.
⁷ Jacques Derrida, *De la Grammatologie*. Paris, Les Editions de Minuit, 1967, 1997, p. 208.
⁸ Cf. Jacques Derrida, idem, p. 203-34.

aquela que nos permite entrar no círculo da violência generalizada, da violência contagiosa. A crise mimética nada mais é que a entrada na espiral infinita das violências suplementares: cada violência chama uma nova por um jogo de espelho, de "especularidade". Paralelamente a esse primeiro sentido, o segundo sentido do suplemento, aquele que permite que o significante linguístico seja o que "toma o lugar de", também deve ser explicado pela mímesis. Realmente, para poder tomar o lugar de, é preciso que exista certa comunidade entre o original e o suplemento.[9] A "suplementaridade" é, desse modo, duplamente fundamentada pela mímesis, tanto em seu lado de suplemento quanto de suplente. Aliás, isso é confirmado pelas análises de Derrida: "(...) a mímesis é semelhante ao *phármakon*".[10]

O sacrifício pretende "tomar o lugar de" e ocupar o espaço de origem, do assassinato primeiro. Se ele pode pretender a essa "suplementaridade", é porque, de certa forma, ele o imita, é parecido com o assassinato originário. O suplemento, para sê-lo, deve jogar com a mímesis à fim de conseguir se fazer passar pelo original. Vimos, no segundo capítulo, que a eficácia *différanciatrice* do sacrifício provém justamente desse caráter suplementar e dessa capacidade de "tomar o lugar de" – ou seja, o sacrifício difere e diferencia. Se o sacrifício pode fazer diferir a violência do interior ao exterior da comunidade, é graças a seu caráter de suplemento e de suplente, ou seja, graças ao duplo sentido derridiano do suplemento. Podemos encontrar na obra de René Girard, a propósito da vítima sacrificada, toda a lógica do suplemento que Jacques Derrida desenvolve com relação ao significante linguístico. Desse modo, devemos, em um primeiro momento, concordar com Andrew J. McKenna e destacar que a "suplementaridade" linguística que Jacques Derrida denuncia no essencial da história e da filosofia, da metafísica ocidental e da parúsia, está exatamente no núcleo do processo de hominização

---

[9] Cf. nossas análises sobre René Girard e Platão no primeiro capítulo.
[10] Jacques Derrida, "*La Pharmacie de Platon*", *La Dissémination*. Paris, Le Seuil, 1972, 1993, p. 174.

nos textos de René Girard. O suplemento linguístico derridiano tem como correlato um suplemento antropológico girardiano.

Podemos até mesmo ir mais longe na aproximação entre Girard e Derrida. A lógica da "suplementaridade" deve ser complementada pela análise da noção da escritura como *phármakon*. Esse termo é objeto de estudo de *A Farmácia de Platão*, artigo no qual Jacques Derrida revela o jogo do *phármakon* em *Fédon*, de Platão. Ao longo desse artigo, o *phármakon* é o paradigma da oposição. Simultaneamente droga e remédio, ele se torna pouco a pouco o conceito no qual se cristalizam e nascem todas as oposições que determinam não só os textos de Platão, mas, além dele, toda a metafísica ocidental: "o *phármakon* é o movimento, o lugar e o jogo [a produção da] diferença. É a diferença da diferença".[11] A escritura é explicitamente nomeada com o termo *phármakon* no texto de Platão em 274 e: "eis, ó rei, disse Tot, o saber que fornecerá aos egípcios mais saber, mais ciência e mais memória; pela ciência e pela memória, o remédio (*pharmakós*) foi encontrado",[12] e sua condenação se realiza pela polissemia do termo. Muito além, ela pode acontecer apenas pela polissemia do termo. Enquanto Tot apresenta a escritura como um remédio e uma ajuda ao conhecimento no sentido de que ele pode cristalizar e conservar os saberes, Thamous vê nela, pelo contrário, um veneno que terá como efeito destruir a memória de seu povo, pois ele deixaria de exercê-la, colocando toda sua confiança na escrita. Vemos exatamente como a inversão do valor atribuído à escrita, assim como a justificativa de sua expulsão, não pode evitar essa polissemia e passa por uma inversão do sentido de *phármakon*.[13]

Jacques Derrida demonstra ao longo de sua obra *Da Gramatologia* que toda a metafísica ocidental é delimitada pela expulsão

---

[11] Jacques Derrida, "*La Pharmacie de Platon*", *La Dissémination*. Paris, Le Seuil, 1972, p. 158.
[12] Platão, *Phèdre*, 274 e, GF Flammarion. Tradução para o francês de Luc Brisson, Paris, 1997, p. 178.
[13] "Agora eis que tu, que é o pai da escritura, tu lhe atribui, por complacência, um poder que é *o contrário* (grifo nosso) daquele que ele possui", Platão, *Phèdre*, 275a, idem, p. 178.

do escrito para fora do campo da filosofia. Expulsão que permite traçar uma fronteira e estabilizar os conceitos criando para eles um interior e um exterior. Então, surge a possibilidade de pensar e manter-se distante, de diferenciar alguma coisa como a presença e alguma coisa como a ausência, o sensível e o inteligível, o bem e o mal. Vemos como, *in fine*, é a própria possibilidade da diferenciação que está em jogo no fenômeno de expulsão,[14] exatamente da mesma forma que na antropologia fundamental de René Girard. Por esse motivo, o *phármakon* é essencial para a filosofia, uma vez que ele lhe oferece os instrumentos necessários para a divisão do real em conceitos. Da mesma maneira, podemos dizer que o *phármakon* permite que René Girard trace a fronteira entre a área da antropologia e da etologia. A fim de dividir o real em conceitos, é preciso poder lhe traçar fronteiras que são as únicas que permitem diferenciá-los e, logo, identificá-los; e essa possibilidade exige uma expulsão.

Essa expulsão não é portadora de todas as diferenças possíveis, mas da própria possibilidade de alguma coisa como a diferença: da diferença acontecendo, da diferença diferindo, ou seja, portadora da *différance*. A partir de então, podemos justificar o subtítulo deste livro. De fato, graças à análise de Derrida e à sua comparação com o estudo do sacrifício apresentado por René Girard, agora é possível compreender em que a violência sacrificial é uma violência diferida (*différante*). Diferindo a violência intestina para o exterior da comunidade, o assassinato unânime permite a estabilização da comunidade por meio da criação de um interior e um exterior,[15] do

---

[14] "Para que esses valores contrários (bem/mal, verdadeiro/falso, essência/aparência, interior/exterior etc.) possam se opor, é preciso que cada um dos termos seja simplesmente exterior ao outro, isto é, que uma das oposições (interior/exterior) já seja acreditada como a matriz de qualquer oposição possível. É necessário que um dos elementos do sistema (ou da série) valha também como possibilidade geral da sistematicidade ou da série", Jacques Derrida, "La Pharmacie de Platon", *La Dissémination*. Paris, Le Seuil, 1972, 1993, p. 128.

[15] Derrida destaca justamente que: "a cerimônia do *pharmakós* se realiza, então, no limite do interior e do exterior que ela tem como função traçar e traçar novamente sem parar. *Intra muros, extra muros*", Jacques Derrida, "*La Pharmacie de Platon, La Dissémination*. Paris, Le Seuil, 1972, 1993, p. 166.

mesmo modo que a expulsão do escrito permite a estabilização dos conceitos e o advento da diferença conceitual.

O sacrifício e a expulsão são, dessa maneira, realmente um único e mesmo gesto cuja consequência e lógica são as mesmas: "o sacrifício restaura a ordem restaurando a diferença: entre a vítima sacralizada escolhida de forma arbitrária e o restante da comunidade que é unânime em sua expulsão da violência".[16]

Mas o significante linguístico e a vítima são similares à medida que ambos são *phármakon*, simultaneamente remédio e veneno, fonte de vida e portadores da morte.

II. O realismo girardiano contra a desconstrução

Aproximando Derrida e Girard para dar conta da hominização como movimento de *différance*, é preciso, contudo, observar o que parece ser a oposição maior entre os dois pensadores franceses. A différance não seria suficiente, assim, para reconciliar o pensador que redige uma teoria da violência e a filosofia que denuncia a violência de toda teoria. Realmente, onde a teoria girardiana abre a possibilidade de uma morfogênese e, portanto, de uma primeira vez, a desconstrução derridiana parece, ao contrário, totalmente orientada para uma crítica da origem que pode ser evidenciada pelo conceito derridiano de "sempre já". Parece impossível estabelecer uma origem, já que as coisas "sempre já" estavam lá. Para dar conta dessa oposição que nos parece a maior, porém superável, analisaremos o nascimento do sistema de significações girardiano e veremos em que ele se opõe às teses da desconstrução. Por essa mesma razão, seremos

---

[16] Andrew J. McKenna, *Violence and Difference*. Chicago, University of Illinois Press, 1992, p. 30.

levados a determinar a natureza da crítica derridiana da origem e mostrar por que ela não ameaça a origem girardiana.

A teoria girardiana da hominização, como cristalização de todas as atenções em um elemento único que é o elemento primeiro e originário da cultura, também engendra uma teoria do signo: "é preciso demonstrar que não se pode mais resolver o problema da violência por meio da vítima emissária sem elaborar ao mesmo tempo uma teoria do signo e da significação".[17] A teoria da significação que vamos analisar neste capítulo não se une de forma suplementar à da hominização, mas é consubstancial a ela, reside nela desde o início, assombra-a como seu espectro significante; não há escolha possível entre as duas. A teoria da significação permite demonstrar novamente de forma concreta como, contrariamente ao gesto de Freud em *Totem e Tabu*, é possível concretizar a própria possibilidade do sentido a partir do assassinato fundador e de não postular, consequentemente, nenhuma determinação nem nenhuma diferenciação anterior a ele. Veremos mais uma vez como essa possibilidade de origem do sentido deve ser pensada segundo uma emergência que se move no pleno desconhecimento de si.

a. A teoria girardiana da emergência do signo: o cadáver como Arquissigno[18]

Antes mesmo de começar a desenvolver essa teoria, é preciso lembrar que René Girard é um pensador da origem. Assim como houve uma "primeira vez" da humanidade no assassinato fundador e sua imitação e perpetuação nos rituais sacrificiais, houve uma "primeira

---

[17] René Girard, *Des Choses Cachées Depuis la Fondation du Monde*. Paris, Grasset, 1978, p. 109.
[18] Usaremos o conceito de Arquissigno no mesmo sentido que Derrida usa o de Arquiescritura, ou seja, ao mesmo tempo que o cadáver é, nas teorias de René Girard, o signo temporariamente primeiro, também é portador da estrutura primeira do signo. Ele abre a própria possibilidade da estrutura significante.

vez" do signo, um primeiro signo. Desse modo, podemos ver, antes mesmo de ir adiante nessa teoria, como René Girard se opõe às teses estruturalistas segundo as quais um signo só pode significar em um sistema no qual ocupa um "lugar" significante, assim como às teorias oriundas da desconstrução, que recusam estabelecer uma origem.

O estruturalismo determina, pela noção de lugar, a necessidade de dispor de no mínimo dois signos para poder entrar em um processo de significação. Se do mesmo modo que a comunidade, o signo só pode se definir por suas fronteiras, então é preciso no mínimo dois signos para que ele possa ter uma significação. Um signo isolado que não tivesse a seu redor nenhum outro signo que limitasse seu alcance, que restringisse sua carga semântica, deveria tomar o lugar da totalidade das significações possíveis. Então, significando tudo, ele na verdade não significaria nada. Assim, a significação supõe uma restrição de carga semântica. É deixando de significar alguma coisa que se pode começar a realmente significar. Ser significante supõe ter um significado, mas, ao mesmo tempo, também um não significado. Se "alto" significasse "baixo" também, ele não significaria nem um, nem outro. Encontramos aqui a temática da fronteira que determinava, anteriormente em nosso estudo sobre a comunidade, delimitando um "fora da comunidade". É também o traçado de uma fronteira que permite a um signo emergir. Dois signos são, dessa forma, o requisito mínimo, por uma limitação mútua das cargas semânticas, para tornar viável a construção de um sistema no qual ele possa ter uma relação de significação.

Contra essa concepção sistemática, no mínimo binária ou bipolar, da significação estruturalista, René Girard construirá uma teoria da significação que se satisfaz com um único signo para começar a significar. Esse signo primeiro e único encarna, assim, só nele a possibilidade de todas as significações. Dessa ideia entendemos que esse signo não carrega todos os significados, já que ele deixaria por essa mesma razão de ser signo; mas torna possível o processo de significação em seu conjunto. Será esse signo que chamaremos Arquissigno.

A fim de encontrar a concepção girardiana da significação, basta seguir adiante com a hipótese que retomamos inúmeras vezes ao longo deste texto. Novamente, trata-se: "de um modelo simples e o único dinâmico (...)".[19] O modelo girardiano é aquele da: "(...) exceção enquanto emerge (...)".[20] Lembremo-nos de que chegamos à etapa da violência unânime no momento em que todos os participantes levam à morte um elemento que, do ponto de vista do conhecimento objetivo externo, é um indivíduo qualquer do grupo. Essa decisão de levar alguém à morte, por ser um processo unânime de coesão, pois exige uma participação não só coletiva, mas unânime, restitui a ordem na comunidade traçando suas fronteiras temporais e espaciais. O corpo da vítima é, dessa maneira, alvo de uma dupla atenção: ele é como algo de muito mau que foi o vetor da violência, que colocou o grupo em perigo e, ao mesmo tempo, também como algo de sagrado que, por meio de sua morte, restitui a ordem e a paz entre os membros. Essa dualidade da vítima está, inclusive, presente no próprio sacrifício, simultaneamente como processo de levar à morte e processo de criação do sagrado. Ele é, desse modo, concomitantemente e em um mesmo movimento, destruição e criação. Esse problema é identificado na tradição antropológica de Hubert de Mauss e explicitamente nomeado por René Girard. Isso nos conduz a um círculo vicioso que se apresenta da seguinte forma: "É um crime matar a vítima porque ela é sagrada (...) mas a vítima não seria sagrada se não fosse morta".[21] Essa circularidade é denunciada nos textos de René Girard como "ambivalência".[22] Só o sistema girardiano permite pensar essa ambivalência e os dois opostos juntos.

Contrariamente ao sistema estruturalista, René Girard propõe pensar o signo de forma única, pois ele o pensa segundo a

---

[19] René Girard, *Des Choses Cachées Depuis la Fondation du Monde*. Paris, Grasset, 1978, p. 110.
[20] Ibidem.
[21] René Girard, *La Violence et le Sacré*. Paris, Grasset, 1972, p. 14.
[22] "Este é um círculo que receberá, um pouco mais tarde, e conserva em nossos dias o sonoro nome de *ambivalência*". René Girard, idem, p. 14.

"exceção enquanto emerge". Da mesma maneira que o social ou a humanidade, o sistema de significação não é construído, ele emerge, não depende de decisão. Isso quer dizer que o signo é aquilo que se desprende de forma única sobre uma totalidade que permanece indiferenciada. Desse modo, vemos como isso é possível; de fato, não há dois signos, pois a totalidade não se diferenciou. Só o elemento expulso é diferenciado: "é o modelo, por exemplo, do sorteio, do tirar a sorte no palitinho, ou da fava no bolo dos reis".[23] Em todos os sorteios, apenas um indivíduo é portador de significação, ou talvez devamos dizer "da" significação. O único a ser diferenciado é aquele que é designado. Já havíamos analisado essa diferenciação única do sacrificado diante da multidão que permanece sempre indiferenciada. Além disso, é importante destacar que René Girard considera os processos de sorteio, ou aquilo que constitui seus prolongamentos não rituais,[24] ou seja, os jogos de azar, exclusivos da humanidade, como se a exceção enquanto emerge interessasse só ao reino humano. Se a literatura etológica é complexa e rica quanto ao problema de saber se os animais jogam, parece que a questão seria explicada mais rapidamente a partir do momento em que limitemos a reflexão só aos jogos de azar. Assim, só nos resta constatar que esse processo de seleção pelo acaso,[25] que engendra uma significação única sobre uma totalidade não diferenciada, parece ter-se desenvolvido apenas na humanidade.

O cadáver deve ser pensado como o primeiro signo, pois ele traz consigo a própria possibilidade da diferença. Por diferença, compreendemos a diferença ao mesmo tempo espacial e temporal. Por meio do cadáver pode haver uma diferença espacial; como visto

---

[23] René Girard, *Des Choses Cachées Depuis la Fondation du Monde*. Paris, Grasset, 1978, p. 110.
[24] "Para que exista um jogo de azar propriamente dito, é preciso e é suficiente que os homens esqueçam o fim ritual do procedimento aleatório e que façam dele seu próprio fim", René Girard, idem, p. 110.
[25] Aqui o autor joga com o sentido de *jeux de hasard*, que significa, literalmente, *jogo de acaso*, chamado em português brasileiro de *jogo de azar*. (N. T.)

anteriormente, a unanimidade em torno desse cadáver possibilita a existência de um interior e um exterior: "Graças à vítima (...) pode existir, pela primeira vez, algo como um interior e um exterior (...)".[26] Já demonstramos no segundo capítulo como o assassinato permitia traçar uma dupla fronteira, por isso retomamos apenas as conclusões de nossas análises. Em primeiro lugar, uma fronteira horizontal, já que a expulsão é sempre uma expulsão para *fora* de algo, o assassinato estabelece o primeiro limite entre o interior e o exterior fixando simultaneamente os dois opostos, interior e exterior; ele identifica pela diferença, ele estabelece se opondo.
A comunidade se constitui como comunidade por essa expulsão, que delimita um espaço "fora da comunidade". Mas o cadáver determina também uma fronteira vertical, uma vez que a vítima estabelece a transcendência "de" e "por meio da" sacralização.
A transcendência estabelece pela primeira vez um alto e um baixo. A essas duas diferenças espaciais, devemos, enfim, acrescentar uma diferença temporal, a dupla face do cadáver, sua polissemia, seu caráter maldito e sagrado, portador de morte e fonte de vida, que permite também estabelecer a diferença entre um "antes" e um "depois". A partir de então, há um antes do assassinato cuja lembrança é uma lembrança de violência, e um após o assassinato, que é um retorno à paz.

Nessa situação, aparece claramente como René Girard propiciou o surgimento de condições necessárias à significação do gesto de expulsão unânime de um único indivíduo e daquilo que nomeamos anteriormente como a *différance* da violência. Se a vítima é a condição de existência da significação, é porque ela é, também e ao mesmo tempo, a condição necessária à existência da própria diferença. Diferença essa que ela traz e encarna tanto no tempo como no espaço. O signo pode advir, nos textos de René Girard, apenas por meio do cadáver, pois só ele pode colocar no mundo a

---

[26] René Girard, *Des Choses Cachées Depuis la Fondation du Monde*. Paris, Grasset, 1978, p. 112.

diferença, diferença necessária a qualquer teoria do signo. É por essa razão que falamos de "Arquissigno" a propósito do cadáver; ele é o signo primeiro cronologicamente, mas, ao mesmo tempo, estruturalmente. Na verdade, ele surge primeiro no processo de hominização descrito por René Girard, mas é também primeiro de direito, uma vez que traz consigo as condições de possibilidade de qualquer significação: "o significante é a vítima. O significado é todo o sentido *atual e potencial* (grifo nosso) que a comunidade confere a essa vítima e, por seu intermédio, a todas as coisas".[27] É preciso compreender sentido "potencial" como todos os sentidos possíveis, enquanto são sustentados por contrários, e oposições (como interior/exterior, alto/baixo). Então, a originalidade da teoria girardiana está, pode-se dizer, em ser uma teoria unipolar que se satisfaz em possibilitar a emergência de um único significante. Ela não precisa mais de dois signos que se limitem um ao outro para significar, já que o significante que ela deixa emergir traz consigo a estrutura dessa limitação, assombra-o do interior. É preciso observar que, se essa teoria pode ser unipolar, é unicamente porque o significante primeiro, o arquissigno, é apenas o portador potencial de todas as diferenças possíveis, da própria diferença, logo, da própria possibilidade de um sistema de significação.

b. A origem como emergência, ou da ausência originária

De agora em diante, é fácil compreender, depois dessa análise, como a teoria girardiana escapa da crítica derridiana e da sua desconstrução de origem. Podemos resumir o argumento desta forma: enquanto Derrida recusa a possibilidade de um "significado transcendental" na origem, de uma presença originária, de um sentido não massificado, Girard parece determinar um "significante transcendental"

---

[27] René Girard, *Des Choses Cachées Depuis la Fondation du Monde*. Paris, Grasset, 1978, p. 112.

que traz consigo a própria possibilidade de toda significação. O pensamento de origem de René Girard não leva em conta um sentido que estaria presente desde a origem. De fato, todas as críticas que opõem a teoria girardiana à teoria derridiana consideram Derrida um oponente de qualquer teoria de origem. Girard e Derrida seriam, assim, irreconciliáveis no que Derrida recusaria categoricamente a própria possibilidade de uma origem. Desse modo, McKenna teria razão ao destacar que: "a desconstrução derridiana fornece uma crítica antifundacionalista (...)".[28]

A crítica da origem existe nos textos de Derrida e, para nós, não se trata de escondê-la ou minimizá-la. Os argumentos estão presentes em muitos textos de Derrida.[29] A partir daí, uma leitura precisa de Derrida pode nos permitir atenuar essa recusa da origem e constatar que ele, na realidade, rejeita apenas uma concepção precisa de origem: aquela que estabelece a origem como presença ou, o que dá no mesmo, aquela que dedica uma presença à origem. É precisamente disso que escapa René Girard, graças à emergência. Mais do que uma crítica da origem, os textos derridianos empregam uma crítica da presença e da parúsia originária que se instala na metafísica ocidental: "Poderíamos demonstrar que todos os nomes do fundamento, do princípio ou do centro, sempre designaram a invariância de uma presença (*eidos, arché, telos, energeia, ousia* [essência, existência, substância, sujeito] *aletheia*, transcendentalidade, consciência, Deus, homem etc)".[30]

É preciso aceitar que a origem que desconstruía os textos de Derrida é exatamente a origem enquanto presença, um imediatismo do

---

[28] Andrew J. McKenna, *Violence and Difference*. Chicago, University of Illinois Press, 1992, p. 43.
[29] Por exemplo: "É preciso começar por qualquer lugar onde estamos e o pensamento do vestígio, que não pode não dar conta do dom, já nos foi ensinado *que era impossível justificar de forma absoluta um ponto de partida* (grifo nosso)", Jacques Derrida, *De la Grammatologie*. Paris, Editions de Minuit, 1967, 1997, p. 233.
[30] Jacques Derrida, "*La Structure, le Signe et le Jeu dans le Discours des Sciences Humaines, L'Écriture et la Différence*". Paris, Le Seuil, 1979, 2001, p. 411.

sentido, muito mais do que enquanto começo. Essa crítica está presente de maneira lógica em toda a teoria da significação derridiana, fundamentada ao mesmo tempo pela lógica do suplemento assim como pelo conceito de "arquiescritura".

Derrida prende-se sempre a um mesmo movimento nas teorias da significação. Esse movimento é aquele que consiste, em toda a metafísica ocidental, em estabelecer primeiro um significado transcendental que seria presença absoluta e imediata do sentido em si. Esse significado se degradaria inicialmente uma primeira vez em significante fonológico e sofreria uma primeira mutilação no "falar". Falar que se degradaria, por sua vez, pela escrita, sofrendo, assim, uma segunda amputação de sentido, colocando-o em dois níveis de sentido pleno e totalmente presente em si da origem, como se o escrito pudesse se formalizar como $(sentido)^n$, com $n = -2$.

Queremos demonstrar como René Girard escapa da desconstrução derridiana estabelecendo, simultaneamente, uma emergência da significação (em oposição a uma construção intencional) e uma *différance* originária no campo da antropologia, que em seguida irradia para a linguística. O argumento girardiano poderia ser: na origem de toda significação está a *différance*, na origem estava a *différance*; mas não a *différance* linguística, que é condição necessária para a existência de um sistema de significação. René Girard restabelece o argumento derridiano da *différance* primeiro no plano da antropologia. Vimos, ao longo do nosso estudo, que, se há uma origem na teoria de René Girard, ela deve ser pensada pelo conceito de *différance* da violência. Observamos, em nosso segundo capítulo, que o social, assim como o signo, que não é construído, como é o caso nas filosofias do contrato, emerge das relações entre os indivíduos. Assim sendo, há uma ausência do sentido na origem, um véu de origem. É exatamente porque os homens não sabem o que fazem que o social pode emergir como cristalização unânime da violência em uma vítima considerada culpada. Esse desconhecimento explica de maneira satisfatória a amputação de sentido de que sofrem os Homens. É preciso que lembremos de imediato que é exatamente porque eles ignoram a contingência da escolha da vítima que o social pode emergir. Se o sentido estivesse plenamente presente desde o início, desde a origem, como denuncia a crítica de Derrida no que diz respeito a toda a metafísica ocidental, e se os homens soubessem que a vítima era inocente, então o movimento de hominização girardiano não funcionaria, não mais por consequência que o movimento de emergência do signo. É preciso uma ausência originária do sentido para que algo como a origem possa ser pensada. Se a origem escapa à crítica derridiana é porque ela é, nos textos de René Girard, sempre já amputada de seu sentido. A origem, na obra de René Girard, é, assim, pensada como ausência de sentido, que possibilita a emergência e não sua construção. Mas essa ausência na origem não deve se traduzir de forma inevitável como uma ausência de origem.

O primeiro assassinato permite, desse modo, a emergência da diferença que abre a possibilidade da Cultura como sistema de diferenças. Assim, se a Cultura é um túmulo, é porque existe, na origem do sistema de diferenças, um monumento ou, antes, deveríamos falar como Derrida: um "monumanque".[31] Se há uma origem pensável, é com a condição que, na origem, se encontre o vestígio daquele que falta. Aí podemos encontrar a obsessão que habita toda a antropologia e faz do homem um animal que tem essa relação privilegiada com a morte na construção de monumentos funerários. É preciso estabelecer o vestígio da falta desde a origem. Devemos, realmente, constatar com René Girard que a questão da hominização é tradicionalmente ligada de maneira íntima com a dos ritos funerários e da construção de monumentos.[32] Compreendemos, desde então, por que essa ligação existe. Efetivamente, o processo de hominização é, como vimos, essencialmente ligado ao processo de escritura do vestígio daquilo que falta.

---

[31] Charles Ramond, *Le Vocabulaire de Derrida*. Paris, Ellipses, 2001, p. 52.
[32] "(...) a rigor, o túmulo é o primeiro e único símbolo cultural" René Girard, *Des Choses Cachées Depuis la Fondation du Monde*. Paris, Grasset, 1978, p. 91.

III. A antropologia gerativa de Eric Gans

Vimos como o signo emerge nos textos de René Girard. Contudo, subsiste uma dificuldade no texto, da qual devemos dar conta agora. Para isso, é preciso que levemos em consideração os desenvolvimentos de Eric Gans e sua "antropologia gerativa", que reivindica a si mesma o título de uma das herdeiras da teoria do desejo mimético girardiano: "aceitamos a substância da hipótese girardiana, mas não como se ela fosse completa em si mesma".[33] Assim, a antropologia gerativa retoma a hipótese girardiana do desejo mimético e pretende complementá-la.

A dificuldade contra a qual deparamos é: enquanto acreditávamos ter encontrado o "significante transcendental" no corpo da vítima originária, Girard, em um texto, parece voltar a essa afirmação que se revela, entretanto, essencial a toda nossa tese de emergência, contra uma possível construção: "Não digo que ainda encontramos o *verdadeiro* significante transcendental. Nós ainda não encontramos aquilo que serve para os homens como significante transcendental".[34] Então, é preciso explicar por que o cadáver não é o significante transcendental, mas só aquilo que substitui o significante transcendental para os homens. É por meio de um desvio nos textos de Eric Gans que responderemos a essas questões. Adiaremos a resposta em algumas linhas, para conseguir respondê-la de forma bastante precisa.

a. A cena originária: Gans além de Girard

A teoria da antropologia gerativa aceita todos os desenvolvimentos girardianos no que concerne ao desejo mimético e à focalização de todos em um objeto único. Não retomaremos esses pontos, pois

---

[33] Eric Gans, *The Origin of Language*. Los Angeles, University of California Press, 1981, p. XI.
[34] René Girard, *Des Choses Cachées Depuis la Fondation du Monde*. Paris, Grasset, 1978, p. 112.

foram abordados no primeiro capítulo deste trabalho. Começaremos nossa análise do ponto em que as duas teorias divergem. Esse ponto é precisamente o nascimento do signo, vindo após a cristalização da atenção dos membros do grupo sobre um ponto único. Enquanto René Girard cria sua teoria da vítima emissária reconciliadora, Eric Gans propõe, ao contrário, uma emergência do signo por "um gesto abortado de apropriação"[35] que, para fugir da violência, transforma-se em gesto de designação. Podemos reconstruir a cena da seguinte maneira: enquanto todos os proto-humanos estão reunidos em torno de uma vítima, o desejo mimético faz que todos cobicem esse objeto. Eric Gans evoca, a propósito desse objeto, a possibilidade de uma presa da caça ou de uma vítima sacrificada, mas também de qualquer outro objeto.[36] A cristalização da atenção em um único objeto é máxima. Ora, no mesmo instante em que todos fazem o mesmo gesto com o objetivo de se apropriar do objeto, eles percebem que o desejo dos outros é o mesmo que o seu e, já que há apenas uma direção para a qual convergem todos os desejos, cada um vai obrigatoriamente ser um obstáculo para o outro: "a simetria assustadora dessa situação faz que seja impossível para os participantes desafiarem os outros e levar seu gesto até o fim".[37] Os participantes estão, dessa forma, na posição de duplo vínculo (*double bind*) que apresentamos anteriormente: ao mesmo tempo irresistivelmente atraídos pelo objeto, e ainda mais porque todos os outros o desejam, mas assustados pelas consequências de sua ação de apropriação. O signo emerge, então, como a solução para esse problema. Ele representa, nos textos de Eric Gans, a estrada em direção à saída da situação de *double bind*. A única forma para que os braços dos proto-humanos comprometidos nesse círculo de violência mimética possam continuar a ser dirigidos para o objeto sem,

---

[35] É dessa maneira que Paul Dumochel traduz a expressão inglesa de Eric Gans: "An aborted gesture of appropriation", cf. Paul Dumochel (org.), *Violence et Verité, Autour de René Girard*. Paris, Grasset, 1985, p. 408.
[36] Cf. Eric Gans, *Originary Thinking: Elements of Generative Anthropology*. Los Angeles, Stanford University Press, 1993, p. 9.
[37] "The fearful symmetry of the situation makes it impossible for any one participant to defy the others and pursue the gesture to its conclusion", Eric Gans, idem, p. 9.

entretanto, desencadear uma violência de tal amplitude que colocaria fim à existência do grupo, é que esses braços estendidos não façam mais do que apenas designar o objeto. Assim, a mão estendida não procura mais pegar: ela se satisfaz em designar, mostrar.

Essa concepção de cena originária como a descreve Eric Gans pode, desse modo, abster-se do assassinato. Essa é uma das maiores diferenças de sua teoria para a de René Girard, mas mostraremos que, sem dúvida alguma, é sua maior fraqueza. Com efeito, não é necessário, para que o gesto de apropriação se torne um gesto de designação, que o objeto cobiçado seja a vítima de um assassinato comum; pode ser um objeto qualquer, desde que tenha atraído todos os desejos. Gans denuncia na obra de Girard um deslizamento entre o momento em que se passa de objeto à vítima. Para Gans, parece dificilmente aceitável que o desejo nos oriente primeiro para o objeto e que, de repente, esse objeto se apaga e possibilita unicamente uma rivalidade interindividual que pode se privar do objeto. Haveria, assim, em Girard, dois centros da crise mimética: "(...) pode-se destacar, em sua descrição, um deslizamento bastante problemático entre o objeto em torno do qual as pessoas começam a lutar e a vítima. Admitamos que eles comecem a combater em torno dessa caixa e, no fim, esquecem a caixa e encontram uma vítima".[38]

Obrigamo-nos a constatar que o fato de recusar o apagamento do objeto em benefício do puro relacional não acontece sem trazer muitos problemas às teorias oriundas do desejo mimético. Podemos afirmar que a antropologia gerativa simplesmente recusa a hipótese do desejo mimético, uma vez que ela nega o momento do desaparecimento do objeto que é o elemento-chave da inversão da violência de todos contra todos para a violência de "todos contra um". Eric Gans expressa, de fato, essa objeção como um ponto que se poderia recusar continuando a desenvolver a hipótese girardiana e suas

---

[38] Paul Dumouchel (org.), *Violence et Verité, Autour de René Girard*. Paris, Grasset, 1985, p. 408.

consequências mais distantes. Ora, ao longo do nosso primeiro capítulo, demonstramos ininterruptamente que essa opção não existe. Caso se recuse que os homens possam combater por um objeto que existe de fato apenas para esse combate, objeto que emerge muito mais dessa relação do que a produz, é preciso recusar o conjunto de demonstrações girardianas. Privando-se da necessidade do assassinato e estabelecendo a possibilidade de fazer emergir o signo a partir de um objeto qualquer, objeto que existe antes do desenvolvimento da violência mimética, a antropologia gerativa apresenta-se mais econômica que a antropologia fundamental de René Girard. Contudo, restaurando a prioridade do objeto sobre a relação entre sujeitos, ela se distancia mais do que reconhece do quadro teórico do pensamento do desejo mimético.

De agora em diante, é fácil opor a teoria girardiana à de Gans. Mesmo que elas possam parecer muito próximas à primeira vista, Gans apenas modifica ligeiramente a emergência do signo nos textos de Girard; pensamos, ao contrário, que essas teorias se opõem realmente e que, no fim, Eric Gans não elucida o que diversas vezes apresentamos como a maior força do modelo girardiano: a emergência do sentido na contingência do ponto de vista externo e no desconhecimento do ponto de vista interno. Por meio de diversas objeções, das quais algumas serão unicamente técnicas e internas aos textos e outras muito mais importantes, demonstraremos como a teoria girardiana permanece superior à antropologia gerativa que, mesmo se valendo da hipótese do desejo mimético, abandona o seu essencial. Então, surgirá claramente no fim desse caminho por que o cadáver não é o *verdadeiro* significante transcendental. Veremos que, embora ele seja sem dúvida o primeiro significante, é impossível para René Girard demonstrar seu caráter transcendental.

b. Os limites da Antropologia gerativa

A primeira objeção que fazemos a Gans é uma objeção *de facto*. Ainda que ela não apareça nos textos consagrados à análise da antropologia gerativa, ela nos parece, contudo, importante; visto que, como a teoria girardiana, a antropologia gerativa se apresenta como uma tese sobre o que realmente foi a hominização, temos o direito de fazê-la passar pelo teste da realidade e, logo, por objeções de fato. A cena originária, tal como a descreve Gans, é diretamente observável em nossos dias entre os animais; e ela parece até mesmo, tanto é próxima dessas observações, fortemente inspirada nela. As ocasiões de conflito depois de uma caça para o compartilhamento de uma presa são rotineiras no reino animal. Ainda além, podemos dizer que todas as caças às quais se dedicam os animais que vivem em grupo resultam nessa cena; para se convencer disso, basta observar um grupo de felinos. Ora, devemos constatar que essas cenas parecem, à primeira vista, desenrolar-se precisamente como descreve Eric Gans. Há, efetivamente, cristalização da atenção sobre a presa e convergência dos gestos para ela, cada animal tentando, em várias repetições, apropriar-se dela. Pouco a pouco, quanto mais inevitável parece a violência, maior é o número de animais que renuncia à apropriação da vítima da caça. No fim, só um dos animais, em geral o dominante, apropria-se do cadáver e deixa os outros aproveitarem-no apenas após ter consumido aquilo que lhe cabe em razão de seu *status* de dominante. Desse modo, há "um gesto de apropriação abortado" que impede que a violência se desencadeie como estabelece a antropologia gerativa. Seria preciso, então, se seguíssemos essa teoria, que esse gesto de apropriação abortado fosse a ocasião de emergência do signo. Entretanto, o sistema de significações como o conhecemos entre os homens não emerge entre os animais. O gesto de apropriação abortado parece, assim, *de facto,* não bastar para propiciar o advento do signo. Novamente, um desvio no campo da etologia nos permite ver como a teoria girardiana obtém êxito no ponto em que outras, seja estabelecendo uma fronteira rígida demais entre o reino animal e o Homem, seja, como a antropologia gerativa, chegando à dissolução total da fronteira, tornam as especificidades humanas incompreensíveis. Se o signo devia nascer, como diz Eric Gans, de um "gesto de apropriação abortado" antes mesmo que o assassinato aconteça, então o sistema de significação não seria propriamente humano: ele deveria ser exatamente o mesmo entre os animais, já que todos os elementos da cena originária estão de maneira idêntica no reino animal.

A segunda objeção deve ser feita à antropologia gerativa, e ela é, aos nossos olhos, mais severa e mais importante, pois atinge a própria ideia de um desconhecimento (*méconnaissance*) na origem. Ela questiona o fato de que todo processo de hominização possa acontecer apenas em um total desconhecimento de si. Esse ponto separa, em nosso ponto de vista, de modo muito mais profundo, Eric Gans e René Girard. Realmente, a dificuldade vem do fato de saber por que o gesto de apropriação é abortado, porque, na antropologia gerativa, contrariamente à teoria girardiana do assassinato fundador, o processo não vai até sua culminância violenta: o assassinato. Essa objeção, que poderia ser traduzida pela pergunta: "Por que a violência é detida?", deve ser aproximada da dificuldade que já revela Pierre Manent nos textos de Hobbes. É, de fato, uma pergunta que se faz desde que se deseja pensar na saída de um estado de natureza, cuja violência generalizada é uma das características. Pierre Manent destaca com razão uma passagem problemática nos textos do filósofo inglês. Se o estado de natureza é uma situação em que os Homens lutam sem parar por sua própria sobrevivência, como essa espiral da guerra de todos contra todos pode ter fim? Essa inversão só pode acontecer por uma mudança de paradigma de Hobbes com relação ao homem: "(...) homens definidos explicitamente como aristocratas (na luta pelo poder, honra, prestígio) se dirigem para o momento decisivo como burgueses (eles querem garantir sua segurança)".[39] Por que os homens animados pelo desejo de glória, subitamente, pode-se dizer que no momento-chave, preferem a segurança?

É a mudança de paradigma que também torna a antropologia gerativa problemática, contrariamente à continuidade da teoria

---

[39] Pierre Manent, *Histoire Intellectuelle du Libéralisme*. Paris, Hachette, 1987, 2002, p. 94.

girardiana. O que nos revela de certo modo Pierre Manent na obra de Hobbes é que o gesto de apropriação abortado deve ter como causa certo conhecimento do fenômeno da violência mimética. Não pode haver outra razão para o fato de abortar seu gesto que o temor da violência generalizada e o medo da morte. Ora, como saber que a convergência dos gestos de apropriação para o objeto irá desencadear uma violência que pode ir até a morte? Os Homens poderiam, por exemplo, pensar que a convergência de seus desejos sobre um objeto terá a solução em sua divisão; assim, não haveria nenhuma razão para deter seu gesto. Nos textos de Eric Gans tudo sempre acontece como se os homens soubessem que os únicos caminhos desimpedidos para eles são a violência generalizada e um combate até a morte pelo objeto ou um gesto de apropriação abortado. Ora, acabamos de demonstrar, com o exemplo da divisão, que esses caminhos não podem se impor aos homens de outro modo que não seja pelo conhecimento do fato de que a violência é mimética e que ela reforça a desejabilidade do objeto. Só o saber do caráter mimético e contagioso da violência pode permitir aos Homens saber que o objeto não será dividido. Se apenas a emoção e o medo bastassem para abortar o gesto, então os animais também deveriam ter um sistema de significação comparável ao nosso. Dessa forma, é preciso, na antropologia gerativa, um conhecimento antes do signo para que ele possa advir.

Assim, a fraqueza da antropologia gerativa é de certa maneira a mesma que a das filosofias do contrato: ela supõe sempre, para sair da cena originária, uma escolha ou uma decisão intencional[40] que só pode advir pelo conhecimento e pela conscientização do caráter insolúvel da guerra de todos contra todos. Ora, é necessário lembrar que esse conhecimento não pode em nenhum caso ser proveniente de uma experiência passada qualquer, já que Eric Gans se situa na hipótese teórica de uma cena originária e primeira. Desse modo, ela

---

[40] "O contrato é o instrumento dessa reconstrução: na relação jurídica entre as partes envolvidas no contrato, supõe-se que cada uma *saiba perfeitamente o que faz e por que faz*" (grifo nosso), Jean Terrel, *Les Théories du Pacte Social*. Paris, Le Seuil, 2001, p. 21-22.

deveria ser o fruto de uma conscientização, de um saber desconstrutor da violência, o que é contrário à hipótese do desejo mimético, que pode funcionar apenas com o desconhecimento de si mesmo.

Enfim, uma terceira observação permitirá a resposta à nossa questão, que consiste em saber por que o cadáver não é o *verdadeiro* significante transcendental. É preciso destacar, em primeiro lugar, um ponto importante que separa Eric Gans e René Girard. Para o primeiro, o signo advém antes da violência, ele permite que a violência não aconteça. Assim, o "gesto de apropriação abortado" põe fim à violência antes mesmo que ela se desencadeie. O signo é, dessa forma, um gesto intencional de paz. Nos textos de René Girard, ao contrário, o signo vem apenas depois da violência, ele é uma das consequências da violência generalizada. Nesse caso, vemos claramente no que se opõem os dois pensadores franceses: para um, o signo nasce na paz; para outro, provém de uma situação de guerra. É esse nascimento caótico do signo, na obra de Girard, que o impede de ser totalmente transcendental, pois ele sempre traz consigo a violência animal e o sangue ou, ao menos, sua lembrança, seu vestígio.

IV. A formalização do modelo: autotranscendência e autorrealização do ponto fixo regulador

É preciso, para concluir este estudo, demonstrar como a teoria girardiana pode ser formalizada e unificada, ou seja, é preciso demonstrar como o essencial dos fenômenos que René Girard analisa, e as consequências as quais ele chega, podem e devem ser lidos segundo um exclusivo e único modelo conceitual. Veremos como esse modelo que surgirá explicará, graças a um único conceito e em um único gesto filosófico, ao mesmo tempo o desejo mimético, a hominização e a emergência do signo. Demonstraremos como o signo corresponde à problemática do desejo, ao problema da saída do estado de natureza ou ao problema da saída da violência mimética generalizada, assim como à possibilidade de um sistema de significação, por um conceito original e único que explicaremos: a autorrealização. Acreditamos de fato que o movimento assinalado em todas as teorias de René Girard deve ser explicado e analisado com os termos autorrealização e autotranscendência.[41]

A filosofia política moderna desde Bodin defrontou-se ininterruptamente com o problema da exterioridade do soberano, diante do qual um povo poderia existir ao se submeter a ele. Recusando a exterioridade absoluta da autoridade teológica com relação à comunidade humana, a própria modernidade política poderia ser lida em sua totalidade como um movimento de interiorização da entidade soberana,[42] de secularização do político, de reapropriação pela comunidade da fonte do poder político em resposta a essa problemática. Assim, embora seja necessário um ponto externo que possa organizar a comunidade, a modernidade política toma consciência de que esse ponto externo estabelece, por sua própria exterioridade, muitos problemas com relação às concepções antropológicas do homem moderno. Essa exterioridade necessária de um ponto organizador explica o caráter exorbitante dos direitos dos quais desfrutam, nas obras políticas modernas, as diferentes entidades soberanas. É com esse argumento que seguidamente são condenadas as soluções encontradas para a violência antropológica pelas teorias do contrato de Hobbes, mas também de Rousseau. Todavia, a modernidade e seu pensamento da autonomia do homem revelam esse problema e não podem mais ocultá-lo, ele aceita assumi-lo. É como uma solução ao problema da exterioridade do ponto sobre o qual se apoia toda a ordem social e a unidade da comunidade que

---

[41] É às análises de Jean-Pierre Dupuy que devo a conscientização da riqueza desse modelo de autotranscendência. Cf. Jean-Pierre Dupuy, *Individualisme et Autotranscendence, Introduction aux Sciences Sociales, Logique des Phénomènes Collectifs*. Paris, Ellipses, 1992, p. 217-23.
[42] Para se ter uma apresentação completa dessa tese, pode-se consultar a obra de Pierre Manent, *Histoire Intellectuelle du Libéralisme*. Paris, Hachette Littérature, 1987, 2002. Em particular, o primeiro capítulo: "L'Europe et le problème théologico-politique".

podemos ler as teorias do contrato. Com efeito, o contrato pode ser o instrumento de um distanciamento do soberano, sem, no entanto, sacrificar o fato de que seu poder emana de nada além do que a própria comunidade. Isso poderia explicar o *status* difícil de interioridade/exterioridade do soberano na obra de Hobbes ou, ainda, a transcendência da "Vontade Geral" nos textos de Rousseau. Essas dificuldades são sempre o reflexo de um conflito entre a exterioridade da qual elas devem desfrutar, senão perderiam seu caráter organizador (sendo apenas um cidadão a mais), e o fato de que eles devem provir unicamente da comunidade, para não violar o princípio de autonomia do social, compreendido em seu sentido etimológico de capacidade de criar suas próprias leis, isto é, viver sob a influência de sua própria limitação.

Demonstraremos, graças aos conceitos de autorrealização e autotranscendência, que, contrariamente às teorias do contrato que sempre deparam com o problema de interioridade e de exterioridade, René Girard pensa um sistema social que autoexterioriza seu ponto regulador, ou seja, que o criou sem ter essa intenção, pelo assassinato comum da vítima emissária. Ele o autoexterioriza enquanto o autorrealiza. Assim sendo, o cadáver, inversamente às diferentes entidades soberanas nas teorias do contrato, não será pensado como o representante da comunidade, mas como seu significante.

a. O fenômeno de autorrealização: objeto mimético e objeto relacional

Para dar conta do conceito de autorrealização, procederemos em dois tempos. Primeiro, mostraremos como esse procedimento é explicado de maneira muito clara no campo dos mercados financeiros e monetários. Será fácil, depois de um estudo rápido do fenômeno da especulação financeira, compreender como uma profecia pode se autorrealizar em um mercado, como uma representação da realidade pode engendrar modificações dessa mesma realidade. Veremos, então, que esse mecanismo de causalidade circular supõe certa ontologia, ou seja, certa maneira de ser dos objetos sobre os quais acontece essa autorrealização. Assim, a autorrealização nesses mecanismos reúne sempre condições cognitivas que surgem na necessidade de alguma dose de desconhecimento dos atores, mas também uma ontologia. Nossa análise revelará o fato de que, se a autorrealização funciona tão bem nos domínios financeiros e monetários, é porque seus objetos existem unicamente em e por uma relação, assim como vimos com os objetos que entram na relação do desejo mimético. Eles têm valor apenas graças à confiança que os homens depositam neles. Desse modo, não existem antes de entrar na relação, surgem em uma relação que os leva. Será preciso, então, em um segundo tempo, aproximar esse objeto relacional dos objetos oriundos da teoria do desejo mimético e demonstrar por que podemos aplicar esse conceito de autorrealização, assim como seu funcionamento à teoria girardiana.

O processo de autorrealização como utilizamos em nossas análises dos textos de René Girard é claramente explicado nos mercados financeiros pelo economista John Maynard Keynes, cujo funcionamento ele apresenta nos fenômenos da especulação financeira. Lembremos rapidamente que a especulação financeira apoia-se para o essencial entre a diferença que há em um mercado entre o valor fundamental de uma ação e o valor o que o mercado estima; isso quer dizer que é preciso estabelecer uma diferença entre o que uma ação vale de forma fundamental e o valor pelo qual o mercado está pronto para comprá-la.[43] Ora, vemos bem que a especulação se interessa pelo essencial do valor estimado pelo mercado. Com efeito, cada vez que quero comprar uma ação por um preço n e posso revendê-la a um preço $(n + 1)$, há um ganho especulativo. Pouco me

---

[43] Por essa diferença, podemos compreender a criação das bolhas financeiras. Lembremo-nos da bolha financeira que manteve a nova economia, quando muitas empresas que fundamentalmente valiam muito pouco estavam cotadas por valores muito altos porque o mercado lhes concedia muita confiança e um potencial de crescimento vertiginoso. Contudo, vimos que quando a confiança foi questionada e nos aproximamos subitamente dos valores fundamentais dessas empresas, as surpresas foram grandes e as falências, amargas.

importa se nesse momento exato o valor fundamental dela seja de
($n + 3$) ou de ($n - 3$). Conta apenas aquilo que pensa o mercado, e o
valor que ele atribui a essa ação. Essa diferença entre o momento de
compra e de venda, dependendo do fato de ser positiva ou negativa, causa um ganho especulativo ou uma perda. Vemos, assim,
imediatamente que há duas formas de valorizar uma ação. Pode ser
fixando-nos às coisas, à realidade particular da empresa e, desse
modo, estamos no caso do valor fundamental. Consideramos, então,
a capacidade real da empresa, ou seja, suas entradas e saídas, sua
capacidade mercantil e comercial. Pode ser, também, que fixemo-nos na valorização, que está baseada unicamente nas crenças do
mercado, no preço que os compradores estão prontos a pagar para
adquirir suas ações: nessa situação, estamos no caso do valor que
interessa à especulação financeira. Vemos claramente em que esse
fenômeno é próximo das interpretações de René Girard e por que
ele retém toda nossa atenção.

Podemos opor o valor fundamental e o valor de mercado de acordo
com o vocabulário girardiano. O valor fundamental está ligado às
coisas, está baseado em uma relação dos Homens com o mundo.
O valor de mercado, ao contrário, é construído e existe apenas na
relação entre homens, entre compradores e vendedores, e podemos
ver de forma muito explícita o que fundamenta o valor de mercado,
ou seja, o que fundamenta o preço de uma ação: não é nada mais
nada menos que sua desejabilidade. Quanto mais uma ação é desejada, mais o preço dela sobe; quanto menos é desejada, solicitada,
mais seu preço baixa. Sua consistência modifica-se apenas, desse
modo, em uma pura relação de desejos. É o desejo que modifica o
objeto e não o objeto que influencia o desejo, como poderiam nos
fazer acreditar todas as teorias que ainda pensam no desejo como
uma relação de sujeito ao objeto.

É nesse sentido que os mercados financeiros e monetários nos
ajudam a compreender o modelo de René Girard, assim como o
filósofo nos ajuda, em troca, a compreender os mecanismos e os
comportamentos do mercado. Notemos que, em casos extremos,

limites, podemos encontrar nos fenômenos monetários o fato de que uma perda de desejabilidade pode causar simplesmente o desaparecimento do objeto ou, ao menos, sua passagem de um mundo a outro. Com efeito, tomemos, por exemplo, o caso de uma moeda.

A partir do momento em que ninguém mais vê nela um valor de troca, ou seja, a partir do momento em que os atores do mercado não lhe acordam mais sua confiança, ela perde muito rapidamente seu valor, tendo em vista que sua demanda cai, podendo simplesmente desaparecer do mercado. O que é, na realidade, uma moeda que não está mais em uso no mercado? Nada mais, nada menos que um objeto que perdeu a confiança dos atores do mercado. Assim sendo, essa perda de confiança faz que essa moeda, na cotação monetária, passe da existência ao nada. Uma moeda não desejada retorna ao nada, porque só o desejo a fazia existir. Observemos, contudo, que ela não retorna para o nada de modo absoluto, não desaparece totalmente: ela deixa de existir no mundo das cotações monetárias, mas pode continuar existindo de outras formas ou em outros mundos, como o da arte. O sestércio, por exemplo, passou do mundo do câmbio para o da arte e da arqueologia. Os mercados monetário e financeiro parecem apresentar objetos que obedecem a leis muito próximas daquelas em que estão envolvidos os objetos no desejo mimético.

É na *Teoria Geral do Emprego, do Juro e da Moeda*[44] de Keynes que encontraremos nossos argumentos e explicações essenciais sobre o funcionamento do conceito de autorrealização em finanças, pois ele apresenta uma análise do fenômeno da especulação financeira que podemos ler, como acabamos de demonstrar, em termos girardianos. Desse modo, retomemos rapidamente, em um primeiro tempo, seus resultados.

O fenômeno da autorrealização é simples: baseia-se em uma retroação da consequência sobre a causa; por essa razão, podemos

---

[44] John Maynard Keynes, *Théorie Générale de l'Emploi, de l'Intérêt et de la Monnaie*. Tradução para o francês de Jean de Largentaye. Paris, Payot, 1963.

dizer que é um conceito sistêmico. Ora, vimos, em nosso primeiro capítulo, que o desejo mimético, enquanto leva ao duplo vínculo (*double bind*), deve ser analisado com os conceitos da teoria dos sistemas e, principalmente, a ideia segundo a qual uma consequência pode reagir sobre sua causa.[45] Assim, veremos como, ao anunciar uma consequência, podemos dar início às causas que a realizam. Para que a autorrealização seja possível, é preciso, de certo modo, que a profecia dê início a um mecanismo causal que permita à consequência anunciada acontecer. Como vimos na obra de René Girard, o retorno à paz e à ordem pelo assassinato reforça a ideia de que a vítima era culpada, mesmo que a culpabilidade fosse apenas uma simples crença. Do mesmo modo, na profecia autorrealizadora, a realização da consequência anunciada reforça a ideia de que a profecia estava correta, embora seja a própria profecia, sendo um anúncio, que fez parte da criação da consequência.[46]

Podemos explicar essa autorrealização no movimento especulativo por meio de um caso concreto. Por exemplo: imaginemos, em um mercado financeiro, um escritório de *trading* desfrutando de certo prestígio no mercado das bolsas de valores, que lança um rumor sobre a futura alta de um valor de bolsa.[47] Para demonstrar ao mercado a confiança que tem em suas previsões e para reforçar seu anúncio por atos que serão interpretados por todos os atores do mercado como um risco, o escritório compra uma soma importante dessa ação. Não dispondo dos instrumentos de análise do

---

[45] Cf. análise do "*double bind*" no segundo capítulo.
[46] Encontramos esse mecanismo, mas em sua face contraprodutiva, na teoria do catastrofismo elucidada por Jean-Pierre Dupuy. Trata-se de anunciar a iminência, necessariamente, de uma catástrofe, a fim de impedir que ela aconteça. Assim, é preciso anunciar a guerra nuclear total, ou as consequências mais graves do aquecimento global, para que uma conscientização nos permita escapar disso. É porque a catástrofe necessariamente chegará que podemos, paradoxalmente, preveni-la. Vemos claramente que, nesses casos, a profecia se autorrealiza. Cf. Jean-Pierre Dupuy, *O Tempo das Catástrofes - Quando o Impossível é uma Certeza*. Trad. Lílía Ledon da Silva. São Paulo, Editora É, 2011 (livro publicado na Biblioteca René Girar). E também Jean-Pierre Dupuy, *Petite Métaphysique des Tsunamis*. Paris, Le Seuil, 2005.
[47] Os fenômenos de autorrealização se desenvolvem sempre em torno de rumores, de boatos, porque se propagam de maneira muito rápida de acordo com o modo do contágio.

escritório e constatando o risco real que este assume comprando essa ação, muitos portadores compram-na por prudência, com medo de não aproveitar esse conselho caso ele se revele verdadeiro. Vemos claramente que o negócio trata de ser o primeiro a comprar, para ser aquele que terá a maior diferença entre o preço pelo qual a ação é comprada e o valor pelo qual ela será vendida. Como frequentemente acontece, é aquele que lança o rumor que tem a maior vantagem. Constatamos, de fato, que aquele que compra menos caro, mais cedo, será aquele que maximizará seu ganho no momento da revenda.

Nesse exemplo, é bastante fácil compreender que, de qualquer maneira, quem comprou com o preço mais baixo foi o escritório de *trading*, que presumidamente reforçou suas previsões sendo o primeiro a comprar; assim, a autorrealização em finanças sempre é benéfica para aquele que a provoca. Mas o que é necessário observar nesse fenômeno de especulação é que ele é racional.[48] Há um interesse em fazer parte desse fenômeno da especulação e, portanto, em mantê-lo. Nos mercados financeiros, o mimetismo é racional. Isso é explicado pelo seguinte fato: desde as primeiras compras, a cotação da ação realmente aumenta, visto que começa a ser cada vez mais solicitada no mercado. A partir do momento em que uma ação é desejada, o valor dela aumenta. A oferta estando estável no mercado e a procura aumentando, a cotação dessa ação se eleva da mesma maneira à medida que os compradores agem. É fácil compreender a sequência dessa cadeia, ou deveríamos dizer dessa espiral? Realmente, o ligeiro aumento dessa ação sob o efeito das primeiras compras reforça no mercado a ideia de que a previsão do escritório era boa e que teria sido um engano se privar dos prováveis ganhos que ela anuncia, e isso gera um crescimento muito grande da demanda dessa ação no mercado, levando a uma nova alta de sua cotação. Nesse caso, encontramos a forma da espiral

---

[48] Sobre o problema do mimetismo racional na especulação financeira, podemos consultar a obra de Jean-Pierre Dupuy, *La Panique*. Paris, Le Seuil, 1991, 2003, principalmente o capítulo IV, *Mimesis et Rationalité*, p. 91-131.

autoalimentada: quanto mais uma ação é solicitada, mais seu preço aumenta, e inversamente, quanto mais seu preço aumenta, mais temos interesse em especular sobre ela e, então, comprá-la.

Assim, a primeira profecia do escritório, segundo a qual a ação ia aumentar, está autorrealizada. Ela foi, de algum modo, realizada pelas próprias consequências de seu anúncio. O anúncio de uma alta convida à compra; compra que por si mesma cria a alta da cotação da ação, exatamente como havia anunciado a profecia. Esse fenômeno tem, então, duas consequências: primeiro, ele autorrealiza sua previsão, mas, além disso, aumenta muito o prestígio do escritório por ter feito essa primeira previsão. Como o mercado pensa que a previsão do escritório se revelou boa, seu prestígio está ainda mais reforçado. Em outras palavras, a autorrealização aumenta o prestígio do mediador do desejo. A próxima vez que esse escritório fizer uma previsão e lançar um rumor, o mercado terá uma razão a mais para acreditar nele e de reagir ao que diz o mais rapidamente possível. Assim, a espiral se autoalimenta e se autoacelera. As duas consequências estão evidentemente ligadas: se o prestígio aumenta, é porque a previsão se autorrealiza e, inversamente, quanto mais o prestígio aumenta, maiores são as chances de criar profecias autorrealizadoras no futuro. Torna-se claro como o anúncio da consequência realmente retroage sobre as causas e a provoca.

Esse processo que descrevemos com o termo autorrealização poderia parecer artificial e pouco crível, fazendo dos mercados financeiros sistemas simples demais, previsíveis demais. Recorremos, então, ao exemplo dado por Jean-Pierre Dupuy, para convencer o leitor da realidade desses fenômenos: "em dezembro de 1987, Ronald Reagan declara que, para ele, o dólar baixou demais".[49] Podemos facilmente imaginar a sequência dessa espiral. Anunciando essa subavaliação do dólar, Reagan insinua uma futura intervenção direta e forte do Banco Central americano para reavaliar o dólar. É preciso explicitar

---

[49] Jean-Pierre Dupuy, *La Panique*. Paris, Le Seuil, 1991, 2003, p. 107.

que dada intervenção, se tem o objetivo de reavaliar o dólar, pode consistir apenas em uma compra massiva de dólares no mercado. É desse modo, agindo sobre a demanda de dólares, que o Banco intervirá. Esse anúncio é, então, uma profecia enquanto insinua que o dólar aumentará em breve. Assim, os especuladores compram dólar nos mercados monetários para aproveitar essa alta futura e antecipar o máximo possível a reação do mercado. Todavia, temos de constatar que, no fim desse processo, o Banco Central não tem mais necessidade de intervir, pois a demanda massiva de dólares pelos especuladores basta para realmente fazê-lo subir até o nível desejado e anunciado pelo poder político norte-americano. Esse caso demonstra um uso perfeito do princípio e dos mecanismos de autorrealização, trata-se sempre de usar uma representação para agir sobre a realidade. Se um número suficiente de pessoas acredita na profecia, elas compraram dólar, fazendo aumentar sua cotação e, desse modo, autorrealizando a profecia. A influência dessa ação na realidade virá *a posteriori* confirmar a primeira previsão; realmente, muito mais do que uma confirmação, trata-se de uma criação, de uma modificação da realidade, como no momento em que o retorno à paz da comunidade vinha confirmar a culpabilidade da vítima previamente imolada.[50]

Todavia, é preciso observar que, no mercado, o saber objetivo não impede que a profecia se realize. O conhecimento objetivo não basta para desconstruir o processo. De fato, imaginemos que um indivíduo saiba que Ronald Reagan mente, e que o Banco Central americano não tem realmente nenhuma intenção de intervir comprando dólares; esse indivíduo ainda terá interesse em comprar? O indivíduo que dispõe de um saber único, de uma informação de que ninguém dispõe, está em vantagem nesse tipo de mercado? Afirmamos que esse indivíduo também teria interesse, como os outros, em comprar e, portanto, fazer parte desse fenômeno de autorrealização, porque as compras dos outros indivíduos (supostamente

---

[50] Cf. segundo capítulo.

ignorantes) lhe permitirão um ganho especulativo. Mesmo que ele saiba que o fenômeno é viciado, terá, apesar disso, interesse em fazer parte dele porque a realidade da ação sobre a qual ele especula, isto é, seu valor, não é criado por uma objetividade qualquer, mas unicamente pela crença dos ignorantes. Assim, é interessante destacar que, no mercado, em razão da ontologia que ele põe em jogo, os ignorantes e os conhecedores caminham lado a lado, de mãos dadas.[51] É o mesmo fenômeno que explica inversamente por que, no momento de uma crise, no momento de uma queda violenta dos valores, tanto os conhecedores como os ignorantes têm interesse em se desfazer o mais rapidamente possível de suas ações e, dessa maneira, agravar a crise. A espiral financeira sempre traz consigo tanto os conhecedores quanto os ignorantes.

Vimos, ao longo dessa análise, que se a autorrealização funciona, é porque os atores do mercado têm uma influência direta sobre os objetos financeiros e monetários. Se uma compra massiva de um valor não o fizesse aumentar, isso interromperia o fenômeno e o tornaria inoperante. O objeto financeiro é, então, criado pelas relações que mantêm os compradores e os vendedores, o que entendemos por "objeto relacional": um objeto cuja realidade só pode ser criada ou modificada em uma relação entre dois ou mais indivíduos. Os objetos monetários e financeiros só existem realmente nessa relação, eles são seu paradigma mais aparente.
O melhor exemplo da capacidade de criar objetos financeiros certamente nos é oferecida pelo fenômeno da criação monetária. Como já vimos, somos obrigados a constatar que moedas podem desaparecer completamente pelo simples fato de que todos decidem não lhe acordar mais a confiança necessária para sua existência. Uma nova moeda, ao contrário, pode ser criada ou modificada por um acordo entre partidos que depositam sua

---

[51] Esse fenômeno pode ser explicado pelo próprio conceito de "especulação". Sabemos que a "especularidade" é o fato de olhar as coisas com os olhos dos outros. Ora, é exatamente a isso que é obrigado o sábio no mercado. Ele é obrigado a olhar o mercado através dos olhos dos ignorantes porque são suas ações (compra ou venda) que vão criar o preço do título.

confiança nela. O leitor de René Girard não ficará espantado por essas últimas conclusões e suas teorias podem ser compreendidas como uma extensão de todos esses objetos da física das últimas análises. A teoria do desejo mimético lembra-nos que, realmente, todos os objetos, naquilo que têm de desejável e em sua própria existência, são objetos relacionais.

b. René Girard: emergência e autorrealização

O fenômeno de autorrealização analisado anteriormente apresenta uma condição necessária para seu bom funcionamento que definitivamente o aproxima do sistema girardiano e nos permite explicitar as condições cognitivas. Para que as profecias autorrealizadoras sejam possíveis, estas devem acontecer contando com certo desconhecimento do fenômeno. Mais uma vez, isso é facilmente explicável por um desvio no campo de estudo das finanças. Imaginemos que, depois do anúncio do futuro aumento de um valor da bolsa, os atores do mercado saibam que só suas compras realizarão essa alta do valor; que a realização da profecia baseia-se, no fim, na sua escolha de comprar ou não e, além disso, que eles sabem que todos no mercado também sabem disso. Isso supõe duas coisas: em primeiro lugar, que eles tenham conhecimento do funcionamento do processo e, em segundo, que esse conhecimento seja público, isto é, que todos saibam que todos sabem. Eles teriam, assim, um meio, por esse duplo conhecimento (conhecimento do processo e conhecimento do conhecimento dos outros), de bloquear a profecia recusando-se em massa a comprar a ação depois do anúncio. Assim que conhecemos o processo e sabemos que todos o conhecem, é muito mais arriscado ser o primeiro a comprar, ser aquele que joga a primeira pedra que desencadeará a chuva de cascalho. Recusando-se a realizar essas compras, a profecia não se realizaria. A autorrealização só é possível, então, com o desconhecimento. Ela decerto suporta o conhecimento, mas não pode aceitar a metacognição generalizada, ou seja, o momento em que todos sabem que os outros sabem.

Encontramos aqui, novamente, um dos temas que julgamos estar no núcleo das três teorias girardianas que analisamos: a teoria do desejo mimético, a teoria da hominização e a teoria da emergência do signo. Graças à formalização desses processos e graças ao uso do conceito de autorrealização, estamos, de agora em diante, em condições de ver que essas três teorias são apenas uma. Essa unidade de um mesmo processo, que age em diferentes lugares e níveis nos textos, pode doravante ser nomeada. Podemos explicitar o que faz a força da teoria de René Girard: o processo que permite deixar emergir um sentido em certo desconhecimento é a autorrealização. O que permite que um sentido emerja a partir de uma situação totalmente indiferenciada é, então, a autorrealização. Se um sentido pode advir da contingência, é com a única condição de que ele não seja criado, mas autorrealizado. Essas conclusões são muito mais compreensíveis se nos lembrarmos como elas se aplicam às teorias girardianas.

O processo de autorrealização é usado nos textos de René Girard em três níveis:

a. Na teoria do desejo mimético, o que é autorrealizado é o objeto do desejo. Mesmo que inúmeros objetos estejam disponíveis, o fenômeno de autorrealização explica como um objeto pode emergir da massa indiferenciada do mundo. É por essa razão que explicamos[52] como não há, na teoria do desejo mimético, objetos desejáveis; mas, ao contrário, só desejos (os do mediador) podem fazer se desprender um objeto no *plenum* de ser do mundo. Como destaca René Girard, isso é diretamente observável em psicologia com crianças: "coloque um certo número de jogos, todos idênticos em uma sala com o mesmo número de crianças, e haverá grandes chances de que a divisão não ocorra sem desentendimentos".[53] Só um dos objetos atrai todos os olhares e os desejos das crianças, e não há, de certa

---

[52] Cf. primeiro capítulo.
[53] René Girard, *Des Choses Cachées Depuis la Fondation du Monde*. Paris, Grasset, 1978, p. 17.

maneira, nada que exista além dele. Mesmo que acreditemos que havia nessa sala muitos objetos idênticos, a experiência mais elementar nos confirma que não são. Se acreditarmos no comportamento das crianças, não havia objetos na sala antes de seus desejos. O objeto não preexiste, assim, à relação, ele emerge dela: "o desejo não é orientado por um atrator que preexiste a ele, é ele que faz emergir o atrator. O objeto é a verdadeira criação do desejo mimético, é a composição das codeterminações miméticas que o faz brotar do nada (...)".[54] A primeira autorrealização é, assim, ontológica.

b. Na teoria da hominização e do nascimento do social, o que é autorrealizado é a estabilização da sociedade pela culpabilidade da vítima: o que é autorrealizado é a ordem. Imola-se a vítima porque ela é considerada culpada, e o retorno à estabilidade como sequência à sua imolação confirma o fato de que era realmente culpada. O assassinato, que era a consequência da culpabilidade pensada ou postulada da vítima, retroage sobre essa culpabilidade, confirmando-a. O que o fenômeno de autorrealização permite compreender a partir daí é que, muito mais do que confirmar a culpabilidade da vítima, o retorno à estabilidade a constrói. Da mesma maneira que, no desejo mimético, vimos a criação do objeto, podemos ver nessa situação como uma relação entre humanos pode criar uma vítima culpável e uma unidade em torno dela. Novamente, é importante lembrar-se de que "A partir do momento em que o conhecimento do mecanismo se difunde, não há analepsia",[55] se os homens estivessem todos conscientes da criação dessa culpabilidade e, além disso, esse saber fosse público, eles poderiam, recusando-se a imolar a vítima, parar o processo de autorrealização. No âmbito da antropologia, é, então, a ordem e a unidade da comunidade que é autorrealizada.

---

[54] Jean-Pierre Dupuy, *Ordres et Désordres, Enquête sur un Nouveau Paradigme*. Paris, Seuil, 1982, 1990, p. 132.
[55] René Girard, *Des Choses Cachées Depuis la Fondation du Monde*. Paris, Grasset, 1978, p. 151.

c. Enfim, na teoria do signo, o que é autorrealizado é a significação, não com um sentido preciso, mas a própria possibilidade da significação. As teorias do contrato social constroem "representantes" que são designados com pleno conhecimento de causa e em plena consciência. Aceitamos reconhecer como nossas suas ações, com a condição de que tenhamos o direito de fazer parte de sua designação, de sua eleição. A teoria girardiana, ao contrário, por meio do desconhecimento (*méconnaissance*) que supõe do processo de autorrealização, estabelece a vítima como significante, atribuindo-lhe a responsabilidade do que a ela mesma fez. A comunidade se autorrealiza, mas, não sabendo disso, atribui essa capacidade organizadora à vítima, que se torna portadora desse sentido. A vítima significa a culpabilidade que permite o advento da ordem. Para expressar essa oposição em outras palavras, pode-se dizer que o contrato se articula em torno de "todos por um" que conhece, enquanto a vítima emissária se articula em torno do "todos contra um" que ignora. Desse modo, há, nas teorias do contrato, uma "exceção positiva"[56] da entidade soberana, enquanto nos textos de René Girard há uma "exceção negativa" desta. Assim, representação e significação se opõem como processo que é resultado de uma construção intencional e processo que emerge de uma autorrealização no desconhecimento de si. O cadáver é o significante porque faz mais do que representar a comunidade, ele traz consigo o caminho semântico da sua emergência. O cadáver contém uma verdade que não contém o representante: a verdade da organização e da reconciliação em torno do assassinato comum.

No fim das análises, torna-se claro como a teoria girardiana é um pensamento de autorrealização, atuando em todos os níveis em seus textos. Esse conceito é elemento-chave de todas as teorias que aceitam como base de reflexão o desejo mimético. É preciso, entretanto,

---

[56] As expressões de exceções "positivas" e "negativas" são emprestadas de François Brémondy, *René Girard, Examen Dialectique, Violence et Verité*. In: Paul Dumouchel (org.), Paris, Grasset, 1981, p. 532-33.

não esquecer que essa autorrealização é possível na antropologia fundamental de René Girard unicamente graças a uma *différance* da violência do interior para o exterior da comunidade. Compreendemos, doravante, como acreditando expulsar a violência para o exterior, é, na verdade, a uma criação do exterior que a comunidade se dedica. Enfim, nosso desvio pelos mercados financeiros e monetários permitiu concluir o sistema girardiano, mostrando como a autorrealização é realmente pensada desde o início, desde o pensamento do desejo, mesmo que fique implícita. Com efeito, a autorrealização não aparece nos processos de hominização nem mesmo na origem do signo, sendo necessário, ao contrário, procurá-la na própria estrutura do objeto do desejo mimético. Pudemos, assim, demonstrar como o sistema girardiano está fundamentado muito mais em uma "ontologia relacional" do que em uma psicologia do desejo. Ontologia que estabelece a existência do objeto ou, ainda, sua emergência do nada unicamente em e por uma relação. Muito antes de ser uma teoria psicológica ou antropológica como denunciam seus críticos, a teoria girardiana, sendo uma teoria unificada pelo fenômeno da autorrealização como demonstramos, é, desse modo, uma posição ontológica. Podemos precisar a constatação de Jean-Pierre Dupuy atenuando-a ainda um pouco mais, se isso é possível. Enquanto ele afirma que "a catedral girardiana é uma pirâmide que se fundamenta em seu topo: a *hipótese mimética*",[57] podemos ainda dizer que essa hipótese fundamenta-se, por sua vez, em definitivo, em uma ontologia relacional, que é a criação mais admirável de René Girard.

---

[57] Jean-Pierre Dupuy, *Ordres et Désordres, Enquête Sur un Nouveau Paradigme*. Paris, Le Seuil, 1982, 1990, p. 125.

conclusão

O processo de hominização girardiano poderia ser resumido em uma festa de carnaval,[1] por isso, a humanidade é um imenso baile de máscaras. Uma festa, ou seja, um ritual cultural que comemora também sem saber o assassinato originário e fundador. Inicialmente, devemos reviver a fase de indiferenciação e o papel das máscaras é permitir isso: as máscaras fazem que as diferenças sociais se apaguem e permitem que cada um deixe seus desejos se expressarem livremente. Por trás desses desejos, são as diferenças sociais e as diferenças sexuais que são reduzidas, os interditos caem um depois do outro. A festa é o lugar do disfarce porque ela também é o lugar da indiferenciação. O primeiro momento da festa é provavelmente seu momento mais permissivo. Depois vêm os confetes, que são jogados sem na verdade se saber quem lançou os primeiros; mas sabemos, de agora em diante, que por trás deles são as pedras que chovem em lembrança da primeira lapidação e da participação comum no assassinato. Em todas as festas, a violência ronda como o monstro que pega sempre os indivíduos que se aventuram longe demais da comunidade, na margem do bosque. A festa é sempre carregada de violência e tudo acontece como se cada um de nós esperasse para vê-la irromper. Enfim, a festa acaba quando se leva o *monsieur*

---

[1] Jean-Pierre Dupuy, "Randomnées Carnavalesques". In: *Ordres et Désordres, Enquête sur un Nouveau Paradigme*. Paris, Le Seuil, 1982, 1990, p. 187-210.

Carnaval à morte, em um assassinato que não é atitude de ninguém porque é de todos. Se o *monsieur* Carnaval queima, é porque todos nós o matamos, todos, isto é, ninguém, e só essa morte restitui a calma e encerra a festa, reconduzindo-nos inexoravelmente no dia seguinte à sociedade e a seu sistema de diferenças. As máscaras caem e cada um retoma seu lugar e seu papel: reestruturamos o social. Mas sabemos que, no momento de cada festa, a violência espreita na brecha pela qual ela conseguirá se infiltrar furtivamente, pela qual ela poderá liberar signos e tornar-se novamente real e devastadora, pois a festa está essencialmente ligada à violência.[2] Assim, vimos, ao longo desse percurso com René Girard, que há diversas fases no processo de hominização, muitas delas encontradas em diversos rituais, como na festa de carnaval. Mas essas etapas também são encontradas em muitos mitos, que são, uma vez que os desconstruímos com a ajuda da hipótese girardiana, a representação da cena originária vista e contada pela massa.

É preciso observar que esse processo também tem um sentido mais global e geral em escala humana. Primeiro, há o assassinato fundador, depois sua repetição no sacrifício humano, que é estruturalmente o mais próximo dele. Em seguida, entramos cada vez mais no processo de simbolização, passamos do sacrifício humano ao sacrifício animal; depois do sacrifício animal à festa na qual a violência é simbólica, quase imperceptível. René Girard traça, então, um sentido empregado pela humanidade, e esse sentido é aquele da simbolização crescente da violência. É por essa razão que ele pode afirmar que o homem é um "animal simbólico",[3] e seu gesto mais audacioso é simbolizar cada vez mais a violência. Vimos, enfim, no quarto capítulo, que a violência também gera um sistema de

---

[2] Indicamos ao leitor o artigo de Luc Routeau em que ele demonstra como os ancestrais de nossos esportes coletivos eram praticados com um cadáver fazendo as vezes de bola. Assim sendo, a violência que surge eventualmente nesse tipo de esporte não é acidental, mas essencial, ela é, de certa maneira, a verdade dos jogos. Cf. Luc Routeau, "*Le Bouz-kashi*", Paul Dumouchel (org.), *Violence et Verité, Autor de René Girard*. Paris, Grasset, 1985, p. 499-510.
[3] René Girard, *Les Origines de la Culture*. Paris, Desclée de Brouwer, 2004, p. 143-84.

significações, mas é preciso afirmar, em contrapartida, que o signo limita a violência ou, ao menos, limita suas consequências sociais. O insulto contém a violência. Ele aparece claramente aqui como o signo que contém a violência enquanto a traz consigo, já que é seu fruto; mas é preciso, também, dizer que o signo contém a violência no sentido ou é um obstáculo para ela, visto que a simbolização da violência limita os perigos e as consequências.

Vimos, ao longo deste texto, como a hipótese girardiana do desejo mimético, assim como a do bode expiatório, permite pensar a auto--organização do social e também o nascimento da humanidade, simultaneamente em ruptura e em continuidade com a etologia; ou seja, na posição exata do homem com relação ao animal, em ruptura, mas também em continuidade. Toda essa continuidade fundamenta-se em uma metamorfose geométrica das relações humanas. Começando por uma linha entre um sujeito e um objeto, vimos como ela se torna um triângulo que é a própria estrutura do desejo, com seus três vértices: sujeito, mediador e objeto. Em seguida, mostramos como o triângulo, por meio de um jogo de *feedback*, transforma-se, por sua vez, em espiral. Ora, essa forma do desejo é também a forma da violência, não porque o desejo leva diretamente à violência, mas porque o mimetismo do desejo nos impele a desejar os mesmos objetos que nossos semelhantes. Dessa forma, encontramo-nos em concorrência com eles nessa luta pela obtenção do objeto e nessa concentração da atenção sobre um mesmo objeto que gera a violência. Essa violência intestina não é propriamente humana, mas sua solução é.

A especificidade humana provém da forma de gerar os conflitos no próprio interior do grupo. Vimos como essa violência, como uma espiral, cristaliza-se em um único indivíduo que é levado à morte pelo conjunto de indivíduos em crise mimética. Apenas essa morte ou, antes, esse assassinato, permite que se saia da indiferenciação geradora de violência e possibilita a criação da diferença, inicialmente entre a vítima e a comunidade e, em seguida, entre os membros dessa comunidade. Assim, é a expulsão da vítima que permite à comunidade pensar em si como um todo, e seu primeiro gesto unificador é uma expulsão diferenciadora. A expulsão de um elemento e a emergência de um todo social são uma coisa só: um único e mesmo gesto.

O que faz os homens convergirem para um mesmo objeto faz que convirjam também contra um mesmo indivíduo; é sempre o mesmo mecanismo que está em jogo: o mimetismo. Entretanto, a fim de que o assassinato seja eficaz, é preciso que todos estejam convencidos da culpabilidade da pessoa linchada. Há, assim, um desconhecimento necessário ao fenômeno da autorrealização no pensamento de René Girard. Realmente, se a comunidade soubesse que a vítima é inocente, e se todos soubessem que os outros também o sabem, não teríamos a impressão de eliminar a causa de discórdia e, consequentemente, a paz não poderia retornar.[4] Esse desconhecimento deve se situar no nível da culpabilidade da vítima, isto é, no nível de sua especificidade, de sua diferença antes do assassinato. Só essa diferença postulada da vítima possibilita que se entre no processo da différance da violência. Novamente, o desconhecimento pode estar relacionado à diferença que há entre emergir e construir. Enquanto o retorno à paz parece revelar a justificativa do assassinato por meio da veracidade da culpabilidade, ele vela, em outro nível, o fato de que o assassinato é, na verdade, totalmente autorrealizado. O sistema girardiano pode, desse modo, ser lido como uma vontade de derrubar todas as teorias da construção das relações em benefício de sua autorrealização.

É preciso, então, saber detectar sempre a complexidade dos conceitos girardianos e ver como cada um deles abrange, ao mesmo tempo, uma compreensão imediata do termo ao qual todos nós temos acesso espontaneamente, mas também uma concepção mais sutil que traz outra visão da situação e da qual René Girard nos

---

[4] "O desconhecimento permite que cada um fique com a ilusão de que a vítima é realmente culpada e, por isso mesmo, merece ser punida", René Girard, *Les Origines de la Culture*. Paris, Desclée de Brouwer, 2004, p. 89.

revela o que está em jogo. E o ponto mais importante de todas as conclusões de René Girard: separar duas lógicas, micro e macroscópica, que evoluem segundo suas próprias leis e segundo suas próprias condições cognitivas e, embora ambas empreguem os mesmos conceitos, fazem uma leitura totalmente contrária. O olhar filosófico é, assim, essencial para apreender a riqueza dos conceitos girardianos e, para poder proceder a essa dupla leitura de todos os momentos da hominização e de todos os fenômenos que analisa o filósofo francês, sem o que se fica privado da compreensão daquilo que há de mais perturbador e de mais notável no gesto girardiano: "a aliança paradoxal da originalidade e da evidência".[5]

---

[5] Charles Ramond, *Le Vocabulaire de René Girard*. Paris, Ellipses, 2005, p. 3.

breve explicação

Arnaldo Momigliano inspira nossa tarefa, já que a alquimia dos antiquários jamais se realizou: nenhum catálogo esgota a pluralidade do mundo e muito menos a dificuldade de uma questão complexa como a teoria mimética.

O cartógrafo borgeano conheceu constrangimento semelhante, como Jorge Luis Borges revelou no poema "La Luna". Como se sabe, o cartógrafo não pretendia muito, seu projeto era modesto: "cifrar el universo / En un libro". Ao terminá-lo, levantou os olhos "con ímpetu infinito", provavelmente surpreso com o poder de palavras e compassos. No entanto, logo percebeu que redigir catálogos, como produzir livros, é uma tarefa infinita:

> Gracias iba a rendir a la fortuna
> Cuando al alzar los ojos vio un bruñido
> Disco en el aire y comprendió aturdido
> Que se había olvidado de la luna.

Nem antiquários, tampouco cartógrafos: portanto, estamos livres para apresentar ao público brasileiro uma cronologia que não se pretende exaustiva da vida e da obra de René Girard.

Com o mesmo propósito, compilamos uma bibliografia sintética do pensador francês, privilegiando os livros publicados. Por isso, não mencionamos a grande quantidade de ensaios e capítulos de livros que escreveu, assim como de entrevistas que concedeu. Para o leitor interessado numa relação completa de sua vasta produção, recomendamos o banco de dados organizado pela Universidade de Innsbruck: http://www.uibk.ac.at/rgkw/mimdok/suche/index.html.en.

De igual forma, selecionamos livros e ensaios dedicados, direta ou indiretamente, à obra de René Girard, incluindo os títulos que sairão na Biblioteca René Girard. Nosso objetivo é estimular o convívio reflexivo com a teoria mimética. Ao mesmo tempo, desejamos propor uma coleção cujo aparato crítico estimule novas pesquisas.

Em outras palavras, o projeto da Biblioteca René Girard é também um convite para que o leitor venha a escrever seus próprios livros acerca da teoria mimética.

cronologia de René Girard

René Girard nasce em Avignon (França) no dia 25 de dezembro de 1923; o segundo de cinco filhos. Seu pai trabalha como curador do Museu da Cidade e do famoso "Castelo dos Papas". Girard estuda no liceu local e recebe seu *baccalauréat* em 1940.

De 1943 a 1947 estuda na École des Chartes, em Paris, especializando-se em história medieval e paleografia. Defende a tese *La Vie Privée à Avignon dans la Seconde Moitié du XVme Siècle*.

Em 1947 René Girard deixa a França e começa um doutorado em História na Universidade de Indiana, Bloomington, ensinando Literatura Francesa na mesma universidade. Conclui o doutorado em 1950 com a tese *American Opinion on France, 1940-1943*.

No dia 18 de junho de 1951, Girard casa-se com Martha McCullough. O casal tem três filhos: Martin, Daniel e Mary.

Em 1954 começa a ensinar na Universidade Duke e, até 1957, no Bryn Mawr College.

Em 1957 torna-se professor assistente de Francês na Universidade Johns Hopkins, em Baltimore.

Em 1961 publica seu primeiro livro, *Mensonge Romantique et Vérité Romanesque*, expondo os princípios da teoria do desejo mimético.

Em 1962 torna-se professor associado na Universidade Johns Hopkins.

Organiza em 1962 *Proust: A Collection of Critical Essays*, e, em 1963, publica *Dostoïevski, du Double à l'Unité*.

Em outubro de 1966, em colaboração com Richard Macksey e Eugenio Donato, organiza o colóquio internacional "The Languages of Criticism and the Sciences of Man". Nesse colóquio participam Lucien Goldmann, Roland Barthes, Jacques Derrida, Jacques Lacan, entre outros. Esse encontro é visto como a introdução do estruturalismo nos Estados Unidos. Nesse período, Girard desenvolve a noção do assassinato fundador.

Em 1968 transfere-se para a Universidade do Estado de Nova York, em Buffalo, e ocupa a direção do Departamento de Inglês. Principia sua colaboração e amizade com Michel Serres. Começa a interessar-se mais seriamente pela obra de Shakespeare.

Em 1972 publica *La Violence et le Sacré*, apresentando o mecanismo do bode expiatório. No ano seguinte, a revista *Esprit* dedica um número especial à obra de René Girard.

Em 1975 retorna à Universidade Johns Hopkins.

Em 1978, com a colaboração de Jean-Michel Oughourlian e Guy Lefort, dois psiquiatras franceses, publica seu terceiro livro, *Des Choses Cachées depuis la Fondation du Monde*. Trata-se de um longo e sistemático diálogo sobre a teoria mimética compreendida em sua totalidade.

Em 1980, na Universidade Stanford, recebe a "Cátedra Andrew B. Hammond" em Língua, Literatura e Civilização Francesa. Com a colaboração de Jean-Pierre Dupuy, cria e dirige o "Program for Interdisciplinary Research", responsável pela realização de importantes colóquios internacionais.

Em 1982 publica *Le Bouc Émissaire* e, em 1985, *La Route Antique des Hommes Pervers*. Nesses livros, Girard principia a desenvolver uma abordagem hermenêutica para uma leitura dos textos bíblicos com base na teoria mimética.

Em junho de 1983, no Centre Culturel International de Cerisy-la-Salle, Jean-Pierre Dupuy e Paul Dumouchel organizam o colóquio "Violence et Vérité. Autour de René Girard". Os "Colóquios de Cerisy" representam uma referência fundamental na recente história intelectual francesa.

Em 1985 recebe, da Frije Universiteit de Amsterdã, o primeiro de muitos doutorados *honoris causa*. Nos anos seguintes, recebe a mesma distinção da Universidade de Innsbruck, Áustria (1988); da

Universidade de Antuérpia, Bélgica (1995); da Universidade de Pádua, Itália (2001); da Universidade de Montreal, Canadá (2004); da University College London, Inglaterra (2006); da Universidade de St Andrews, Escócia (2008).
Em 1990 é criado o Colloquium on Violence and Religion (COV&R). Trata-se de uma associação internacional de pesquisadores dedicada ao desenvolvimento e à crítica da teoria mimética, especialmente no tocante às relações entre violência e religião nos primórdios da cultura.
O Colloquium on Violence and Religion organiza colóquios anuais e publica a revista *Contagion*. Girard é o presidente honorário da instituição. Consulte-se a página: http://www.uibk.ac.at/theol/cover/.
Em 1990 visita o Brasil pela primeira vez: encontro com representantes da Teologia da Libertação, realizado em Piracicaba, São Paulo.
Em 1991 Girard publica seu primeiro livro escrito em inglês: *A Theatre of Envy: William Shakespeare* (Oxford University Press). O livro recebe o "Prix Médicis", na França.
Em 1995 aposenta-se na Universidade Stanford.
Em 1999 publica *Je Vois Satan Tomber comme l'Éclair*. Desenvolve a leitura antropológica dos textos bíblicos com os próximos dois livros: *Celui par qui le Scandale Arrive* (2001) e *Le Sacrifice* (2003).
Em 2000 visita o Brasil pela segunda vez: lançamento de *Um Longo Argumento do Princípio ao Fim. Diálogos com João Cezar de Castro Rocha e Pierpaolo Antonello*.
Em 2004 recebe o "Prix Aujourd'hui" pelo livro *Les Origines de la Culture. Entretiens avec Pierpaolo Antonello et João Cezar de Castro Rocha*.
Em 17 de março de 2005 René Girard é eleito para a Académie Française. O "Discurso de Recepção" foi feito por Michel Serres em 15 de dezembro. No mesmo ano, cria-se em Paris a Association pour les Recherches Mimétiques (ARM).
Em 2006 René Girard e Gianni Vattimo dialogam sobre cristianismo e modernidade: *Verità o Fede Debole? Dialogo su Cristianesimo e Relativismo*.
Em 2007 publica *Achever Clausewitz*, um diálogo com Benoît Chantre. Nessa ocasião, desenvolve uma abordagem apocalíptica da história.

Em outubro de 2007, em Paris, é criada a "Imitatio. Integrating the Human Sciences", (http://www.imitatio.org/), com apoio da Thiel Foundation. Seu objetivo é ampliar e promover as consequências da teoria girardiana sobre o comportamento humano e a cultura. Além disso, pretende apoiar o estudo interdisciplinar da teoria mimética. O primeiro encontro da Imitatio realiza-se em Stanford, em abril de 2008.

Em 2008 René Girard recebe a mais importante distinção da Modern Language Association (MLA): "Lifetime Achievement Award".

bibliografia de René Girard

Mensonge Romantique et Vérité Romanesque. Paris: Grasset, 1961. [*Mentira Romântica e Verdade Romanesca.* Trad. Lília Ledon da Silva. São Paulo: Editora É, 2009.]
Proust: A Collection of Critical Essays. Englewood Cliffs: Prentice Hall, 1962.
Dostoïevski, du Double à l'Unité. Paris: Plon, 1963. (Este livro será publicado na Biblioteca René Girard)
La Violence et le Sacré. Paris: Grasset, 1972.
Critique dans un Souterrain. Lausanne: L'Age d'Homme, 1976.
To Double Business Bound: Essays on Literature, Mimesis, and Anthropology. Baltimore: Johns Hopkins University Press, 1978. (Este livro será publicado na Biblioteca René Girard)
Des Choses Cachées depuis la Fondation du Monde. Pesquisas com Jean-Michel Oughourlian e Guy Lefort. Paris: Grasset, 1978.
Le Bouc Émissaire. Paris: Grasset, 1982.
La Route Antique des Hommes Pervers. Paris: Grasset, 1985.
Violent Origins: Walter Burkert, René Girard, and Jonathan Z. Smith on Ritual Killing and Cultural Formation. Org. Robert Hamerton-Kelly. Stanford: Stanford University Press, 1988. (Este livro será publicado na Biblioteca René Girard)
A Theatre of Envy: William Shakespeare. Nova York: Oxford University Press, 1991. [*Shakespeare: Teatro da Inveja.* Trad. Pedro Sette-Câmara. São Paulo: Editora É, 2010.]

Quand ces Choses Commenceront... Entretiens avec Michel Treguer. Paris: Arléa, 1994. (Este livro será publicado na Biblioteca René Girard)
The Girard Reader. Org. James G. Williams. Nova York: Crossroad, 1996.
Je Vois Satan Tomber comme l'Éclair. Paris: Grasset, 1999.
Um Longo Argumento do Princípio ao Fim. Diálogos com João Cezar de Castro Rocha e Pierpaolo Antonello. Rio de Janeiro: Topbooks, 2000. Este livro, escrito em inglês, foi publicado, com algumas modificações, em italiano, espanhol, polonês, japonês, coreano, tcheco e francês. Na França, em 2004, recebeu o "Prix Aujourd'hui".
Celui par Qui le Scandale Arrive: Entretiens avec Maria Stella Barberi. Paris: Desclée de Brouwer, 2001. (Este livro será publicado na Biblioteca René Girard)
La Voix Méconnue du Réel: Une Théorie des Mythes Archaïques et Modernes. Paris: Grasset, 2002. (Este livro será publicado na Biblioteca René Girard)
Il Caso Nietzsche. La Ribellione Fallita dell'Anticristo. Com colaboração e edição de Giuseppe Fornari. Gênova: Marietti, 2002.
Le Sacrifice. Paris: Bibliothèque Nationale de France, 2003. (Este livro será publicado na Biblioteca René Girard)
Oedipus Unbound: Selected Writings on Rivalry and Desire. Org. Mark R. Anspach. Stanford: Stanford University Press, 2004.
Miti d'Origine. Massa: Transeuropa Edizioni, 2005. (Este livro será publicado na Biblioteca René Girard)
Verità o Fede Debole. Dialogo su Cristianesimo e Relativismo. Com Gianni Vattimo. Org. Pierpaolo Antonello. Massa: Transeuropa Edizioni, 2006.
Achever Clausewitz (Entretiens avec Benoît Chantre). Paris: Carnets Nord, 2007. (Este livro será publicado na Biblioteca René Girard)
Le Tragique et la Pitié: Discours de Réception de René Girard à l'Académie Française et Réponse de Michel Serres. Paris: Editions le Pommier, 2007. (Este livro será publicado na Biblioteca René Girard)
De la Violence à la Divinité. Paris: Grasset, 2007. Reunião dos principais livros de Girard publicados pela Editora Grasset, acompanhada de

uma nova introdução para todos os títulos. O volume inclui *Mensonge Romantique et Vérité Romanesque, La Violence et le Sacré, Des Choses Cachées depuis la Fondation du Monde* e *Le Bouc Émissaire.*

Dieu, une Invention?. Com André Gounelle e Alain Houziaux. Paris: Editions de l'Atelier, 2007. (Este livro será publicado na Biblioteca René Girard)

Evolution and Conversion. Dialogues on the Origins of Culture. Com Pierpaolo Antonello e João Cezar de Castro Rocha. Londres: The Continuum, 2008. (Este livro será publicado na Biblioteca René Girard)

Anorexie et Désir Mimétique. Paris: L'Herne, 2008. (Este livro será publicado na Biblioteca René Girard)

Mimesis and Theory: Essays on Literature and Criticism, 1953-2005. Org. Robert Doran. Stanford: Stanford University Press, 2008.

La Conversion de l'Art. Paris: Carnets Nord, 2008. Este livro é acompanhado por um DVD, *Le Sens de l'Histoire*, que reproduz um diálogo com Benoît Chantre. (Este livro será publicado na Biblioteca René Girard)

Gewalt und Religion: Gespräche mit Wolfgang Palaver. Berlim: Matthes & Seitz Verlag, 2010.

Géométries du Désir. Prefácio de Mark Anspach. Paris: Ed. de L'Herne, 2011.

bibliografia selecionada sobre René Girard[1]

BANDERA, Cesáreo. *Mimesis Conflictiva: Ficción Literaria y Violencia en Cervantes y Calderón*. (Biblioteca Románica Hispánica – Estudios y Ensayos 221). Prefácio de René Girard. Madri: Editorial Gredos, 1975.

SCHWAGER, Raymund. *Brauchen Wir einen Sündenbock? Gewalt und Erläsung in den Biblischen Schriften*. Munique: Kasel, 1978.

DUPUY, Jean-Pierre e DUMOUCHEL, Paul. *L'Enfer des Choses: René Girard et la Logique de l'Économie*. Posfácio de René Girard. Paris: Le Seuil, 1979.

CHIRPAZ, François. *Enjeux de la Violence: Essais sur René Girard*. Paris: Cerf, 1980.

GANS, Eric. *The Origin of Language: A Formal Theory of Representation*. Berkeley: University of California Press, 1981.

AGLIETTA, M. e ORLÉAN, A. *La Violence de la Monnaie*. Paris: PUF, 1982.

OUGHOURLIAN, Jean-Michel. *Un Mime Nomme Desir: Hysterie, Transe, Possession, Adorcisme*. Paris: Éditions Grasset et Fasquelle, 1982. (Este livro será publicado na Biblioteca René Girard)

---

[1] Agradecemos a colaboração de Pierpaolo Antonello, do St John's College (Universidade de Cambridge). Nesta bibliografia, adotamos a ordem cronológica em lugar da alfabética a fim de evidenciar a recepção crescente da obra girardiana nas últimas décadas.

Dupuy, Jean-Pierre e Deguy, Michel (orgs.). *René Girard et le Problème du Mal*. Paris: Grasset, 1982.

Dupuy, Jean-Pierre. *Ordres et Désordres*. Paris: Le Seuil, 1982.

Fages, Jean-Baptiste. *Comprendre René Girard*. Toulouse: Privat, 1982.

McKenna, Andrew J. (org.). *René Girard and Biblical Studies (Semeia* 33). Decatur, GA: Scholars Press, 1985.

Carrara, Alberto. *Violenza, Sacro, Rivelazione Biblica: Il Pensiero di René Girard*. Milão: Vita e Pensiero, 1985.

Dumouchel, Paul (org.). *Violence et Vérité – Actes du Colloque de Cerisy*. Paris: Grasset, 1985. Tradução para o inglês: *Violence and Truth: On the Work of René Girard*. Stanford: Stanford University Press, 1988.

Orsini, Christine. *La Pensée de René Girard*. Paris: Retz, 1986.

To Honor René Girard. Presented on the Occasion of his Sixtieth Birthday by Colleagues, Students, Friends. Stanford French and Italian Studies 34. Saratoga, CA: Anma Libri, 1986.

Lermen, Hans-Jürgen. *Raymund Schwagers Versuch einer Neuinterpretation der Erläsungstheologie im Anschluss an René Girard*. Mainz: Unveräffentlichte Diplomarbeit, 1987.

Lascaris, André. *Advocaat van de Zondebok: Het Werk van René Girard en het Evangelie van Jezus*. Hilversum: Gooi & Sticht, 1987.

Beek, Wouter van (org.). *Mimese en Geweld: Beschouwingen over het Werk van René Girard*. Kampen: Kok Agora, 1988.

Hamerton-Kelly, Robert G. (org.). *Violent Origins: Walter Burkert, Rene Girard, and Jonathan Z. Smith on Ritual Killing and Cultural Formation*. Stanford: Stanford University Press, 1988. (Este livro será publicado na Biblioteca René Girard)

Gans, Eric. *Science and Faith: The Anthropology of Revelation*. Savage, MD: Rowman & Littlefield, 1990.

Assmann, Hugo (org.). *René Girard com Teólogos da Libertação: Um Diálogo sobre Ídolos e Sacrifícios*. Petrópolis: Vozes, 1991. Tradução para o alemão: *Gätzenbilder und Opfer: René Girard im Gespräch mit der Befreiungstheologie*. (Beiträge zur mimetischen Theorie 2). Thaur, Münster:

Druck u. Verlagshaus Thaur, LIT-Verlag, 1996. Tradução para o espanhol: *Sobre Ídolos y Sacrifícios: René Girard con Teólogos de la Liberación.* (Colección Economía-Teología). San José, Costa Rica: Editorial Departamento Ecuménico de Investigaciones, 1991.

ALISON, James. *A Theology of the Holy Trinity in the Light of the Thought of René Girard.* Oxford: Blackfriars, 1991.

RÉGIS, J. P. (org.). *Table Ronde Autour de René Girard.* (Publications des Groupes de Recherches Anglo-américaines 8). Tours: Université François Rabelais de Tours, 1991.

WILLIAMS, James G. *The Bible, Violence, and the Sacred: Liberation from the Myth of Sanctioned Violence.* Prefácio de René Girard. San Francisco: Harper, 1991.

LUNDAGER JENSEN, Hans Jürgen. *René Girard.* (Profil-Serien 1). Frederiksberg: Forlaget Anis, 1991.

HAMERTON-KELLY, Robert G. *Sacred Violence: Paul's Hermeneutic of the Cross.* Minneapolis: Augsburg Fortress, 1992. (Este livro será publicado na Biblioteca René Girard)

MCKENNA, Andrew J. (org.). *Violence and Difference: Girard, Derrida, and Deconstruction.* Chicago: University of Illinois Press, 1992.

LIVINGSTON, Paisley. *Models of Desire: René Girard and the Psychology of Mimesis.* Baltimore: The Johns Hopkins University Press, 1992.

LASCARIS, André e WEIGAND, Hans (orgs.). *Nabootsing: In Discussie over René Girard.* Kampen: Kok Agora, 1992.

GOLSAN, Richard J. *René Girard and Myth: An Introduction.* Nova York e Londres: Garland, 1993 (Nova York: Routledge, 2002). (Este livro será publicado na Biblioteca René Girard)

GANS, Eric. *Originary Thinking: Elements of Generative Anthropology.* Stanford: Stanford University Press, 1993.

HAMERTON-KELLY, Robert G. *The Gospel and the Sacred: Poetics of Violence in Mark.* Prefácio de René Girard. Minneapolis: Fortress Press, 1994.

BINABURO, J. A. Bakeaz (org.). *Pensando en la Violencia: Desde Walter Benjamin, Hannah Arendt, René Girard y Paul Ricoeur.* Centro de Documentación y Estudios para la Paz. Madri: Libros de la Catarata, 1994.

McCracken, David. *The Scandal of the Gospels: Jesus, Story, and Offense.* Oxford: Oxford University Press, 1994.

Wallace, Mark I. e Smith, Theophus H. *Curing Violence: Essays on René Girard.* Sonoma, CA: Polebridge Press, 1994.

Bandera, Cesáreo. *The Sacred Game: The Role of the Sacred in the Genesis of Modern Literary Fiction.* University Park: Pennsylvania State University Press, 1994. (Este livro será publicado na Biblioteca René Girard)

Alison, James. *The Joy of Being Wrong: An Essay in the Theology of Original Sin in the Light of the Mimetic Theory of René Girard.* Santiago de Chile: Instituto Pedro de Córdoba, 1994. (Este livro será publicado na Biblioteca René Girard)

Lagarde, François. *René Girard ou la Christianisation des Sciences Humaines.* Nova York: Peter Lang, 1994.

Teixeira, Alfredo. *A Pedra Rejeitada: O Eterno Retorno da Violência e a Singularidade da Revelação Evangélica na Obra de René Girard.* Porto: Universidade Católica Portuguesa, 1995.

Bailie, Gil. *Violence Unveiled: Humanity at the Crossroads.* Nova York: Crossroad, 1995.

Tomelleri, Stefano. *René Girard. La Matrice Sociale della Violenza.* Milão: F. Angeli, 1996.

Goodhart, Sandor. *Sacrificing Commentary: Reading the End of Literature.* Baltimore: Johns Hopkins University Press, 1996.

Pelckmans, Paul e Vanheeswijck, Guido. *René Girard, het Labyrint van het Verlangen: Zes Opstellen.* Kampen/Kapellen: Kok Agora/Pelcckmans, 1996.

Gans, Eric. *Signs of Paradox: Irony, Resentment, and Other Mimetic Structures.* Stanford: Stanford University Press, 1997.

Santos, Laura Ferreira dos. *Pensar o Desejo: Freud, Girard, Deleuze.* Braga: Universidade do Minho, 1997.

Grote, Jim e McGeeney, John R. *Clever as Serpents: Business Ethics and Office Politics.* Minnesota: Liturgical Press, 1997. (Este livro será publicado na Biblioteca René Girard)

Federschmidt, Karl H.; Atkins, Ulrike; Temme, Klaus (orgs.). *Violence and Sacrifice: Cultural Anthropological and Theological Aspects Taken from Five Continents.* Intercultural Pastoral Care and Counseling 4. Düsseldorf: SIPCC, 1998.

SWARTLEY, William M. (org.). *Violence Renounced: René Girard, Biblical Studies and Peacemaking.* Telford: Pandora Press, 2000.

FLEMING, Chris. *René Girard: Violence and Mimesis.* Cambridge: Polity, 2000.

ALISON, James. *Faith Beyond Resentment: Fragments Catholic and Gay.* Londres: Darton, Longman & Todd, 2001. Tradução para o português: *Fé Além do Ressentimento: Fragmentos Católicos em Voz Gay.* São Paulo: Editora É, 2010.

ANSPACH, Mark Rogin. *A Charge de Revanche: Figures Élémentaires de la Réciprocité.* Paris: Editions du Seuil, 2002. (Este livro será publicado na Biblioteca René Girard)

GOLSAN, Richard J. *René Girard and Myth.* Nova York: Routledge, 2002. (Este livro será publicado na Biblioteca René Girard)

DUPUY, Jean-Pierre. *Pour un Catastrophisme Éclairé. Quand l'Impossible est Certain.* Paris: Editions du Seuil, 2002. (Este livro será publicado na Biblioteca René Girard)

JOHNSEN, William A. *Violence and Modernism: Ibsen, Joyce, and Woolf.* Gainesville, FL: University Press of Florida, 2003. (Este livro será publicado na Biblioteca René Girard)

KIRWAN, Michael. *Discovering Girard.* Londres: Darton, Longman & Todd, 2004. (Este livro será publicado na Biblioteca René Girard)

BANDERA, Cesáreo. *Monda y Desnuda: La Humilde Historia de Don Quijote. Reflexiones sobre el Origen de la Novela Moderna.* Madri: Iberoamericana, 2005. (Este livro será publicado na Biblioteca René Girard)

VINOLO, Stéphane. *René Girard: Du Mimétisme à l'Hominisation, la Violence Différante.* Paris: L'Harmattan, 2005. (Este livro será publicado na Biblioteca René Girard)

INCHAUSTI, Robert. *Subversive Orthodoxy: Outlaws, Revolutionaries, and Other Christians in Disguise.* Grand Rapids, MI: Brazos Press, 2005. (Este livro será publicado na Biblioteca René Girard)

FORNARI, Giuseppe. *Fra Dioniso e Cristo. Conoscenza e Sacrificio nel Mondo Greco e nella Civiltà Occidentale.* Gênova-Milão: Marietti, 2006. (Este livro será publicado na Biblioteca René Girard)

ANDRADE, Gabriel. *La Crítica Literaria de René Girard.* Mérida: Universidad del Zulia, 2007.

HAMERTON-KELLY, Robert G. (org.). *Politics & Apocalypse*. East Lansing, MI: Michigan State University Press, 2007. (Este livro será publicado na Biblioteca René Girard)

LANCE, Daniel. *Vous Avez Dit Elèves Difficiles? Education, Autorité et Dialogue*. Paris, L'Harmattan, 2007. (Este livro será publicado na Biblioteca René Girard)

VINOLO, Stéphane. *René Girard: Épistémologie du Sacré*. Paris: L'Harmattan, 2007. (Este livro será publicado na Biblioteca René Girard)

OUGHOURLIAN, Jean-Michel. *Genèse du Désir*. Paris: Carnets Nord, 2007. (Este livro será publicado na Biblioteca René Girard)

ALBERG, Jeremiah. *A Reinterpretation of Rousseau: A Religious System*. Nova York: Palgrave Macmillan, 2007. (Este livro será publicado na Biblioteca René Girard)

DUPUY, Jean-Pierre. *Dans l'Oeil du Cyclone – Colloque de Cerisy*. Paris: Carnets Nord, 2008. (Este livro será publicado na Biblioteca René Girard)

DUPUY, Jean-Pierre. *La Marque du Sacré*. Paris: Carnets Nord, 2008. (Este livro será publicado na Biblioteca René Girard)

ANSPACH, Mark Rogin (org.). *René Girard*. Les Cahiers de l'Herne n. 89. Paris: L'Herne, 2008. (Este livro será publicado na Biblioteca René Girard)

DEPOORTERE, Frederiek. *Christ in Postmodern Philosophy: Gianni Vattimo, Rene Girard, and Slavoj Zizek*. Londres: Continuum, 2008.

PALAVER, Wolfgang. *René Girards Mimetische Theorie. Im Kontext Kulturtheoretischer und Gesellschaftspolitischer Fragen*. 3. Auflage. Münster: LIT, 2008.

BARBERI, Maria Stella (org.). *Catastrofi Generative – Mito, Storia, Letteratura*. Massa: Transeuropa Edizioni, 2009. (Este livro será publicado na Biblioteca René Girard)

ANTONELLO, Pierpaolo e BUJATTI, Eleonora (orgs.). *La Violenza Allo Specchio. Passione e Sacrificio nel Cinema Contemporaneo*. Massa: Transeuropa Edizioni, 2009. (Este livro será publicado na Biblioteca René Girard)

RANIERI, John J. *Disturbing Revelation – Leo Strauss, Eric Voegelin, and the Bible*. Columbia, MO: University of Missouri Press, 2009. (Este livro será publicado na Biblioteca René Girard)

GOODHART, Sandor; JORGENSEN, J.; RYBA, T.; WILLIAMS, J. G. (orgs.). *For René Girard. Essays in Friendship and in Truth*. East Lansing, MI: Michigan State University Press, 2009.

ANSPACH, Mark Rogin. *Oedipe Mimétique*. Paris: Éditions de L'Herne, 2010. (Este livro será publicado na Biblioteca René Girard)

MENDOZA-ÁLVAREZ, Carlos. *El Dios Escondido de la Posmodernidad. Deseo, Memoria e Imaginación Escatológica. Ensayo de Teología Fundamental Posmoderna*. Guadalajara: ITESO, 2010. (Este livro será publicado na Biblioteca René Girard)

ANDRADE, Gabriel. *René Girard: Un Retrato Intelectual*. 2010. (Este livro será publicado na Biblioteca René Girard)

índice analítico

Acaso, 119, 170
Aleatório, 152
Alegoria
  da caverna, 62
Algoz
  ponto de vista do, 24
Alteridade
  dialética da, 32
Amor-próprio
  lógica do, 81
  Rousseau, 52-54
Antigo Regime, 42
Antissemitismo
  medieval, 153, 155
Antropologia
  estrutural, 146
    crítica à, 147
    rejeição da, 142
  estruturalista, 23
  freudiana, 126, 128
  fundamental, 48, 73, 179, 198
  gerativa, 7, 24, 28, 159, 176
    caráter econômico da, 179
    limites da, 179
    teoria da, 176
  girardiana, 73, 76, 90, 95-96, 123, 126, 139
  política, 84, 123

psicanalítica, 23
  cena originária da, 133
  refutação da, 126, 136
  religiosa, 123
Arquiescritura, 167
Arquissigno, 167-68, 172
  como o cadáver, 172
  do bode expiatório, 172
Assassinato
  coletivo, 135, 138, 149
  fundador, 23, 93, 95, 103, 122, 137, 167, 200
    ação catártica do, 108
    hipótese do, 24
    unânime, 96
Assimetria
  a partir da simetria, 158
Autonomia
  ilusão da, 30, 56-57
Auto-organização, 25
Autorrealização, 25, 184
  fenômeno da, 188
  fenômeno de, 185
  processo de, 186
Autotranscendência, 25, 184
Axiologia, 62, 66, 70
Barbárie
  retorno à, 140
Belo
  ideia do, 62

Binarismo, 168
Biologia, 90
Bode expiatório, 18, 84
  antiguidade do, 94
  conceito do, 23, 94
  duas definições de, 94
  mecanismo do, 23, 72
  processo do, 23
  sentido corrente de, 94
  sentido ritual do, 94
  teoria do, 102
Caos, 20
Caráter
  mimético
    do desejo, 44
Catarse, 107-08
Cena
  originária
    na antropologia
      gerativa, 178
Ciúme, 134
Conceito
  girardiano, 19, 202
Conhecimento
  objetivo
    versus desconhecimento
      subjetivo, 89
Contágio, 47, 83
  horizontal, 83
  vertical, 83
Contrato, 84

Contratualismo, 74, 119,
    138, 160
  crítica do, 77, 117, 185
  limites do, 182
Contraviolência, 21
Cópia, 59, 61-62, 64, 66,
    71, 110
  depreciação da, 70
Crime
  indiferenciador, 155
Crise
  mimética, 97, 104
    definição de, 58
    resolução da, 58
Crítica
  da imagem, 61
Cultura
  como sistema de
    diferenças, 140
  emergência da, 75, 108
  origem da, 20, 120
Culturalização
  movimento de, 125
  processo de, 133
Democracia
  moderna, 39, 42
Desconstrução, 18, 74, 102
  bem-sucedida, 154
  dos textos de
    perseguição, 154
Descontinuidade, 145
Desejo
  caráter mimético do, 28,
    35, 44
  conceito de, 141
  concepções freudianas
    de, 131, 141
  de objeto, 126, 129,
    133, 141
  de poder, 37
  do mediador, 46
  do sujeito, 46
  freudiano, 126
  humano, 40
    duas vertentes do, 57
  metafísico, 22, 48, 51-
    55, 82, 86, 127

mimético, 18-19, 21,
    28, 35, 42, 47, 52, 83,
    126, 141, 194
  cadeia do, 50
  construção do, 54
  filosofia do, 37
  hipótese do, 30, 201
  mecanismo do, 22
  propagação do, 42
  questão do, 28
  teoria do, 27, 31, 36,
    44, 48, 50, 57, 69,
    121, 134
  triangularidade do, 32
  violência original
    do, 84
  nada do, 51
  renúncia do, 37
  sem objeto, 48
  teleologia do, 50
Deslocamento
  qualitativo, 109
  quantitativo, 109
Dialética
  da alteridade-
    mesmidade, 96
  mesmo, 110
  mesmo/outro, 141
  modelo/obstáculo, 131
  outro, 110
Diferença, 22
  a partir da
    indiferenciação, 158
  axioma da, 134
  como fundamento da
    identidade, 137
  conceito de, 99
  criação da, 152, 157
  emergência da, 90
  na indiferenciação, 101
  social, 147
Diferenciação, 90-91, 150
  origem da, 21
  totêmica, 145
Différance, 58, 166, 174
Dissimetria, 20, 87
Divino

busca do, 55
desejo de, 57
Domesticação
  de animais
    teorias da, 118
  dos animais, 117-18
  processo de, 118
Dupla
  face, 35
  mediação, 38, 44, 46
    como motor do
      desejo, 45
    substituição, 109
Duplo, 32, 34, 59, 61, 64,
    67, 71, 88, 97, 110
  jogo do, 100
  mímico, 35
  surgimento do, 140
  universalização dos, 86
  vínculo (*double bind*),
    45, 47, 114, 177, 189
  violência social do, 69
Édipo
  complexo de, 127-28,
    130, 132
  mito de, 35, 93, 98-99,
    105, 107, 142, 144,
    148
Emergência
  versus criação, 160
Epistemologia
  platônica, 67
  popperiana, 158
Epistemológico, 64
Escritura, 64
  em Platão, 70
Especulação
  como fenômeno
    mimético, 190
  conceito de, 193
Espinosismo, 19, 148
Espiral
  da guerra, 181
  da violência, 38
  do desejo, 38
  mimética, 38, 44, 49,
    111, 130, 163, 201

passagem do triângulo
   à, 47
processo da, 47
processo de dupla, 38
Esquizofrenia, 45
Estabilidade
   do sistema, 46
Estrangeiro
   status de, 150, 156
Estrutura, 74, 142
   conceito de, 87
Estruturalismo, 74, 125,
   142, 145, 147-48, 168
Etnologia, 77
Etologia, 31, 74, 77, 165
Eu
   autônomo
      possibilidade de, 31
Eugenismo, 99-100
Evolução
   formas da, 92
Expulsão
   violenta, 84
Exterioridade
   estabilizadora, 25
Feedback, 46-47, 130,
   201
   positivo, 46, 91
Filosofia
   como criação de
      conceitos, 18
   contratual, 21
   grega, 61
   história da, 35
   moderna, 52
Fratricídio, 104, 149
Gênese
   conceito de, 87
Gozo
   negativo, 48, 81-82
   positivo, 48
Guerra
   civil inglesa, 83
   total, 84
Hierarquia
   em sociedades animais,
      80

História
   da filosofia, 160
Homem
   emergência do, 75, 92
   especificidade do, 23
   fundador, 88
   social
      desconstrução do, 31
Hominídeos, 81
Hominização, 17, 20-21
   marcas da, 75
   pensamento da, 92
   problema da, 18, 27, 44,
      161, 175
   processo de, 31-35, 48,
      73, 77, 120, 163, 175
   teoria da, 58, 195
   teoria girardiana da,
      84, 121
Horda
   selvagem
      ideia darwinista da,
         134
Humanidade
   cena original da, 83
   emergência da, 20, 111
   nascimento da, 48, 74
   origem da, 96
Identidade, 22, 140
   como idem, 22
   como ipse, 22
Identificação, 127-29
Ídolo
   destruição do, 42
Igualdade, 43
Imagem, 59
Imitação, 31, 38, 44, 62
   caráter conflitivo da, 59
   como essência do
      homem, 30
   conceito de, 67
   e violência, 35
   humana, 77
   problemática cultural
      da, 60
   recusa da, 67
   vertical, 41

Imitatio Christi, 35
Incesto, 135
Indiferenciação, 84, 87, 136
   total, 95, 97
Inocência
   da vítima, 152
Inovação, 31
Inquisição, 49
Interdito, 7, 125, 132
   como prevenção, 140
   da indiferença, 139
   de cópias, 139
   de espelhos, 139
   definição girardiana
      do, 140
   função antimimética
      do, 139
   função do, 125
   origem do, 141
   pensamento do, 139
   reconhecimento do, 132
Interindividualidade, 114
Interdivíduo
   teoria do, 141
Interpretação
   topológica, 151
Inveja, 53
Ipseidade, 96
Julgamento
   de Salomão, 53
Lapidação, 106
Linchamento, 17-18, 106
Mecanismo
   sacrificial, 17
Méconnaissance, 85, 88-
   89, 181, 197, 202
Mediação
   dupla, 51
   interna, 34, 42
   era da, 38, 39
   premissas da, 55
   modelo divino de, 35
   modelo humano de, 35
Mediador, 18, 32, 49-50,
   126
   causa, 52
   desejante, 28

desejo do, 34
escolha do, 33
estatuto divino do, 57
externo, 36, 40
interno, 36
objeto, 52
posição relativa do, 33
retorno ao, 51
Medidor
função demoníaca do, 37
função divina do, 37
Medo, 182
Mercado
financeiro, 194
Mesmidade, 96, 139
Mesmo
conceito do, 101
desconfiança do, 140
Metafísica, 18
ocidental, 164
cristã, 18
crítica a, 173
Método
filosófico, 17
Mímesis, 34, 38, 59, 70, 73
conceito de, 65
conceito platônico de, 61
de apropriação, 58, 87
de aquisição, 61
de representação, 58
do antagonista, 87
em Platão, 60
em René Girard, 60
girardiana, 66, 69
lógica da, 162
horizontalidade da, 43
platônica, 66, 69
teoria platônica, 69
versus imitação, 73
Mimetismo, 28, 35, 37, 41-42, 83, 85, 107, 131
animal, 77
caráter racional do, 190
deslocamento do, 42
do desejo, 22

dos desejos, 86
leis do, 32
Mito, 7, 74, 93, 125
asteca, 153
como memória da violência fundadora, 155
como representação do processo lógico, 147
como texto de perseguição, 153
dupla leitura girardiana do, 151
interpretação do, 142, 146
invariantes no, 144
leitura estruturalista do, 125
leitura lógica do, 24
leitura realista do, 148
leitura simbólica do, 24
realidade do, 147
teoria geral do, 147, 151
teoria girardiana do, 152, 155
Modelo, 34, 41, 110
autônomo, 55
da espiral, 46
midiático, 29
Modelo-obstáculo, 34
Modelo-rival, 34
Modernidade, 39
política
e mediação interna, 39
Momento
pré-cultural, 82
pré-sacrificial, 116
Monarquia
de direito divino, 40
incestuosa, 105, 115
Morfogênese, 25
Movimento
de desejo, 28
Multidão, 17, 85, 88, 92, 97, 105, 106
assassina, 102
indiferença da, 88, 92

violência da, 24
vítima da, 97
Mundo
desencantamento do, 39
Naturalismo
crítica do, 77
Neurônios-espelho, 75
Objeto, 22
como fenômeno de autorrealização, 195
de desejo, 28, 29
desaparecimento do, 48, 49, 52
destruído, 74
do desejo, 22, 29, 48
modificado pelo desejo, 187
nada de, 71, 95
posse do, 56
privação do, 48
transferência do, 50
Observador
exterior, 88
Obstáculo, 22, 33, 35, 53, 55, 130
Ontologia, 62, 70, 198
platônica, 67
relacional, 198
Ordem
como fenômeno de autorrealização, 196
emergência da, 20, 25
restabelecimento da, 96
restauração da, 114, 134
Origem
como presença, 173
desconstrução da, 24
reflexo sobre a, 18
Original, 66
Outro
conceito do, 101
Padrões
de dominância, 22, 78-80, 180
Paixão
primitiva, 52
Pânico, 95

Papel
  do mediador, 29
Paradoxo, 17, 31, 121, 136
Parricídio, 24, 104, 135,
  138, 153, 156
Parúsia, 163, 173
  logocêntrica, 65
Pensamento
  da diferença, 146
  da origem, 167
  de autorrealização, 197
  de origem, 173
  selvagem, 146
  emergência do, 153
Perigos
  da imitação, 67
Peste
  negra, 154
Phármakon, 95, 104, 120, 163
Pharmakós, 100-01, 161
Platão, 58-60, 63-66, 68-71, 161-62, 164
  crítica girardiana, 61, 66
  escritura em, 65
  leitura girardiana de, 59
Poder
  divino
    desaparecimento do, 41-42
  político, 116
  religioso, 115
  momento pós-sacrificial, 115
Poesia, 67
  má, 67
Prestígio, 191
Privilégio, 43
Problemática
  do mimetismo, 31
Psicanálise, 134
  freudiana, 141
Publicidade, 45
Realismo
  girardiano, 148, 166
  girardiano versus desconstrução, 166

Reciprocidade
  mimética, 88
Regicídio, 100, 104
  das monarquias africanas, 100
Religioso, 116
Ressentimento, 38, 53
Revelação
  cristã, 71
Rito, 75
  funerário, 117, 120, 175
  função do, 120
  sacrificial, 117
Rival, 36
Rivalidade, 34
  horizontal, 40
  mimética, 37, 138
  caráter aquisitivo da, 60
  teoria da, 51
Sacralização
  da vítima, 116
Sacrifício, 93
  animal, 108
  caráter ambíguo do, 103
  como ato de substituição, 108
  como imitação da origem, 102
  como produção de sagrado, 115
  como reprodução diferida do assassinato fundador, 161
  como restauração da ordem, 107
  eficácia catártica do, 107
  essência do, 103
  etimologia do, 103
  humano, 200
  noção de, 96
  racionalidade prática, 111
  teoria girardiana do, 103
  verdade do, 113

Sagrado
  ambivalência do, 169
  teoria girardiana do, 103
Sedução
  fenômenos de, 64
Sentido
  emergência do, 145
Ser, 59
Signo
  emergência do, 7, 159, 167
  teoria do, 167, 197
  vitimário, 97, 100, 102, 152
Simetria, 20, 110
  permanência da, 87
Sistema
  complexo, 17, 19, 89
  leis do, 17
  de diferenciação, 144
  de significação, 172
  freudiano, 133
  girardiano, 20-21, 24-25, 28, 30, 89, 95, 147
  promessa do, 19
  judiciário, 109, 112
  runaway do, 47
  sacrificial, 23, 109, 112
  totêmico, 145
Sofista, 63
Sofística
  definição, 68
Sparagmós, 106
Sujeito
  desejante, 29, 34, 57
Suplemento, 65, 82
  como suplente, 163
  conceito de, 162
  função do, 161
  linguístico, 163
  lógica do, 160
Tabu
  do incesto, 104, 115, 132, 139, 149, 153, 156
  origem do, 135

índice analítico   225

Técnica
  desenvolvimento da, 81
Teoria
  da informação, 45
  da significação, 159
  da totalidade, 27
  da violência, 25
  girardiana
    originalidade da, 172
  mimética, 97
    como pensamento de
      liberação, 32
    desejo na, 130
  sistêmica, 47
Ter, 59
Texto
  de perseguição, 93,
    153-54, 157
Total
  simetria, 87
Totalidade, 145, 150
Totemismo, 142, 144-45
Tragédia
  grega, 97, 147, 156
Transcendência, 100
Transferência, 50, 57
Triângulo
  do desejo, 27, 29, 33,
    38, 47
  mimético, 45
Túmulo
  como primeiro
    significante, 121
  como primeiro símbolo
    cultural, 175
  edificação de, 121
  sentido do, 120
Unanimidade, 89, 111
  violenta, 83, 105-06
Utilitarismo, 118
Valorização
  do modelo, 70
Verdade, 64
  romanesca, 71
  versus opinião, 64
Vingança, 75, 78, 109-10,
  112

ciclo infinito de, 113
privada, 112
pública, 112
risco de, 111
Violência, 38, 42, 57, 70,
  109
  contenante, 96
  da indiferença, 141
  différance da, 21, 23,
    171, 174
  différante, 96
  do mesmo, 22, 66, 105
  estrutura do, 49
  humana
    caráter desregrado
      da, 80
  interna, 21
  intestina, 139
  intraespecífica, 24
  islâmica, 49
  mimética, 24, 48, 66,
    69, 99-101, 111, 120
    caráter fundador da,
      72
    denúncia da, 61
    dos hominídeos, 95
    mecanismo da, 93
    teoria da, 98
  mimética na base do
    sacrifício, 104
  origem da, 21, 58
  paradoxo da, 35
  questão da, 21
  suplementar, 70, 162
  unânime, 101, 139, 169
Vítima, 49
  corpo da, 169, 171
  culpa real da, 93
  defesa da, 72
  do sinal, 155
  emissária, 137
  escolha da, 96
  expiatória, 97
  inocência da, 94, 111
  invariantes da, 97
  morte da, 107
  originária, 162

  poder da, 114
  sacralização da, 107
  sacrificada, 120
  sinal da, 98, 157
  substituta, 108
  suplementar, 162
  unânime, 87, 96

índice onomástico

Alquié, Ferdinand, 19
Aristóteles, 60, 76
Atlan, Henri, 89, 91-92
Barberi, Maria Stella, 38
Bateson, Gregory, 45, 47
Baudelaire, Charles, 54-55
Bjornar Grande, Per, 68, 71
Bremondy, François, 30-31
Cervantes, Miguel de, 29
Château, Dominique, 25
Darwin, Charles, 134
Deleuze, Gilles, 17
Derrida, Jacques, 7, 18, 65, 74, 159-62, 164, 166-67, 172-73
Dumouchel, Paul, 87, 89, 91, 94, 97, 178, 197, 200
Dupuy, Jean-Pierre, 17, 53, 91, 94, 184, 189, 191, 196
Espinosa, Bento de, 19, 28
Eurípedes, 71, 94, 106
Finkielkraut, Alain, 107
Formentelli, Bee, 149
Frazer, James G., 117, 147
Freud, Sigmund, 18, 125-26, 128, 130-31, 133-38, 140-41, 147, 157-58, 167
   leitura mimética, 128
Gans, Eric, 18, 28, 159, 176, 178-83

Gernez, Barbara, 76
Hébert, Jacques, 104
Hitchcock, Alfred, 106
Hobbes, Thomas, 38, 80, 81, 83-84, 181
Jeffrey, Denis, 75
Jesus Cristo, 35
Keynes, John Maynard, 186, 188
Lévi-Strauss, Claude, 18, 87, 136, 140, 142-44, 146, 148-51, 153, 156-58
Littré, Émile, 139
Luís XVI, 107
Machaut, Guillaume de, 153-56
Manent, Pierre, 181
Maria Antonieta, 104
McKenna, Andrew, 159
Napoleão, 36-7
Pequignot, Bruno, 25
Platão, 58-60, 63-66, 68-71, 161-62, 164
Ramond, Charles, 25, 37, 123, 175, 203
Reagan, Ronald, 192
Ricoeur, Paul, 139
Robespierre, Maximilien de, 107
Rousseau, Jean-Jacques, 52-54, 162, 185

Routeau, Luc, 200
Scubla, Lucien, 87-88, 92, 97, 150, 152
Serres, Michel, 75, 99, 114
Siebers, Tobin, 50
Sófocles, 121, 150
Sorbière, Samuel, 84
Tocqueville, Alexis de, 43
Tricaud, François, 83
Voltaire, 139
Weinberg, Steven, 17
Wolf, Christa, 71, 94

biblioteca René Girard*
coordenação João Cezar de Castro Rocha

Dostoiévski: do duplo à unidade
René Girard

Anorexia e desejo mimético
René Girard

A conversão da arte
René Girard

René Girard: um retrato intelectual
Gabriel Andrade

Rematar Clausewitz: além *Da Guerra*
René Girard e Benoît Chantre

Evolução e conversão
René Girard, Pierpaolo Antonello e João Cezar de Castro Rocha

O tempo das catástrofes
Jean-Pierre Dupuy

"Despojada e despida": a humilde história de Dom Quixote
Cesáreo Bandera

Violência e modernismo: Ibsen, Joyce e Woolf
William A. Johnsen

Quando começarem a acontecer essas coisas
René Girard e Michel Treguer

Espertos como serpentes
Jim Grote e John McGeeney

O pecado original à luz da ressurreição
James Alison

Violência sagrada
Robert Hamerton-Kelly

Aquele por quem o escândalo vem
René Girard

O Deus escondido da pós-modernidade
Carlos Mendoza-Álvarez

Deus: uma invenção?
René Girard, André Gounelle e Alain Houziaux

Édipo mimético
Mark R. Anspach

René Girard: do mimetismo à hominização
Stéphane Vinolo

O sacrifício
René Girard

O trágico e a piedade
René Girard e Michel Serres

Anatomia da vingança
Mark R. Anspach

Descobrindo Girard
Michael Kirwan

* A Biblioteca reunirá cerca de 60 livros e os títulos acima serão os primeiros publicados.

Dados Internacionais de Catalogação na Publicação (CIP)
(Câmara Brasileira do Livro, SP, Brasil)

Vinolo, Stéphane
René Girard: do mimetismo à hominização / Stéphane Vinolo; tradução Rosane Pereira e Bruna Beffart. – São Paulo: É Realizações, 2012. – (Coleção biblioteca René Girard)

Título original: René Girard, du mimétisme à l'hominisation : la violence différante.
ISBN 978-85-8033-059-5

1. Antropologia filosófica 2. Filosofia 3. Girard, René, 1923- - Crítica e interpretação 4. Humanismo I. Título. II. Série.

12-04794   CDD-128

Índices para catálogo sistemático:
1. Humanismo : Antropologia filosófica   128

Este livro foi impresso pela Cromosete Gráfica e Editora para É Realizações, em setembro de 2012. Os tipos usados são da família Rotis Serif Std e Rotis Semi Sans Std. O papel do miolo é pólen bold 90g, e o da capa, cartão supremo 300g.